13/02

SKI-
LANGLAUF

Klassische Technik und Skating

Ulrich Wenger · Franz Wöllzenmüller

SKI-LANGLAUF

Klassische Technik und Skating

Mit praktischem Trainingsbegleiter

sportinform

Lektorat: Sonja Mildt

Produktion und Layout:
VerlagsService Dr. Helmut Neuberger & Karl Schaumann GmbH

Umschlaggestaltung: Uwe Richter
Titelfoto: Fischer Skifabrik (groß) und Archiv der Autoren (klein)

Abbildungen Innenteil:
Camenisch: S. 13
Fischer Skifabriken: S. 23, 69, 74, 106, 128, 144
Ph. Chevalier: S. 53, 113
Rossignol Skifabrik: S. 119, 150
Alle anderen Fotos stammen aus dem Archiv der Autoren.

Zeichnungen: Heinz Bogner,
Tom Rummonds

Die Deutsche Bibliothek – CIP-Einheitsaufnahme
Wenger, Ulrich:
Skilanglauf: klassische Technik und Skating; mit praktischem Trainingsbegleiter/Ulrich Wenger; Franz Wöllzenmüller. – Aktualisierte Neuausg.
– München: sportinform, 1995
(Praxis-Ratgeber Sport)
ISBN 3-8254-0423-4
NE: Wöllzenmüller, Franz:

Die Autoren

Ulrich Wenger, Jahrgang 1944, ist Diplomgeograph und war Mitglied der Schweizer Nationalmannschaft (Olympische Spiele in Sapporo, 14. Platz über 50 km) sowie Trainer der Schweizer Herren-, Damen- und Biathlon-Nationalmannschaft. Seit 1986 arbeitet er als Fachleiter J+S an der Eidgenössischen Sportschule Magglingen und als Technischer Delegierter der FIS. Bei den Olympischen Winterspielen 1992 war er stellvertretender Rennleiter.

Franz Wöllzenmüller, Jahrgang 1944, ist passionierter Ausdauersportler und Autor zahlreicher Bücher zu den Themen Skilanglauf, Laufen, Radsport und Gesundheitssport.

Gesamtherstellung: Bruckmann, München
Druck: Gerber + Bruckmann, München
Printed in Germany
ISBN 3-8254-0423-4

Inhalt

Trainingsbegleiter

Kapitel 1
Die Geschichte des Skilanglaufes

1

Vorgeschichte

Felszeichnungen und archäologische Skifunde im nördlichen Europa und Asien beweisen, daß prähistorische Jäger gegen Ende der letzten Eiszeit Ski benutzt haben. Die Erfindung des Ski liegt also sicher mehr als 10000 Jahre zurück.

- Das Grundproblem ist bis heute das gleiche geblieben: Wie kann ich mich als Mensch in verschneitem Gelände möglichst schnell und über lange Distanzen fortbewegen? Für die eiszeitlichen wie die nordischen Jäger war es die Lebensgrundlage, das Wild im Schnee zu verfolgen und zu erbeuten. Sie mußten also die Hände frei haben zur Handhabung der Waffe (Schleuder, Keule, Bogen oder Speer). Skistöcke waren unbekannt, nur der Speer wurde auch als Bremsstock in Abfahrten oder zur Fortbewegung eingesetzt.
- Wie haben sie sich dann auf den Ski fortbewegt? Aus Funden und späteren Schilderungen geht hervor, daß die Ski meistens ungleich lang waren. Der lange Ski war der **Gleitski**, der kurze, oft fellbesetzte Ski war der **Abstoßski**. Die einseitige Schlittschuhschritttechnik (zwar ohne Stöcke oder nur mit dem Langstock) ist damit älter als 10000 Jahre.

Nordischer Jäger mit Langstock als Waffe und ungleich langen Ski auf Wolfsjagd (alte Darstellung aus Lappland)

- Zwei aufsehenerregende, erfolgreiche Expeditionen auf Ski ermöglichten dem Ski den Durchbruch als Sportgerät und bewirkten wahrscheinlich unbemerkt die erste Langlaufrevolution vor mehr als 100 Jahren: Man lief nun auf zwei gleich langen Ski und bewegte sich mit Hilfe von zwei Stöcken vorwärts.

- 1883 ließ Nordenskjöld zwei schwedische Lappen auf Ski über 200 km weit ins Innere Grönlands vordringen, um zu erforschen, ob es eine eisfreie Stelle gebe.
- 1888 durchquerten Nansen und seine Gefährten auf Ski Grönland und bewiesen, daß Grönland ganz von Eis bedeckt ist.

Der Skilanglauf als Wettkampfsport

Langlauf- und Sprungwettkämpfe und die Kombination wurden in Skandinavien zum Volkssport Nummer eins.

- Schon 1883 gründeten Norweger einen Verein zur Förderung des Skisports. Dieser Verein führt noch heute die Holmenkollen-Wettkämpfe durch.
- Ab 1901 fanden in Schweden regelmäßig nordische Wettkämpfe statt. In Finnland durften Frauen, noch in lange Gewänder gekleidet, ab der Jahrhundertwende beim Langlauf teilnehmen.
- 1923 wurde der **Internationale Skiverband** (FIS) gegründet. Neben den nordischen Staaten waren auch schon die Alpenländer Mitglied. Die FIS förderte anfangs nur die nordischen Skisportarten und bewies schon damals eine konservative Haltung unter der Führung Norwegens:
  - 1924 stimmen die Skandinavier gegen Olympische Skiwettkämpfe, gewinnen aber in Chamonix während der ersten Olympiade alle Wettkämpfe bis auf die Militärpatrouille.
  - Die Nordländer sind gegen die Einführung von Staffelwettkämpfen. Noch 1931 verhindern sie die Einführung von Staffel- und Damenwettkämpfen. Erst ein Jahr später werden die Skandinavier überstimmt.
  - 1952 werden endlich Damen zu olympischen Langlaufwettkämpfen zugelassen.
- 1954 während der WM in Falun brechen sowjetische Sportler die absolute skandinavische Vormachtstellung.
- 1964–1972, mit dem Gewinn der Olympia- und WM-Medaillen durch Georg Thoma, Walter Demel, Franz Keller, Alois Kälin, Sepp Haas, Franco Nones und der Bronzestaffel der Schweiz, beginnt der Aufschwung des Langlaufs in den Alpenländern. Der Skilanglauf wird auch hier zum Volkssport.
- In all diesen Jahren verändert sich die Langlauftechnik wenig. Einmal läuft man eher den »finnischen«, dann wieder mehr den »schwedischen« Stil. Hauptschrittart bleibt der **Diagonalschritt**, Hauptproblem das **Wachsen**. Bessere Ausrüstung – leichtere und schmalere Ski –, gesteigertes Konditionstraining – hauptsächlich Ausdauer – erlauben höhere Geschwindigkeiten, die eine Anpassung der Bewegungsformen verlangen.

Der mehrfache Olympiasieger 1924/28 J. Gröttumsbraaten NOR im Endspurt mit Schlittschuhschritt

Richtungsänderungen mit einseitigen Schlittschuhschritten und Endspurts mit beidseitigen Schlittschuhschritten gehören zur Technik des Rennläufers.

- Ab 1968 erlauben die immer besseren, maschinell gespurten Loipen eine deutliche Erhöhung des Tempos. Der **Doppelstockschub** wird vermehrt eingesetzt. Mit den superleichten, aber zerbrechlichen Rennski wagt man es kaum mehr, die Spur zu verlassen.
- 1971 beim 50-km-Holmenkollenlauf unter schwierigsten Wachsverhältnissen (von 62 gestarteten Läufern gaben 33 auf) demonstrierte Gerhard Grimmer, wie man mit **Oberarmkraft** und **einseitigem Schlittschuhschritt** ohne – wie alle anderen – umzuwachsen den 3-km-Anstieg zu Beginn der zweiten Runde, nun naß geworden, bewältigen kann. Er gewann mit 7 Minuten Vorsprung. Im gleichen Wettkampf wurde ein gewisser Pauli Siitonen mit Umwachsen guter Vierter. Vom Siitonenschritt wußte er damals selbst noch nichts.
- Bei den WM 1974 in Falun verursachte der Erfolg mit dem Vollkunststofflanglaufski der Alpinskifabrik Kneissl eine kleine Revolution. Die Skandinavier büßten auch auf dem Materialsektor ihre Vormachtstellung ein.

Die Läufer wurden schneller, sie trainierten gezielt **Oberarmkraft** und **Kraftausdauer**, das **Rollskitraining** in der schneefreien Zeit wurde zum Muß.

Walter Demel bei den Olympischen Spielen 1972 in Sapporo

Doch die Lauftechnik veränderte sich wenig. Die Läufer schoben immer mehr Doppelstock, blieben aber wie Lokomotiven in den Geleisen. Auf flachen Volkslaufstrecken kam der **Diagonalschritt** kaum mehr zur Anwendung.

- 1975 gewann August Broger den Engadin Marathon bei pickelhart gefrorener Spur auf ungewachsten Ski (d. h. ohne Langlaufwachs, nur fürs Gleiten präpariert); 42 km im Doppelstockschub.

Die Geschichte mit dem Schlittschuhschritt

Ab 1978 setzten vor allem die stärksten Volksläufer bei eisigen, schnellen und bei »spitzen« Verhältnissen immer mehr den **Halbschlittschuhschritt**, eher zur Erholung oder als Nothilfe bei glattem Ski, ein. Pauli Siitonen errang damit im World Loppet große Erfolge. Die Nachahmer nannten diese Bewegungsform **Siitonenschritt, Finnstep, einseitiger Schlittschuhschritt** oder richtig **Halbschlittschuhschritt**.

- Vorerst aber waren in diesen Jahren die meisten Langläufer mit etwas anderem beschäftigt, nämlich mit ihrem Material. Die **No-Wax-Ski** waren seit 1976 so verbessert worden, daß mit den Mikroschuppen und den selbstpräparierten Strukturen das Wachsen bei schwierigen Schneeverhältnissen unnötig wurde. Mit Hilfe der Materialtechnik versuchten die Läufer das letzte aus dem Diagonalschritt herauszuholen.

- Die revolutionäre Änderung in der Lauftechnik schlich durch ein Hintertürchen unbemerkt aufs Siegerpodium.

Es war Bill Koch, der die Vorteile dieser Technik, die Amerikaner nannten sie **Skating**, voll erkannte, und damit 1981 den Engadin Marathon und 1982 den Gesamtweltcup gewann.

Die Nordländer waren empört. Ein Amerikaner gewinnt den Weltcup mit einer von der Tradition abweichenden Technik.

- Während des FIS-Trainer-Seminars im Juni 1982 in Davos entbrannten heftige Diskussionen. Die Nordländer wollten den Schlittschuhschritt einfach verbieten. Aber wie kontrollieren? Was wäre Spur- und Richtungswechsel und was verbotener Schlittschuhschritt? Die Amerikaner, Kanadier und Schweizer wollten keine Technikvorschriften und Verbote im Langlauf mit der Begründung, daß der Schlittschuhschritt schon immer zur Technik des Langläufers gehört habe. Andere Nationen, darunter die Sowjets, schien das Problem nicht zu interessieren. Aber niemand hätte es für möglich gehalten, daß 3 Jahre später alle Weltmeisterschaftsmedaillen mit der neuen Technik auf ungewachsten Ski gewonnen werden würden.
- Im Mai 1983 genehmigte die FIS ein Kompromißregelement: Alle Varianten des Schlittschuhschritts sind erlaubt, einzig im Zieleinlauf sind sie verboten, ebenso beim Staffelstart. Die Olympiade in Sarajevo bewies die Überlegenheit des Siitonenschritts in Flachstücken; in Anstiegen wurde immer noch diagonal gelaufen.
- Erst in den Frühlingsrennen 1984 zeigte die neue Technik ihr wahres Gesicht. Denn jetzt wurde nicht mehr gewachst (nur noch Gleitwachs); der Diagonalschritt wurde nicht mehr angewendet und in den Anstiegen durch weitere Formen des Schlittschuhschrittes

WM 1985 Seefeld: Der Halbschlittschuhschritt prägt die Technik.

ersetzt. Die **»neue Technik«** war geboren und trat ihren Siegeszug an.

- Zu Beginn der Saison 1984/85 versuchte die FIS, die Anwendung der Skatingtechnik einzuschränken: seitliche Schikanen, Teilverbote (vom Reglement her unhaltbar), neue Strecken mit steileren und längeren Anstiegen sollten den Diagonalschritt retten.
- Aus dem Breitensport kam jetzt unüberhörbar der Ruf nach einem Verbot; die neue Technik sei nicht mehr Langlauf, zerstöre die Loipen, sei gesundheitsschädigend, die Kunst des Wachsens gehöre zum Langlauf.
- Am Vorabend der WM in Seefeld 1985 erschreckte Gunde Svan die FIS mit der Demonstration einer **Einstock-Katapulttechnik**, eine jahrtausendealte Form aufgreifend. Der »Spaß« wurde umgehend verboten. In den Wettkämpfen der WM hatten nur diejenigen eine Chance, die die neue Technik trainiert hatten und beherrschten. Letzte Diagonalschrittläufer ernteten ein mitleidiges Lächeln.
- Der Diagonalschritt drohte aus dem Wettkampflanglauf zu verschwinden, und damit wären die Vorbildwirkung des Langlaufwettkampfes für den Breitensport, die Identifikationsmöglichkeit des Breitensportlers mit den Rennläufern verlorengegangen.

Das Nebeneinander von Klassisch und Skating

- Für die Saison 1985/86 traf die FIS eine wichtige Entscheidung. Sie führte im Reglement Wettkämpfe in klassischer und freier Technik ein.

- **Klassische Technik (Diagonalschritt):** Alle Schlittschuhschrittformen sind verboten, außer beim Spurwechsel, beim Überholen und bei raschen Richtungsänderungen.
- **Freie Technik (Skating):** Alle Bewegungsformen sind erlaubt, die Loipe wird gewalzt und nur noch am Rande eine Spur gezogen. Die Wettkämpfe des Weltcups werden 50:50 in klassischer und freier Technik gelaufen.

- Die Weltmeisterschaften 1987 in Oberstdorf und die Olympischen Spiele 1988 in Calgary waren die ersten Großanlässe mit dem Nebeneinander von klassischen und Skating-Wettkämpfen.

Die beiden kürzeren Distanzen wurden klassisch, die Staffel und die lange Distanz in freier Technik gelaufen.

Entgegen allen Befürchtungen kam es nur ganz selten zu Disqualifikationen wegen »verbotener Bewegungsformen« in den klassischen Rennen. Auf nationaler und regionaler Ebene und in Volksläufen treten schon eher Probleme auf, denn die 50:50-Regelung wurde auch hier eingeführt.

- Spezialisierungsversuche auf die Skatingtechnik einzelner Nationen (der damaligen DDR) oder einzelner Läufer in den ersten Jahren haben sich eher negativ ausgewirkt.

Zudem hat die FIS den vereinzelt geäußerten Wünschen nach zusätzlicher Vergabe von Weltcuppokalen für die einzelne Technik nicht nachgegeben und einen neuen Wettkampf zur Verhinderung der Spezialisierung eingeführt.
An den Olympischen Spielen 1992 in Frankreich wurde der im Weltcup bereits erprobte Verfolgungswettkampf eingeführt.

Verfolgungsstart-Wettkampf
Die Idee des Verfolgungsstartes, der sehr attraktiv und zuschauerwirksam (medienwirksam) ist, stammt aus der Nordischen Kombination. Aus einem ersten Wettkampf (WM und OS klassisch 10 km Herren/5 km Damen) in gewöhnlicher Einzelstartdurchführung werden die Zeitrückstände als Handicap beim Start im Verfolgungsstart-Wettkampf (WM und OS freie Technik, 15 km/10 km) übernommen. Der Sieger aus dem ersten Wettkampf muß als erster starten, die anderen »verfolgen« ihn und starten mit ihrem Rückstand aus dem ersten Wettkampf. Der Zieleinlauf bestimmt die Rangfolge.
Die Technikreihenfolge der beiden Wettkämpfe kann auch umgekehrt werden.

- Einzelne Spitzenläufer lieben den Verfolgungsstart nicht. Sie fühlen sich benachteiligt, wenn sie vorneweg starten müssen und die anderen sie jagen können. Sie sollten dabei aber nicht vergessen, daß sie als Profis vom Sponsorengeld leben, und Sponsoren investieren nur in medienwirksamen Sport.
- Um das gleichberechtigte Nebeneinander der beiden Techniken deutlich zu machen, werden die meisten Staffelwettkämpfe in gemischter Technik gelaufen: die zwei ersten Strecken klassisch, die andern Skating.
- Es läßt sich nicht verleugnen, daß sich bei den Volksläufen und bei der Jugend ein Trend zur Skatingtechnik abzeichnet.

Im World-Loppet haben die Läufe in freier Technik bereits die Mehrheit. Einzig der Birkebeiner in Norwegen und der Wasalauf (nach zwei Skatingjahren) sind reine klassische Wettkämpfe geblieben. Alle anderen großen Volksläufe bieten neben dem klassischen Wettkampf auch Wettkämpfe in freier Technik an (Finlandia, König-Ludwig, Koasalauf, Einsiedler).

Zukunftsperspektiven
Der Trend zur Skatingtechnik wird sich verstärken, junge Neueinsteiger werden nur noch Skaten – nur eine Ausrüstung, kein Wachsproblem, leichter und rascher zu lernen. Immer mehr Breitensportwettkämpfe (junge Teilnehmer, die die klassische Technik nicht mehr können) werden Skatingrennen sein. Im Spitzenwettkampf wird die klassische Technik nicht verschwinden (genauso wie das Brustschwimmen neben Crawl weiterbesteht). Olympische Medaillen werden weiterhin in beiden Techniken vergeben werden.

Kapitel 2
Die Ausrüstung

Einführung

In unserer Konsumgesellschaft mit dem für den einzelnen kaum überblickbaren vielfältigen Angebot sind Ausrüstung und Material immer ein Diskussionsthema.
Der Freizeitläufer mit einem oder je einem Paar Ski für Klassisch und Skating ist zufrieden, wenn seine Ausrüstung ihre Funktion erfüllt und ihm den Genuß des Langlaufs erlaubt. Einige grundlegende Informationen können bei einer Neuanschaffung der Ausrüstung als Auswahlkriterien dienen.

- Der »angefressene« Volks- und Rennläufer stürzt sich schon eher in einen finanziell aufwendigen »Materialkrieg«. Auf diesem Niveau sind die Zeiten vorbei, als Skilanglauf noch eine »Billigsportart« war. Je zwei unterschiedliche Paar Ski pro Technik, entsprechende Schuhe und Stöcke werden als Materialvoraussetzung angesehen, um im Wettkampf mithalten zu können. Die Skiwahl stellt ihn wirklich vor schwierige Entscheidungen. Läuft der Ski dann wirklich so wie erhofft, in welchen Schneearten ist er schnell? Auch die sorgfältigste Auswahl und Beratung im Geschäft kann diese Fragen nicht beantworten. Da er den Ski in den meisten Fällen vor dem Kauf nicht testen kann, bleibt ein »Restrisiko«.

Zum Glück sind heute Qualität und Eigenschaften der Ski aller Marken ausgeglichener und konstanter als noch vor 5 Jahren; das Restrisiko, eine »lahme Ente« zu erwischen, ist beinahe Null.

- Der professionelle Langläufer ist auf »Superski« angewiesen. Im Gegensatz zum »freien Konsumenten« ist er an eine Skimarke gebunden, kann sich dafür aber seine 2–4 Paar Ski aus einer vorsortierten Auswahl von 6–10 Paar aussuchen und testen.

Die geheimnisumwitterte Spezialanfertigung von »maßgeschneiderten« Spitzenrennski existiert heute nur noch in der Testphase für einzelne Spitzenläufer. Im Rahmen der Serienfabrikation von Rennski wird höchstens für die wichtigsten Vertragsläufer eine größere Sonderserie aus handausgewählten Bauteilen gefertigt. Nachwuchskader erhalten Ski aus der normalen Rennskiserienfabrikation, also dieselben wie der Käufer im Sporthandel.

Der richtige Langlaufski

Die Auswahl auf dem Markt ist nach wie vor groß. Folgende Hersteller kämpfen um Marktanteile in Mitteleuropa (in alphabetischer Reihenfolge): Atomic, Blizzard, Fischer, Karhu, Morotto (Italien), Müller (Schweiz), Peltonen, Rossignol und Trak. Daneben existieren regional bekannte Langlaufskihersteller, deren Produkte nur vereinzelt im Sporthandel auftauchen.

Sicher werden sich in Zukunft einzelne Hersteller aus dem Langlaufskimarkt zurückziehen. Die bei den Alpinski entwickelte und bewährte Schalenkonstruktion wird nun auch von einzelnen Firmen auf die Langlaufski angewendet. Der Langlaufski bekommt damit ein ganz anderes Aussehen. Vor allem bei den Skatingski verspricht man sich verbesserte Eigenschaften (Führung, Torsionssteifigkeit). Atomic mit der selbsttragenden Doppelschalenkonstruktion Twin Cap bringt auch klassische Ski, Fischer mit seinem Cap-Ski kombiniert Schale und den bewährten Air Core vorläufig für Skatingski.

Wie weit andere Produzenten aus Marketinggründen in Zukunft auch Schalenkonstruktionen anbieten werden, ist offen.

Die verschiedenen Skitypen: Nowax – Allround – Klassisch – Skating

Die erste Entscheidung, die getroffen werden muß, ist der Skityp.

- **Nowax:** Für Skiwanderer, Gelegenheits- und Freizeitläufer, die nur klassisch laufen und sich nicht mit dem Wachsen abmühen wollen, für Sportler, die Skilanglauf gelegentlich als Ausgleichssport betreiben, und als Erstausrüstung für Kinder dürfte ein Nowax-Ski die beste Lösung sein.

Der Name »Nowax« ist leicht irreleitend, etwas Pflege benötigt auch der Nowax-Ski: von Zeit zu Zeit mit Wachsentferner reinigen und mit einem Gleitmittel schneller machen.

Die Möglichkeiten fürs Skaten sind mit diesem Skityp beschränkt. Für die Auswahlkriterien Länge und Härte siehe unten.

- **Allround:** Anfänger und Freizeitläufer, die nicht an Wettkampf denken und mit einem Paar Ski klassisch laufen und skaten möchten, wählen einen Allroundski. Der Allroundski ist von seiner Konstruktion her ein klassischer Ski, damit er als Haftwachsski funktioniert, er ist etwa 5 bis 10 cm kürzer als der normale klassische Ski und in den Seitenwangen verstärkt. Sollte die »Lieblingsmarke« keinen Allroundski im Sortiment führen, so wählen wir einen entsprechenden klassischen Ski.

Für die Auswahlkriterien Skilänge, Skihärte und Belag siehe unten.

- **Wachsski für klassische Technik:** Kennzeichen der funktionalen Konstruktion sind die Biegelinie, die Skihärte und die Restspannung mit der Haftwachszone in der Skimitte und den beiden Gleitzonen vorne und hinten. Sie können von Fabrikat zu Fabrikat verschieden sein, so daß sich bei Fabrikatwechsel das Laufgefühl ändert und eine Feinanpassung der Technik notwendig wird.

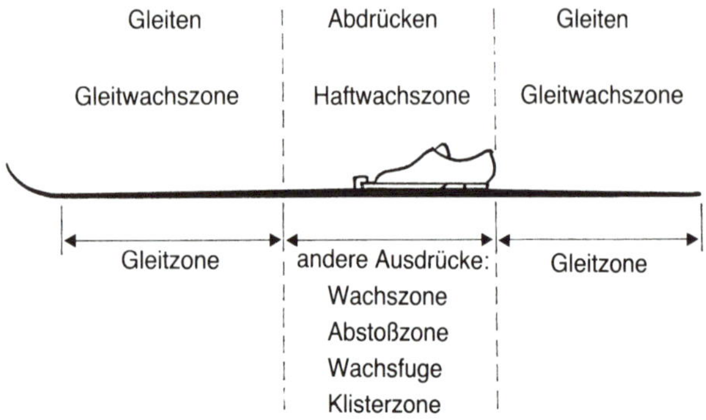

Die Funktionszonen bei einem Langlaufski

Die meisten Fabrikate bieten von der Biegelinie und vom Belag her zwei Grundmodelle an, ein Pulver-/Kaltschneemodell (Hartwachs) und ein Naßschneemodell (Klister).
Wachsski können über die ganze Länge mit Gleitwachs präpariert werden und erlauben das Skaten recht gut.

Pulverschneeski mit langer Wachsfuge

Klisterski mit kurzer Wachsfuge

- **Skatingski:** Sie sind kürzer, steifer, haben verstärkte Seitenwangen und eine andere Biegelinie. Die Konstruktions- und Funktionsphilosophie ist von Skimarke zu Skimarke verschieden, so daß das Laufgefühl auch unterschiedlich ist.

Skatingski funktionieren schlecht als Wachsski, da ihre Biegelinie keine funktionale Haftwachszone vorsieht.

Skilänge, Skibreite, Gewicht, Härte
Bei Rennski regeln Ausrüstungsvorschriften der FIS die Maße:
- Die beiden Ski eines Paares müssen identisch sein (symmetrisch gebaut, Ausnahmen bilden die zweite Belagsrille bei Skatingski und einseitig abgeschrägte Skispitzen).

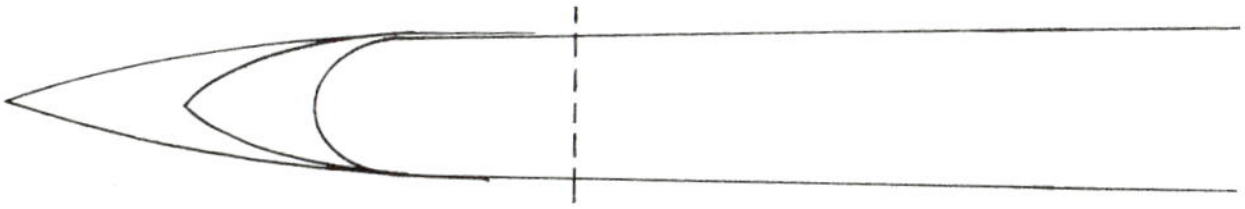

Gleiche »Skilänge«
alte, neue klassische, neue Skating-Schaufelform

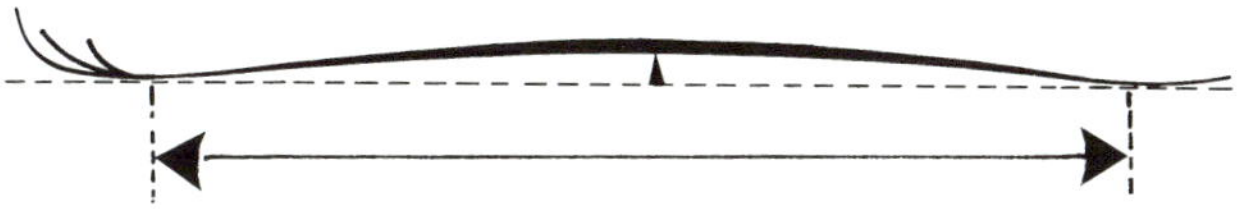

Auflagelänge des Skis

2

- Maximallänge ist 230 cm, die Minimallänge ist 10 cm kürzer als die Körpergröße.
- An seiner dünnsten Stelle muß der Ski noch 43 mm breit sein (Ausnahmen End- und Spitzenbereich).

● **Skilänge:** Skilängen sind relativ, sie werden von Marke zu Marke unterschiedlich gemessen.
Im Vergleich zu früher werden die Skispitzen verkürzt (abgerundet und weniger aufgebogen). Die 5-cm-Längenstufung wird beibehalten, aber einzelne Produzenten geben neu die Länge in den Maßen 183, 188, 193 usw. an.

● Vorteile der längeren Ski:
- Sie gleiten in der Regel besser, sind schneller in den Abfahrten; die Rennpraxis beweist es.

● Vorteile der kürzeren Ski:
- Sie sind bei Richtungsänderungen einfacher zu kontrollieren (verlangen eine weniger gute Technik).
- Keine Schwierigkeiten beim Grätenschritt.
- Erleichtern dem Anfänger das Erlernen der Skatingtechnik.
- Sind vorteilhaft auf engen Skatingloipen, besonders in Aufstiegen und beim Überholen (unterstützt den Trend im Rennlauf zu etwas kürzeren Skatingski).

Wahl der Skilängen
Die Wahl der Skilänge hängt ab von:
1. Größe des Läufers

Körpergröße	Skilänge	
	Klassisch	Skating
150–165 cm	170–190 cm	160–180 cm
170–180 cm	195–210 cm	180–195 cm
185–195 cm	210 cm	190–200 cm

* Der Zwang zur Produktionsrationalisierung hat bei den meisten Skifirmen zu einer Straffung des Längensortiments nach oben und nach unten geführt (z.B. Skilängen von 215 cm klassisch und 205 cm Skating produzieren nicht mehr alle Hersteller).

In diesen Bereichen entscheiden weiter:
2. Gewicht des Läufers, leichtere Läufer/Läuferinnen wählen mit Vorteil eher kürzere Ski (kürzere Ski sind in der Regel entsprechend weicher gebaut).
3. Lauftechnik; gute »Techniker« können längere Ski laufen.
4. Vorgesehener Einsatz: weiche Spur länger, harte Spur kürzer.

● **Skibreite und Gewicht:**
Rennmodelle sind unter der Bindung zwischen 43 und 45 mm breit und liegen im Gewicht bei 1000–1100 Gramm pro Paar.
Trainings- und Allroundmodelle, auch sportliche Nowax-Ski, sind einige Millimeter breiter und zwischen 1200 und 1500 Gramm schwer.
Wander- und Freizeitmodelle, meistens Nowax-Ski, sind 50–55 mm breit unter der Bindung und deshalb schwerer, 1500–2000 Gramm.
Hier gibt es eigentlich keine Wahl, der Skityp, der Anwendungsbereich und der Preis entscheiden. Normalerweise ist beim gleichen Skityp der leichtere Ski teurer, weil er mit leichten, aber teuren Werkstoffen gebaut ist (Karbonfiber, Waben- oder Lamellenskikerne). Praktisch wäre es möglich, noch leichtere Rennski zu bauen, doch die Erfahrung mit Testski hat gezeigt, daß vom Laufgefühl her und für die Skikontrolle etwa 500 Gramm pro Ski die untere Grenze bilden.

● **Skihärte beim Wachsski und Nowax-Ski:** Das Wichtigste bei der Auswahl eines Wachsski (Ski für die klassische Technik) ist die richtige Härte, damit der Ski mit seiner Haftwachszone (Steighilfezone beim Nowax-Ski) und den Gleitzonen optimal funktioniert (siehe Kapitel Skipräparation):
- Ein zu weicher Ski ist langsam, weil das Haftwachs in der Wachszone bereits beim Gleiten auf beiden Ski (Abfahren und Doppelstockschub) erhöhte Gleitreibung erzeugt.
- Ein zu harter Ski hat immer eine schlechte Abstoßhaftung, da die Haftwachszone zu wenig Kontakt hat mit dem Schnee.

● Die zu wählende Skihärte hängt nicht nur vom Körpergewicht ab, sondern von der Beinabstoßkraft. Läufer mit kräftigem (»explosivem«) Beinabstoß können härtere und damit auch schnellere Ski laufen.

Auswahl der Skihärte
Die meisten Skihersteller messen die Härte jedes Paares aus oder paaren sogar die Ski nach der gemessenen Härte.
Die Angaben »weich – mittel – hart« (soft – medium – stiff/hard) entsprechen dann je nach Skilänge einem Körpergewichtsbereich

(unterschiedlich nach Fabrikat). Diese Angaben sind eine Auswahlhilfe, aber besser ist das »Befühlen« und Testen des Ski.

• **Die Handdruckmethode:** Dieser Test verlangt Erfahrung oder Mithilfe des erfahrenen Sporthändlers.
Die Ski werden sorgfältig mit den Laufflächen gegeneinander gelegt und in der Mitte mit beiden Händen zusammengepreßt (man setzt voraus, daß die Zusammenpreßkraft der Hände in Relation steht mit dem Körpergewicht und der Beinabstoßkraft):

- Lassen sich die Ski leicht zusammendrücken, gibt es sogar ein klatschendes Geräusch, wenn die Laufsohlen in der Mitte aufeinanderprallen, so ist der Ski sicher zu weich.
- Bleibt zwischen den zusammengepreßten Ski noch eine große Lücke, so sind sie sicher zu hart.
- Bleibt dagegen nur eine feine Öffnung (Restspannung, beim Klisterski eine echte Wachsfuge) von 0,5 bis 2 mm auf eine Länge von 40 bis 60 cm (zum Kontrollieren halten wir die Spalte gegen das Licht), so dürfte der Ski im Bereich der richtigen Harte liegen.

• **Die alte Papierstreifenmethode:** Die »Papiermethode« ist eine gute Hilfe, um der optimalen Skihärte näherzukommen.
Die Unterlage muß glatt und absolut eben sein. (Es gibt im Sporthandel entsprechende Platten, die das gewährleisten.) Der Läufer

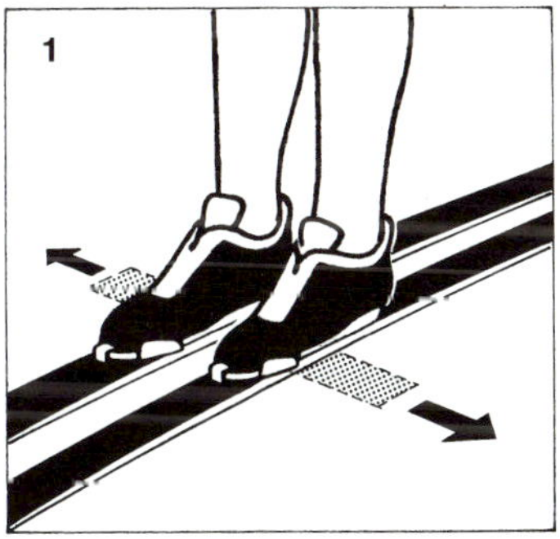

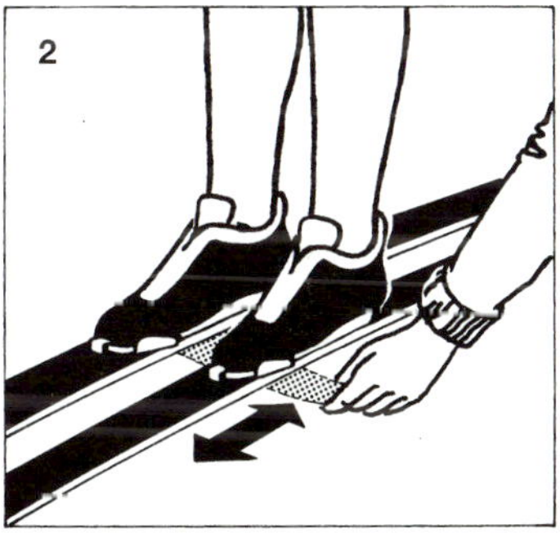

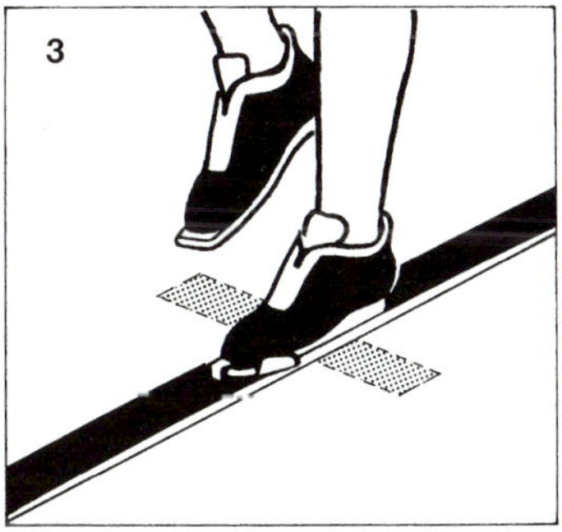

1 Beidseitig belasten: Das Papier oder Folienstück muß sich bewegen lassen.

2 Das Papier sollte sich ca. 25 bis 40 cm vor die Bindung und 5 cm hinter die Ferse bewegen.

3 Bei Belastung mit dem ganzen Körpergewicht soll sich der Teststreifen nur sehr schwer hervorziehen lassen.

stellt sich auf die Testski und belastet beide Beine gleichmäßig. Ein stabiles Stück Papier wird vorher unter den Bindungsbereich gelegt. Bei gleichmäßiger Belastung soll sich dieses Papier 15–25 cm vor die Bindung und ca. 5 cm hinter die Ferse bewegen lassen. Wird ein Fuß angehoben und dadurch nur ein Ski mit dem gesamten Körpergewicht belastet, soll sich der Papierstreifen nur schwer hervorziehen lassen, aber nicht ganz festsitzen, weil die Abdruckkraft noch hinzukommt.
Bei Steighilfeski mit grober Struktur kann die Papiermethode nur begrenzt angewandt werden.

- **Die Härte beim Skatingski:** Die ideale Druckverteilung (Biegelinie und Härte) beim Skatingski wird noch diskutiert. Einige Skihersteller suchen eine ähnliche Druckverteilung wie beim Alpinski, andere bleiben eher im Bereich der klassischen Langlaufski:
  - Zu weiche Skatingski sind langsam, werden beim Abstoß in der Mitte durchgetreten und haben schlechte Führungseigenschaften.
  - Zu harte Skatingski sind auch nicht schnell, sie »graben« mit Schaufel und Skiende und sind beim seitlichen Abstoß schlecht zu kontrollieren.

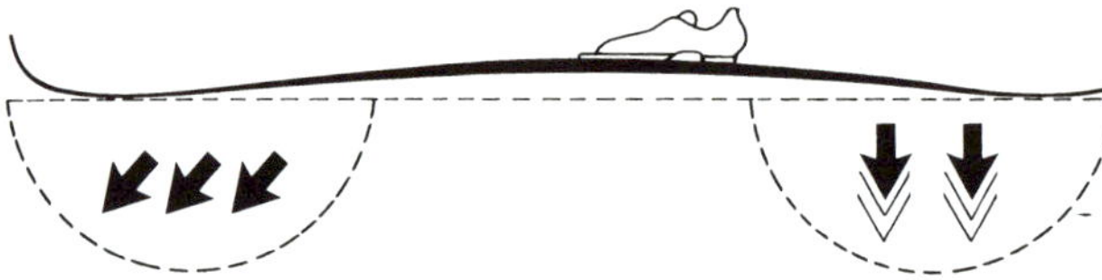

Ein Ski mit zu harter Schaufel und zu hartem Skiende »gräbt«. Außerdem ist in diesem Bereich die Gleitreibung zu groß.

Bei der Auswahl sind wir auf die Härte-/Gewichtsangaben der Hersteller angewiesen.
Mit dem Handdrucktest und Erfahrung können wir kontrollieren, ob der Ski regelmäßig schließt, ob er nicht zu weich oder zu hart ist.

Der Skibelag
Die modernen Langlaufskibeläge bestehen heute praktisch alle aus dem hochmolekularen Kunststoff Polyäthylen. Sie werden nur in Einzelfällen von den Skiherstellern selbst fabriziert, sondern werden von zwei oder drei großen Belagslieferanten bezogen.

Vom äußeren Erscheinungsbild her können wir vier Belagsarten unterscheiden:
1. **Transparente** (durchsichtige) **Beläge**, die meistens mit Marken- und Wachszonenzeichen farbig unterdruckt sind.

2

2. Ganz **schwarze Beläge**, sogenannte Electra- oder Graphitbeläge.
3. **Gesprenkelte Beläge**, meistens mit der Grundfarbe schwarz und eingestreuten farbigen Teilchen, sogenannte »Doppelsinterbeläge«.
4. **Geteilte Beläge**, im Schaufelbereich transparent mit Beschriftung, der Rest schwarz (zwei Beläge auf einem Ski zusammengesetzt).

- **Graphitbelag:** Die schwarzen »Electra-Beläge« sind eigentlich Transparentbeläge mit Beimischung von Graphit und Rußteilchen, die den Belag elektrisch leitfähig machen. Damit kann sich der Belag durch Reibung nicht statisch aufladen und zieht damit auch keine winzigen Schmutzpartikel im Schnee an. Der schwarze Belag ist »schmutzabweisend« und bei einzelnen Schneearten (verschmutzter Schnee, nasser Schnee) schneller als der Transparentbelag.
Schwarze Beläge können nach längerem Gebrauch grau/hell werden, d. h. die Ruß- und Graphitteilchen sind »ausgewaschen« worden und sollten durch heißes Einbügeln mit schwarzem Gleitwachs (enthält Graphit) wieder ersetzt werden.

- **Transparentbelag:** Er ist pflegeleichter, härter, deshalb weniger anfällig für Kratzer, schnell in sehr kaltem Pulverschnee, ein Allroundbelag, der immer mehr von den schwarzen Belägen verdrängt wird.

• **»Gesprenkelte Beläge«:** Im Belag entstehen unzählige Zonen mit unterschiedlicher Härte (Molekulardichte und -gewicht), die sich günstig auf die Gleitfähigkeit des Skis auswirken soll.

• **Beläge mit Steinschliff:** Bereits 1992 haben einzelne Mannschaften mit steingeschliffenen Belägen (wie im Alpinbereich) experimentiert und Zufallserfolge erzielt. Seither ist viel damit gearbeitet worden, und heute werden im Spitzenwettkampf praktisch 80–90% der Wettkämpfe auf Steinschliffbelägen gelaufen. Die Mehrzahl der heute verkauften Langlaufski wird nun schon in der Fabrik mit einem Steinschliff versehen. Das kann natürlich nur ein »Allroundschliff« sein, der in einzelnen Schneeverhältnissen ausgezeichnet, in andern eher schlecht funktioniert. Es gibt immer noch keine eindeutigen Erkenntnisse, welche Art von Steinschliffstruktur in welcher Schneeart am besten gleitet, zudem ist es schwierig, einen »Superschliff« später auf der Maschine zu reproduzieren.

Schuhe und Bindungssysteme

Schuh und Bindung bilden die Verbindung zwischen Sportler und Gerät, sie sind die Brücke der Kraftübertragung von der Muskulatur auf den Ski. Über Schuh und Bindung führen und kontrollieren wir den Ski.

Der Langlaufschuh ist wichtig für das Wohlbefinden und die Leistung: Er muß Halt geben und gut sitzen, ohne zu drücken.
Die Bindung ist das eigentliche »Verbindungsgelenk« zwischen Sportler und Ski. Sie muß die Bewegungsfreiheit beim Abstoß (besonders die Abrollbewegung beim Diagonalabstoß) und gleichzeitig die sichere Skiführung und seitliche Stabilität (Abfahren und Skatingabstoß) gewährleisten.

• Auf dem Markt haben sich bei uns zwei Bindungssysteme durchgesetzt (Salomon SNS Profil und die norwegische Rottefella-NNN-Bindung, auch als Rossignol-Bindung auf dem Markt). Alle haben eine alte Idee (Longstep und Contact) aufgenommen und weiterentwickelt: die gummigepufferte Abstoßbewegung.
Mit verschieden harten Gummipuffern kann die Bindung individuell eingestellt werden für Klassisch (weicher) oder Skating (hart). Die »Federwirkung« des Gummipuffers garantiert die rasche Rückkehr des Skis an die Schuhsohle nach dem Abstoß und damit eine sichere Kontrolle des frei geführten Skis beim Vorschwung (klassisch)/ Beiziehen (Skating).
Salomon und NNN erreichen mit einem Keilsystem über die ganze Schuhsohlenlänge eine bisher unerreichte Seitenstabilität (Skatingabstoß, Abfahren, Schwingen).
Eine linke oder rechte Bindung gibt es nicht mehr. Wird aber eine

Kantingunterlage zum Ausgleich von X- oder O-Beinen montiert, gibt es wieder eine rechte und linke Bindung.
Bei starker X-Bein-(oder O-Bein-)Stellung wird es fast unmöglich, die Ski flach zu führen. Besonders beim Schlittschuhschritt gibt die X-Stellung Probleme beim flachen Führen des Gleitskis und auch beim Abstoß (immer auf der Innenkante) auf. Durch eine dünne Keilunterlage unter Bindung/Längsführungskeil kann eine flache Skiführung ermöglicht werden. Es gibt damit wieder einen rechten und linken Ski.

2

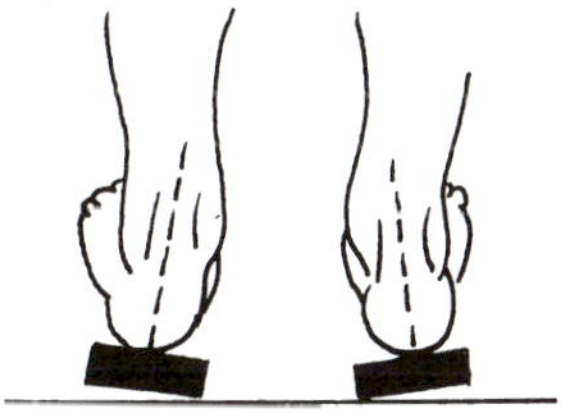

X-Stellung
Ski auf Innenkante

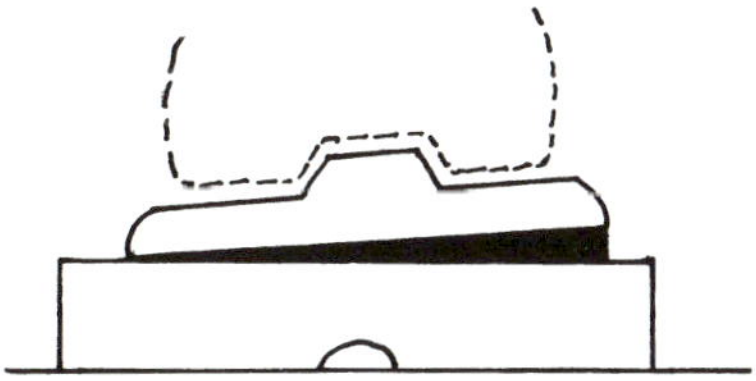

Korrektur mit Kantingunterlage
rechter Ski liegt jetzt flach

Kantingunterlagen zum Ausgleich von Fehlstellungen der Ski durch X- oder O-Beine

- **Klassisch:** Langlaufschuhe, die den Knöchel frei lassen, sind bei den Rennläufern nach wie vor im Einsatz, wenn auch nicht mehr ausschließlich.
Im Freizeitbereich ist der halbhohe Langlaufschuh üblich geworden (Knöchelschutz, besserer Halt, warme Füße).
Mittelhohe Kombischuhe (umstellbar) eignen sich für klassisch und Skating. Je ein Schuh für beide Techniken ist der Lösung ein Allroundschuh für beide Techniken vorzuziehen.
- **Skating:** Hier nimmt die Entwicklung zu funktionalen Spezialskatingschuhen einen ungeahnten Verlauf. An Alpinskischuhe erinnernde Halbschalenschuhe mit Verschlußschnallen versprechen eine noch bessere Kraftübertragung auf den Ski.
Auf harter Schneeunterlage und im Renneinsatz ist der hohe, stabile Skatingschuh die Voraussetzung für vollen Skatinggenuß und Erfolg.

Langlaufstöcke

Skilanglauf ist neben Regattarudern die einzige Sportart, die Arm- und Beinkraft über Geräte in Vortrieb umsetzt.
Das Wettkampfreglement der FIS schreibt für die Stöcke vor, daß der Wettkämpfer zwei gleich lange Stöcke benutzen muß. Sie dürfen nicht länger als Körpergröße und nicht kürzer als Hüfthöhe sein. Stöcke dürfen im Wettkampf ausgewechselt werden.

Langlaufstöcke sollen stabil, bruchsicher, elastisch und leicht sein, einen sicheren Halt im Schnee garantieren und einen für die Kraftübertragung von Arm/Hand auf den Stock angepaßten Griff/Schlaufe haben.

Die Entwicklung im Stockbau ging vor allem in Richtung leichteres Rohrmaterial (leichte, aber teure Karbonfibermaterialien). Auf den hart gewalzten Loipen sinkt der Stock nicht mehr ein, kleine Stockteller genügen, dafür muß die geneigte Stockspitze auch im Eis greifen.

Das Stockmaterial
Ob Aluminiumstock oder Kunststoff-Faser-Stock ist im Bereich der Wettkampfstöcke eine Frage des Preises. Die Carbon-/Kevlar-Fiber-Composite-Stöcke sind um 30% bis 50% leichter als die Aluminium-Rennstöcke, aber im umgekehrten Verhältnis teurer.
Alu-Stöcke sind viel schlagfester (Schlag gegen Skikanten oder andere Stöcke), aber nur halb so bruchfest (Sturz auf Stock) wie Stökke aus Composite-Fibermaterial.
Wer Wert legt auf sehr leichte Stöcke und auf das Gefühl eines »lebendigen« Stockes, wählt die teureren Kunststoffstöcke.
Für Anfänger, Kinder und Freizeitläufer erfüllen billigere Alu- oder Kunststoffstöcke alle Anforderungen. Sie sind lediglich etwas schwerer und weniger »lebendig«.

Die Stockgriffe
Die wichtigste Entwicklung fand im Bereich des Griffes statt:
– Die Firma Swix nahm die schon vor 20 Jahren gemachten Versuche mit einem quergestellten Stockgriff auf und hat den quergestellten TXR-Griff entwickelt. Bei den WM 1991 liefen etwa 20% mit quergestellten Griffen, darunter auch Doppelweltmeister

Quergestellter Stockgriff im Einsatz

Gunde Svan. Ein Jahr später bei den Olympischen Spielen benutzten ihn nur noch einzelne Läufer.

- Ungefähr zur selben Zeit brachte nach längerer Experimentierphase die Firma Exel einen ergonometrischen Stockgriff auf den Markt. Der Griff paßt gut in die Hand und hat auf der Außenseite eine Auflagestütze für die Handkante. Dieser Ergo-Griff erlaubt eine bessere Kontrolle des Stockes beim Einstich und eine verbesserte Kraftübertragung. Er braucht keine lange Angewöhnungszeit. Die Griffgröße muß zur Handgröße passen.
- Der bisherige Stockgriff in Kunststoff, Leder- oder Korkausführung.
- Die längenverstellbare Handschlaufe ist der Handgröße anpaßbar.

  Die Skistockhersteller bieten neue Handschlaufen an, die eine bessere Stockkontrolle und Kraftübertragung erlauben. Beim Ausstoßen kann die Hand locker geöffnet werden, ohne daß die Kontrolle über den Stock verlorengeht. Im Wettkampt und besonders in Massenstartsituationen sicher eine vorteilhafte Materialhilfe.

Die Stocklänge

Die richtige Stocklänge ist entscheidend.

Eine mittlere Stocklänge (bis Schulterhöhe) erlaubt praktisch die korrekte Ausführung aller Bewegungsformen. Das Lernen wird aber erleichtert und unterstützt durch etwas kürzere Stöcke für Klassisch und etwas längere Stöcke für Skating.

● Im Handel werden die Stocklängen in Stufen von 2 cm/3 cm oder 2,5 cm angeboten.

Kein Problem bei der Längenwahl gibt es bei den stufenlos in der

Länge verstellbaren Leki-Rennstöcken aus Aluminium. Die ideale Lösung für den Läufer, der mit nur einem Stock auskommen will und doch jedesmal die individuelle Länge haben möchte.

Die Wahl der Stocklänge hängt ab von:
1. Der Körpergröße und der Technik (Klassisch – Skating)

Körpergröße	**Stocklänge**	
	Klassisch	**Skating**
in Prozent der Körpergröße	79%–85%	85%–90%
oder bezogen auf Körperteile	Achselhöhle bis Schulterhöhe	Schulterhöhe bis Ohrläppchen

In diesen Bereichen entscheiden weiter:
2. Arm- und Oberkörperkraft – viel Kraft erlaubt etwas längere Stöcke,
3. Persönliche Lauftechnik – Anfänger laufen etwas kürzere Stöcke,
4. Streckenprofil – bei flachen Strecken eher etwas längere Stöcke.

Langlaufbekleidung

Sie muß funktional sein, und sie darf farbig sein.
Was heißt funktional?

Die Langlaufbekleidung muß
- die Langlaufbewegung ohne Einschränkung erlauben,
- gegen Wind und Wetter schützen,
- warm und trocken halten,
- windschlüpfrig für den Rennläufer sein.

Was bedeutet das?
- Kleiden im Mehrschichten- oder Zwiebelschalenprinzip, Unterwäsche aus modernem Gewebe (Thermogewebe), das den Schweiß nach außen abführt und den Körper trocken hält (so verspricht es wenigstens die Werbung).
- Lauf- oder Rennanzug; Rennläufer im enganliegenden Renndreß, Freizeitläufer eher in einem zweiteiligen, nicht eng anliegenden Anzug mit hochgeschnittenen Hosen.
- Bei größerer Kälte, Wind und Niederschlag über den Renndreß eine weitere Bekleidungsschicht, weit geschnitten (das kann ein gewöhnlicher Trainingsanzug sein), bei längeren Aufstiegen ausziehen und für die Abfahrt wieder überziehen.
- Eine ohrenbedeckende Mütze (mehr als die Hälfte der Körperwärme geht über den Kopf verloren).

- Laufhandschuhe, bei großer Kälte oder »ewig-kalten« Händen Langlauffausthandschuhe.
- Nicht zu dicke Sportsocken/Kniesocken, wenn gewünscht innen ein zweites Paar dünne Socken (Seide).
- Schuhüberzüge halten die Nässe ab und die Füße warm.

Langlaufbekleidung ist heute ein Modeartikel geworden und entsprechend teuer. Es gibt mehr Hersteller von Langlaufbekleidung als Skihersteller, entsprechend ist die Auswahl riesengroß.

2

Anmerkungen zur Ausrüstung

Wie schon zu Beginn gesagt, die Auswahl ist einfach zu groß. Über der Materialfrage vergessen wir oft das einzige was zählt, die Freude am Skilanglauf.
Unsere Materialbezogenheit zeigt sich am folgenden Beispiel.
Der Entwicklungsingenieur der größten Langlaufwachsfabrik hat einmal gesagt:
»Für die Gleiteigenschaft eines Skis ist die Skikonstruktion wichtiger als der Belag, der Belag gleich wichtig wie die Belagsstruktur und beide wichtiger als das Gleitwachs.«
Was bedeutet das nun?
Beim Besitz von zwei Paar Ski sind die Gleiteigenschaften durch die Ski und den Belag praktisch vorbestimmt. Auch mit stundenlangem Studieren und Austesten von sechs, sieben Gleitwachsen und Gleitwachsmischungen wird aus einem mittelmäßigen kein superschneller Ski.
Würden wir nicht besser die Zeit zum Laufen nutzen? Oder gehört dieses »Wachstesten« zum Skilanglauf?
Gehört die plötzlich farbenfroh und modisch gewordene Bekleidung zum Langlauf? Dürfen wir uns im einfarbigen Anzug nicht mehr auf der Skatingpiste zeigen? Seien wir doch froh, daß das Skaten und die dazugehörende modische Ausrüstung und Bekleidung vermehrt Jugendliche und junge Frauen auf die Loipen bringt.
Hatte bei den Olympischen Spielen 1988 praktisch jedes Mannschaftsmitglied zwischen 6 und 10 Paar Ski je Technik mit und stand verzweifelnd vor der unmöglichen Aufgabe, den zu laufenden Ski auszuwählen, so hat sich das 1995 praktisch halbiert.
Bei der Stocklänge ist eine interessante Entwicklung festzustellen. Noch 1990 konnten die Stöcke nicht lang genug sein. Die Idee, je länger die Stöcke, desto schneller, geisterte in vielen Köpfen herum. Heute gehen viele Spitzenläufer auf den anspruchsvollen Strekken zurück auf etwas kürzere Stöcke. Besonders im Skating sind die Geschwindigkeiten so hoch geworden, daß eine durch überlange Stöcke bedingte allzu aufrechte Körperhaltung zuviel bremsenden Luftwiderstand erzeugt.
Genießen wir die Möglichkeit der Auswahl und bringen wir Farbe in den Schnee.

Kapitel 3
Die Skipräparation

Einführung

Wohl kaum ein Thema im Skilanglauf wird so häufig diskutiert – unter den Langläufern wie in den Medien nach schlechten Ergebnissen – wie das »Wachsproblem«.

Wachsen und Skipräparieren ist ein Handwerk, in dem man mit Übung zur Meisterschaft gelangt. Wachsen ist weder eine Wissenschaft noch eine Kunst, sondern ein solides Handwerk, wenn man so will ein Kunsthandwerk. Unermüdliches Ausprobieren und Erfahrung und in schwierigen Situationen etwas Glück und die richtige Intuition machen den »guten Wachser« aus.

- Für den Anfänger wie den Könner gilt eine Regel: Möglichst einfach!

Wir müssen klar unterscheiden: Die Präparierung der Ski ist für den Spitzensportler ungleich schwieriger als für den Volks- und Freizeitläufer. Kleinste Unterschiede in der Gleitfähigkeit entscheiden über Sieg oder Niederlage. Hatte man geglaubt, mit dem Skaten würde das »Wachsproblem« wegfallen, so zeigt sich heute, daß im Wettkampfbereich der Aufwand für die Präparation von schnellen Ski (nur Gleitfähigkeit) jedes vernünftige Maß zu verlieren droht.

- Anders ist es für den Freizeitläufer. Für ihn gilt es, einen optimalen Ski zu präparieren, der gut gleitet und für die klassische Technik auch einen sicheren Abstoß erlaubt. Andere Faktoren wie Kondition, Lauftechnik und auch das Skimaterial begrenzen sein Leistungsvermögen oft in viel stärkerem Maße.

Im folgenden unterscheiden wir Anleitung und Hinweise für Freizeitläufer/Anfänger und für ambitionierte Rennläufer.

Grundpräparation der Laufsohle/des Belages

Freizeitlangläufer

Wir nehmen die Grundpräparation nicht selber vor. Beim Kauf der Langlaufski vergewissern wir uns, daß die Fabrik oder der Sporthändler die Grundpräparation ausgeführt hat. Ist der Belag stark

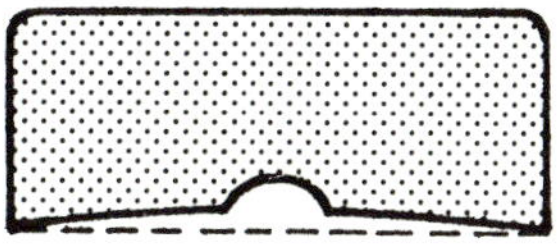

Hohler Ski

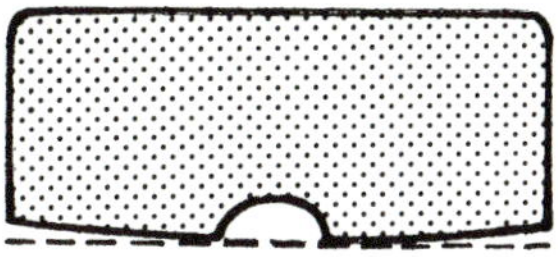

Runder Ski

zerkratzt, so übergeben wir am Saisonende die Ski dem Fachmann zur Behandlung.

Rennläufer

Viele Skihersteller liefern ihre Ski (besonders Skatingski) gebrauchsfertig geschliffen und zum Teil sogar strukturiert. Es wäre schade, an diesem Schliff herumzubasteln.

Der Belag sollte absolut plan (flach, eben) sein. Dann wird er schnell und läßt sich gut wachsen. In Vertiefungen sammelt sich beim Wachsen oft ungewollt mehr Wachs an, das kann zu Vereisungen führen. Bei einem hohlen Ski läßt sich das Gleitwachs gar nicht richtig abziehen. Er ist zudem schwer zu führen und zu drehen.

Ein runder Ski dreht zwar gut, ist aber in harten Spuren schwerer gerade zu führen und verliert links und rechts der Rille rascher das Wachs.

Heute sollten fabrikneue Beläge, vor allem Steinschliffbeläge, wirklich plan sein, sonst muß der Händler/die Fabrik den Fehler beheben oder den Ski tauschen. Sollte ein Belag wirklich sehr langsam sein, kann der Fachmann mit einem neuen Schliff (evtl. nur Abziehen) eine Verbesserung versuchen.

> **Achtung:** Je öfter ein Ski heiß gewachst und gelaufen worden ist, desto schneller wird der Belag; also nicht ohne Notwendigkeit am Belag herumschleifen und die hauchdünne, wachsgetränkte oberste Belagschicht abtragen.

Reinigung der Laufsohle

Reinigung der Skatingski und Gleitzonen

Freizeitlangläufer

Wir reinigen die Gleitzonen der Wachsski oder die Skatingski nicht nach jedem Gebrauch, sondern nur, wenn sie stark verschmutzt oder die Beläge ausgelaugt (weiß, rauh) sind (je nach Schneeart nach 40 bis 100 km).

Wir reinigen mit Wachsentferner (siehe unten).

Rennläufer

Auch der Rennläufer kann seine Ski im Training mehrmals benutzen, ohne sie jedesmal neu präparieren zu müssen.

Reinigung mit Wachsentferner

Daß die modernen Polyäthylenbeläge nicht mehr mit der Flamme abgewachst werden, dürfte bekannt sein.
Vor einer Grundpräparation und bei stark verschmutzten Belägen werden die Ski mit Wachsentferner gründlich gereinigt.
Reinigungspapier/-lappen mit Wachsentferner tränken und den Belag abreiben (er muß feucht sein), mit sauberem Papier nachreiben, notfalls mehrere Durchgänge.
15–20 Minuten trocknen lassen.
Warnung: Nur in gut belüfteten Räumen arbeiten. Sprühnebel und Dämpfe nicht einatmen. (Neue Wachsentferner dürfen keine chlorierten Lösungsmittel mehr enthalten.) Mit Wachsentferner getränkte Lappen sind feuergefährlich und sollten in einen Metallabfalleimer wandern.

Heiß auswachsen

Je öfter ein Belag heiß gewachst wird, desto besser gleitet er. Deshalb vermeidet man im Rennbereich, besonders bei den empfindlicheren Graphitbelägen, eine unnötige Reinigung mit Wachsentferner und ersetzt sie durch heißes Auswachsen. Wenig verschmutzte und kaum verkratzte Beläge werden mit einem weichen Gleitwachs eingebügelt und, solange das Gleitwachs noch nicht ganz erstarrt ist, mit der Plastikklinge gründlich abgezogen.

Reinigen von Haftwachs

Die Zeiten des »Wachsabbrennens« mit der Lötlampe sind vorbei – als Notlösung beim Umwachsen im Freien erlaubt.

Reinigungsvorgang

- Die Langlaufski reinigen/wachsen wir vorteilhaft in einem warmen, gut belüfteten Raum.
- Ski in Wachsbock einspannen, wenn vorhanden, andernfalls irgendwo schräg anlehnen/mit einer Hand schräg halten und das Skiende blockieren (mit Fuß/gegen Möbelstück etc.) und mit einer Hand arbeiten – gilt auch für das Wachsen,
- in warmem Raum Haftwachs weich werden lassen (evtl. mit Bügeleisen kurz erwärmen),
- mit Metallspachtel soviel Wachs als möglich abspachteln,
- gründlich mit Wachsentferner und viel Papier/Lappen reinigen, Laufrille, Kanten und Seitenwangen nicht vergessen.
  Achtung: Wollen wir die Gleitzonen nicht neu einbügeln, so dürfen wir sie nicht mit Wachsentferner berühren!

● Tip: Mit Wachsentferner getränktes Scotchbrite erleichtert das Abwachsen und funktioniert sogar in der Kälte.

In Lappland auch im April noch keine Wachsprobleme bei -5° C

3

Wachsen von Langlaufski für die klassische Technik

In der klassischen Technik wollen wir auf den Langlaufski leicht dahingleiten und für den Diagonalschritt einen sicheren Abstoß haben. Wir verlangen vom Ski/Wachs eigentlich etwas Widersprüchliches: **Gleiten** und **Haften**. Wie erreichen wir das nur mit Ski und Wachs, ohne mechanische Vorrichtung?

Gleitreibung und Haftreibung
Der Ski gleitet auf dem Schnee. Die Ski (Skibelag/Wachs) reiben auf der Schnee-/Spuroberfläche und werden dabei gebremst. Diese bremsende Gleitreibungskraft hängt von der Schneeoberfläche, vom Wachs/Belag und vom Druck auf den Ski ab. Durch die Präparation der Gleitzonen, die richtige Wahl des Haftwachses und die Skikonstruktion versuchen wir, die Gleitreibungskraft so klein wie möglich zu halten.
Der Ski steht. Beim Beinabdruck wird der senkrechte Druck auf den Ski stark vergrößert, der Belag/Wachs wird auf die Schneeoberfläche gedrückt, und es entsteht eine Art Verzahnung zwischen Schneeteilchen (Kristallen) und dem Wachs. Diese Haftreibungskraft muß nun größer sein als die nach hinten gerichtete Kraftkomponente des Beinabdruckes, damit wir nicht nach hinten ausrutschen, also abstoßen können (Diagonalschrittabstoß).

Skikonstruktion: Abstoßzone und Gleitzone
Der klassische Langlaufski ist nun so konstruiert (Biegelinie, Spannung und Skihärte auf Körpergewicht angepaßt), daß beim Diagonalschritt Gleiten und Haften möglich wird.

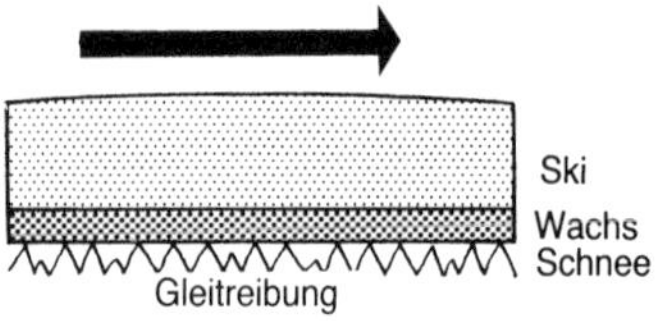

Zeichnerische Darstellung der Gleitreibung

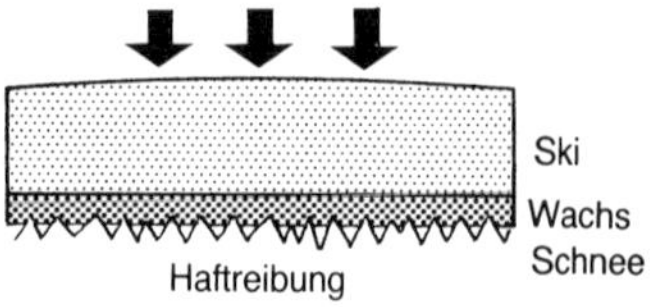

Haftreibung – die Schneekristalle graben sich in die Wachsschicht ein.

Vorne und hinten ist der Ski etwas weicher und liegt immer im Schnee auf. Diese Gleitzonen werden mit Gleitwachs für bestmögliches Gleiten präpariert.

- In der Skimitte, unter und vor der Bindung ist der Ski härter. Diese Abstoßzone drückt während des Gleitens kaum auf den Schnee, das Haftwachs bremst nur wenig. Erst beim kräftigen Beinabdruck wird diese Abstoßzone mit dem Haftwachs in den Schnee gedrückt. Erst jetzt entsteht die Haftreibung und ermöglicht so den Abstoß und die Vorwärtsbeschleunigung.

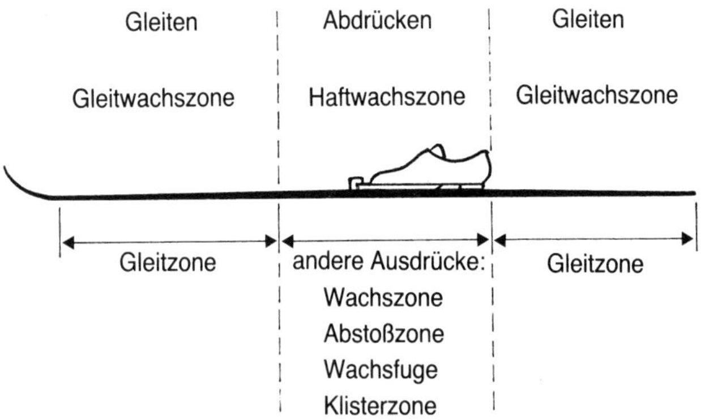

Die funktionalen Zonen des klassischen Langlaufskis (gelten auch für Nowax-Ski)

- Beim Wachsen des klassischen Langlaufski hängen die
- Länge der Haftwachszone (Abstoßwachszone, Wachszone),
- die Wahl des Wachses

nicht nur vom Schnee, sondern stark von

- der Skikonstruktion (Biegelinie, Härte; Allround-, Pulver- oder Klisterski) und
- der persönlichen Technik und der Beinabdruckkraft ab.

Oft ist bei einem zu stumpfen oder zu glatten Ski weniger das aufgetragene Wachs als der zu weiche oder zu harte Ski, die zu lang oder zu kurz gewählte Haftwachszone schuld.

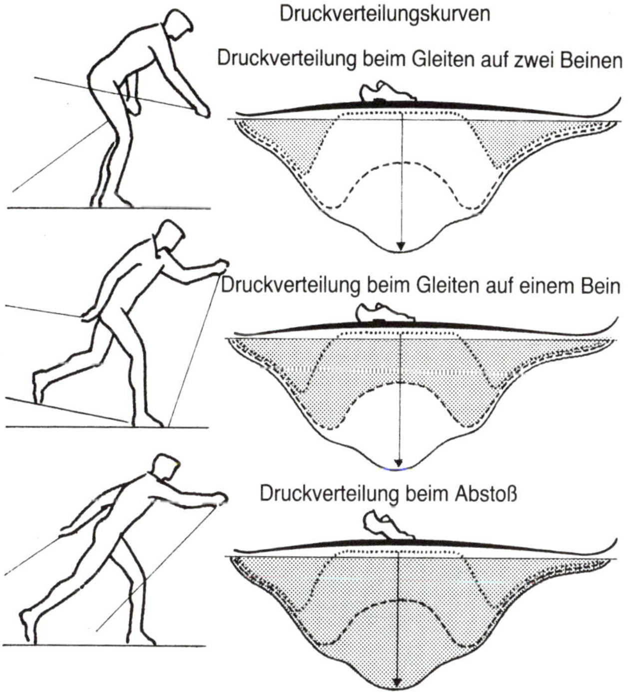

Erst beim Abstoß wird die Haftwachszone voll in den Schnee gedrückt (gilt auch für Nowax-Ski).

3

Bestimmen der Haftwachszone

Vor dem Einbügeln der Gleitzonen und/oder dem Wachsen mit Haftwachs bestimmen wir **Länge** und **Bereich** der Haftwachszone.

– Im Normalfall reicht sie nach hinten bis zur **Absatzplatte**. Bei sehr kaltem Pulverschnee und bei lockeren, mehligen Spurverhältnissen können wir 10 cm weiter nach hinten wachsen.
– Für die **Länge** nach vorne gilt (hängt auch von Skikonstruktion ab):
  - Für Hartwachse länger als für Klister.
  - Auf harten Ski länger als auf weichen.
  - Bei kräftigem Beinabdruck kürzer als bei schwachem Abdruck.
  - Wenn spitz, länger; wenn stumpf, kürzer wachsen.

Wir markieren auf der Skiseitenwange unsere aus Erfahrung gewonnenen Haftwachsbereiche für verschiedene Verhaltnisse. Häufigster Fehler beim Rennläufer: Im Bestreben einen sehr schnellen Ski zu haben, wird meistens zu kurz = spitz gewachst.

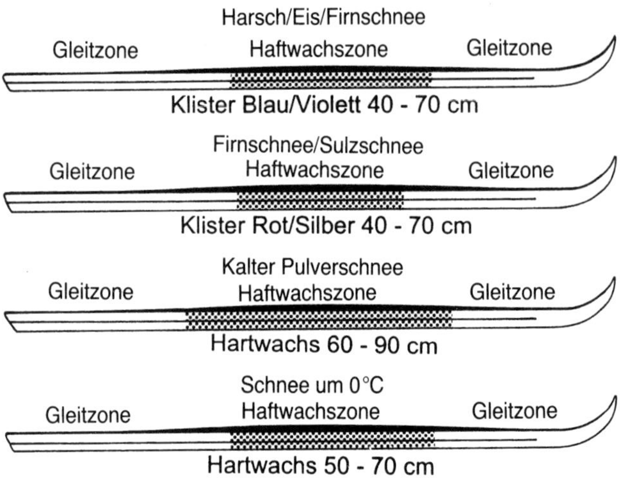

Mittelwerte für Haftwachszonen (Volksläufer)

Wachsausrüstung und Hilfsmittel

Die Ausrüstung und Hilfsmittel für die Präparation der Gleitwachszonen/Skatingski werden vorausgesetzt. (Siehe Präparation von Skatingski und Gleitzonen der Wachsski.)

Freizeitlangläufer
Dazu kommen:

- 1–2 Kunststoffwachsklötze (»Wachskork«, aber nicht mehr aus Kork) zum Verreiben des Hartwachses.
- 1 Metallspachtel (gewöhnliche Malerspachtel, skibreit) zum Abspachteln des Haftwachses und Verteilen des Klisters.
- 1 Luft- und Schneethermometer.
- Schleifpapier 80 und 120 zum Aufrauhen der Wachszone.
- Handreinigungspaste (wenn gewünscht).
- Wachskoffer oder Wachstasche.
- Wachse: ca. 5 Hartwachse und 2 Klister, 1 Korrekturwachs (Paraffin).

Rennläufer
Die möglichen Hilfsmittel sind fast unübersehbar. Wir beschränken uns auf die wirklich notwendigen:

- 2–3 Kunststoffkorke, damit wir nicht grün und gelb mit dem gleichen Korken verreiben müssen (farbig markieren).
- 1 Metallspachtel (siehe oben).
- Evtl. 1–2 Wachsklötze zum Verstreichen und Glätten von Klister (markieren).

- 1 Luft- und Schneethermometer.

Luftfeuchtigkeitsmesser (Hygrometer) sind störanfällig (beim Transport) und funktionieren oft zu ungenau.

- Wasserfester Filzstift zum Markieren der Wachszone.
- Wachskoffer.
- Handreinigungspaste (wenn gewünscht).

Eine Lötlampe ist nur noch notwendig für das Um- oder Notwachsen im Freien (Erwärmen der Klistertube).

- 10–20 Hartwachse, 5–10 Klisterwachse, 1 Korrekturwachs (Paraffin).
- Strukturhobel und Silikonflüssigkeit für Mikrostruktur.

Ich muß über den Schnee Bescheid wissen

Die Schneearten

Grundvoraussetzung für ein befriedigendes Wachsergebnis ist die Kenntnis über die Schneearten. Wem bei der Einschätzung der Schneeart grobe Fehler unterlaufen, der kann kein gutes Resultat erwarten.

Nun, dafür ist auch Erfahrung notwendig. Erfahrung kann sich wiederum nur auf sichere Grundkenntnisse aufbauen.

- Schnee entsteht durch die Kristallisation von Wasserdampf. Das geschieht, wenn die Temperatur unter 0° Celsius sinkt. Schneeflokken bilden sich um verschiedene Kristallisationskerne. Das können winzige Staubteilchen oder andere Partikel sein, die sich in großer Zahl in der Atmosphäre befinden. Das Sechseck ist die Grundform aller Schneekristalle.

»Kunstschnee« ist in diesem Sinn gar nicht künstlich. Der vom Men-

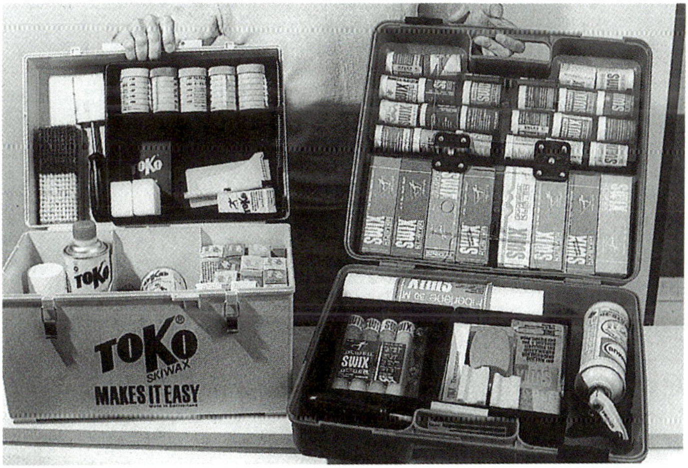

Wachse müssen übersichtlich aufbewahrt werden.

schen gemachte Schnee entsteht bei Temperaturen unter dem Gefrierpunkt mit Hilfe von Druckluft aus Wasser.
Ab einem bestimmten Gewicht können sich die Flocken nicht mehr in der Luft schwebend halten. Sie fallen zur Erde – es schneit. Diese kleinen Wunderwerke aus gefrorenem Wasser sind sehr schnell einem Wandel unterworfen. Temperatur, Luftfeuchtigkeit, Wind und die Zeit der Lagerung beeinflussen die Struktur der Kristalle: So entstehen verschiedene Schneearten.

Die Beurteilungskriterien
- Struktur der Schneekristalle
- Feuchtigkeitsgehalt
- Dichte der Schneedecke

Diese Merkmale werden beeinflußt von:
- Temperatur
- Luftfeuchtigkeit
- Lagerungsdauer
- Wind
- Maschineller Spurbearbeitung

Das muß der Langläufer unterscheiden lernen:
Unabhängig von allen anderen Bewertungen heißt die erste Frage:
- Ist die Schneestruktur »kristallin« (wenig verändert)?
- Ist die Schneestruktur »amorph« (alt, stark verändert)?

Kristallin heißt die Schneeart, bei der die Kristallform noch erhalten ist. Die Oberflächenstruktur ist spitz, die Kristalle können gut in die Wachsschicht eindringen. Zu den kristallinen Schneearten gehören:
- Trockener Neuschnee
- Feuchter Neuschnee
- Pulverschnee
- Rauhreif

Amorph: Alt, gestalt- und formlos übersetzt das Wörterbuch diesen Begriff. Damit ist sehr treffend die Schneestruktur umschrieben.
Durch äußere Einflüsse wie Temperatur, Feuchtigkeit und Lagerung hat sich der Schneekristall verändert. Zu den amorphen Schneearten gehören:
- Sehr nasser Neuschnee, der – kaum am Boden aufgetroffen – seine Struktur sofort verändert (hohe Temperatur)
- Feinkörniger, nasser Schnee
- Mehlschnee
- Grießschnee
- Harsch
- Firnschnee
- Eis
- Sulzschnee

Zusammenfassung:

- Schneekristalle mit noch scharfer und gezackter Oberfläche bezeichnet man als »kristallinen Schnee« oder auch »Neuschnee« beziehungsweise »feinkörnigen Schnee«.
- Schneekristalle, die ihre Struktur verloren haben; runde weiche Konturen aufweisen, werden »amorpher Schnee«, »Altschnee« oder »grobkörniger Schnee« genannt. Es gibt vielfältige Stufen in der Umwandlung des Schnees.

3

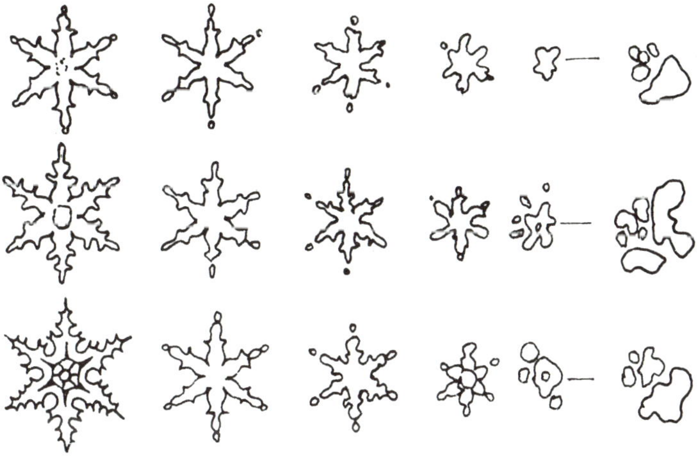

Der Umwandlungsprozeß vom Kristall zum Harschschnee

Temperatur und Luftfeuchtigkeit

Temperatur und Luftfeuchtigkeit haben wohl den größten Einfluß auf die Veränderung des Schnees. Sie wirken auch maßgeblich auf die Feuchtigkeit des Schnees mit ein. Bei höheren Temperaturen wird der Schnee auch feuchter. Die Luft kann trocken oder feucht sein. Bei Nebel ist die Luftfeuchtigkeit sehr hoch. An einem kalten, klaren Wintertag können wir davon ausgehen, daß die Luftfeuchtigkeit sehr gering ist. Da sich die beiden Komponenten – Temperatur und Luftfeuchtigkeit – auch gegenseitig beeinflussen, sollen sie ge-

Trockener Schnee **Feuchter Schnee** **Nasser Schnee**

meinsam behandelt werden. Nach der Schneestruktur muß der Läufer die Frage beantworten, ob der Schnee trocken, feucht oder naß ist. Denn unabhängig von der »kristallinen« oder »amorphen« (»neuen« bzw. »alten«) Struktur, kann der Schnee unterschiedliche Feuchtigkeitsgrade aufweisen.

Trockener Schnee läßt sich nicht zusammenballen. Er fällt sofort wieder auseinander. Die Probe sollte man nicht mit der warmen Hand, sondern mit dem Handschuh vornehmen.
- Der Schnee läßt sich zusammenballen; fällt aber sofort wieder auseinander: »Kalter Neuschnee«.

Der Schnee läßt sich überhaupt nicht zusammenpressen: »Kalter, alter Pulverschnee«. Die Kristalle des trockenen Schnees sind hart.

Feuchter Schnee läßt sich zusammenpressen zu einem Schneeball. Die Kristalle des feuchten Schnees sind weicher.

Nasser Schnee tropft beim Zusammenpressen. Die starke Feuchtigkeit kann durch hohe Temperatur, Regen oder Schneeregen entstehen.
- Die Lufttemperatur bestimmt nicht nur den Feuchtigkeitsgehalt des Schnees, sondern auch seinen Härtegrad. Sinkende Temperaturen härten die Kristalle; höhere machen sie weicher und runder.
- Die Luftfeuchtigkeit ist eine Komponente, die den Schnee stark beeinflussen kann. Entscheidend für die Wachswahl ist sie im Temperaturbereich von –5° Celsius bis +5° Celsius. Bei tieferen Temperaturen nimmt die Luftfeuchtigkeit automatisch ab. Bei höheren Temperaturen als +5° ist der Schnee so feucht, daß die Luftfeuchtigkeit keine Rolle mehr spielt. Hohe Luftfeuchtigkeit macht die Kristalle weicher; bei trockener Luft sind sie härter. Daher kann extrem trockene oder feuchte Luft die Wachswahl entscheidend beeinflussen.

Fassen wir die Kriterien zusammen:
- Als erstes Kriterium wird die Schneestruktur festgestellt – »kristallin« oder »amorph«, »neu« oder »alt«, stark bearbeitet?
- Als zweites Merkmal interessiert mich die Schneefeuchtigkeit – trocken, feucht, naß?
- Drittens wird die Lufttemperatur gemessen. Bei Temperaturen von –5°C bis +5°C messe ich zusätzlich noch die Schneetemperatur.
- Als viertes Kriterium wird die Luftfeuchtigkeit geschätzt. (Eventuell mit einem Hygrometer messen.)

Der Zustand der Spur

Der Schnee kann in der Spur anders sein. Das Spurgerät und die Läufer können die Beschaffenheit des Schnees mehr oder weniger stark verändern. Die Wachssorten sind immer auf die Loipe und nicht auf den unberührten Schnee abgestimmt. Besonders durch maschinelle Präparierung stellen sich manchmal überraschende Veränderungen in den Schneeverhältnissen ein.

- Grundsätzlich ist daran zu denken, daß ein Spurgerät alte Schneearten nach oben befördern kann. Besonders bei den Geräten, welche die Schneedecke vorher auffräsen. So kann es durchaus vorkommen, daß neben der Loipe Neuschnee liegt, jedoch in der Spur alter Firnschnee mit Neuschnee gemischt. Bei Harschverhältnissen zeigen normal präparierte Loipen eine glatte Eisschicht; aufgefräste Spuren aber einen feinkörnigen Grießschnee.
- Nicht nur das Spurgerät, auch die Läufer verändern den Zustand der Loipe.

Besonders stark macht sich dieser Umstand im 0°-Bereich bemerkbar. In einer wenig frequentierten Spur ist vielleicht noch lockerer, feuchter Neuschnee anzutreffen. Sind aber viele Langläufer unterwegs, kommt es sehr schnell zu einer spiegelglatten Fläche.

- Die Wachswahl kann außerdem durch die Konsistenz der Spur bestimmt werden. Ich muß also auch wissen, ob die Spur hart ist oder locker und mehlig; ob der Schnee beim Abdruck stark nachgibt oder sehr fest ist.

Die Wachsentscheidung

Wir gehen systematisch vor und treffen die Wachsentscheidung nach Abchecken aller bestimmenden Faktoren. Mit wachsender Erfahrung werden wir immer mehr nach Gefühl zu wachsen versuchen. In den meisten Fällen wird der Rennläufer das Wachs testen und korrigieren müssen.

Checkliste

1. Schneestruktur »genau hinsehen, evtl. mit Lupe«	bei kristallinem Schnee (trockener oder nur mäßig feuchter Neuschnee und Pulverschnee, Reif): **Hartwachs**, bei amorphem Schnee (grobkörniger Altschnee, nasser Schnee): **Klister**
2. Lufttemperatur 1 m und 10 cm über Boden, nicht direkt an der Sonne	sorgfältig messen (evtl. am höchsten und tiefsten Streckenpunkt)

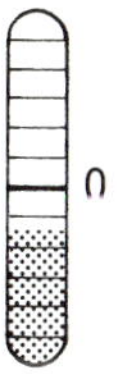

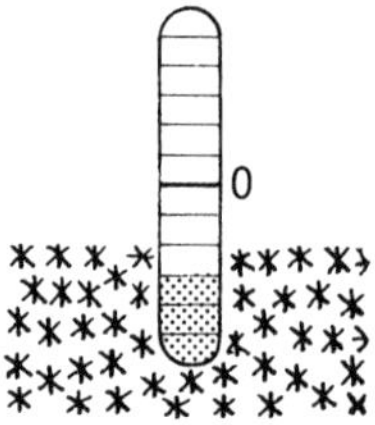

3. Schneetemperatur 2 cm unter Schneeoberfläche in der Spur

mit Lufttemperatur vergleichen und Temperaturmittel nehmen

Jetzt in der Wachstabelle im gemessenen Temperaturbereich das entsprechende Hartwachs oder Klister ablesen oder mit Hilfe der Aufschriften auf dem Wachs das richtige aussuchen.

4. Spurbeschaffenheit nicht nur im vielgelaufenen Start-Ziel-Bereich anschauen

gute, feste, harte Spur: härteres Wachs oder Wachszone verkürzen; weiche, lockere, mehlige Spur: Wachszone verlängern, evtl. weicheres Wachs

5. Luftfeuchtigkeit messen oder abschätzen (hoch, normal, niedrig)

bei hoher Luftfeuchtigkeit Richtung wärmeres/weicheres Wachs, bei sehr trockener Luft etwas härteres Wachs wählen

6. Schneefeuchtigkeit »Griff in den Schnee«

hängt sehr von der Luftfeuchtigkeit ab, siehe bei Luftfeuchtigkeit

7. Temperaturentwicklung Wetter (Wettervorhersage)

beobachten, Wachsentscheid so lange wie möglich hinausschieben, bei Erwärmungstendenz Wachs etwas wärmer wählen (wärmeres Wachs mitnehmen)

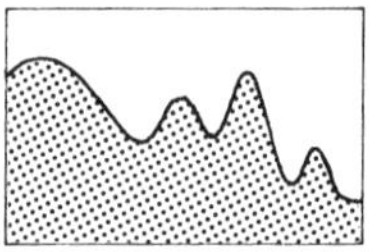

8. Streckenprofil Karte, Streckenplan, Kenntnis der Strecke

viel Steigung: gute Haftung
wenig Steigung: schneller Ski

Vereinfachte Wachstabelle

Dem beschränkten Wachssortiment des Freizeitläufers muß eine vereinfachte Wachstabelle entsprechen, d. h. aber nicht, daß damit nicht ebenso gut gewachst werden kann wie mit einem Riesenwachssortiment, das wir nicht gut genug kennen. Die Grundidee des verkleinerten Wachssortiments und der einfachen Wachstabelle ist nämlich die Tatsache, daß die auf Erfahrung beruhende »Wachskunst« (Art des Auftrages, Anzahl, Dicke, Länge und Kombinationen der Wachsschichten) viel entscheidender ist als »das einzig richtige Wachs«.

Wachstabelle für 4 Hartwachse und 2 Klister

Schneeart und Temperaturbereich	RODE	SWIX	TOKO Dibloc Grip
Rode/Swix T Luft/TOKO T Schnee			
Sehr kalter Pulverschnee windverblasene, harte Spur Luft unter −8° C / Schnee unter −8° C	Grün spezial	Grün spezial	Grün
	°lange Haftwachszone °erste Schicht bügeln °evtl. Blau unter Bindung		
Kalter Pulverschnee sehr kalter Neuschnee Luft −4 bis −8° C/Schnee −4 bis −8° C	Blau °evtl. unter Bindung Superblau	Blau Spezial Blau Extra	Blau Alt-/ Neuschnee
Pulverschnee/Neuschnee Luft −1 bis −4° C/Schnee −2 bis −4° C	Superblau	Blau Extra	Rot Alt-/ Neuschnee
Pulverschnee bei Erwärmung Fallender Schnee Luft −1 bis +1° C/Schnee −2 bis 0° C	Multigrade	Rot Spezial	Gelb
Fallender Naßschnee Regen, Sulzschnee Luft über 0° C/Schnee 0° C	Rotklister	Universal- klister	Orangeklister
Auftauende vereiste Spur grobkörniger Altschnee Luft über 0° C/Schnee 0° C und kälter	Grundschicht Violettklister zweite Schicht: Rotklister	Violettklister Universalkl.	Violettklister Orangeklister
Grobkörniger Altschnee vereiste, harschige Spur Luft unter 0° C/Schnee unter 0° C	Violettklister °evtl. trocken Blau abdecken	Violettklister	Violettklister

Selbstverständlich können Wachse anderer Fabrikate in demselben Anwendungsbereich gewählt werden.
Die Wahl ist eher eine Frage der Erhältlichkeit (im Geschäft), der Gewohnheit und des Vertrauens als eine Frage der Qualität.

Checkliste für die Wachsentscheidung

Was ich checken muß	**Bedingungen**	**Entscheidung und Abänderungen**	
Beispiel Hartwachs		**(Swix)**	**(TOKO)**
Schnee	pulvriger Neuschnee über Nacht gefallen	Hartwachs	
Lufttemperatur	0° C	Rot Spezial	Rot Neuschnee
Schneetemperatur	minus 3° C	Blau Extra	Gelb
Spur	gut gepreßt, wenig Lockerschnee, kein Glänzen	Blau Extra	Rot Neuschnee
Luftfeuchtigkeit	gering, Föhn	Blau Extra	Rot Neuschnee
Wetter	sonnig, föhnig, es wird wärmer werden	Rot Spezial	Gelb
Strecke	zuerst langer Aufstieg höchster Punkt kälter im Schatten	Rot Spezial Blau Extra Auswertung/Wachsentscheid 1. Schicht; Blau Extra 2. Schicht, dünn, kürzer Rot Spezial	Gelb Rot Neuschnee Rot Neuschnee Gelb

Was ich checken muß	**Bedingungen**	**Entscheidung und Abänderungen**
Beispiel Klister		
Schnee	alter, verharschter Schnee	Klister
Lufttemperatur	0°C	Violett-Klister
Schneetemperatur	–1° C	Violett-Klister
Spur	teils vereist, teils grobkörnig	Violett-Klister
Luftfeuchtigkeit	normal	keine Änderung
Wetter	sonnig, es wird sicher wärmer	Rot-Klister
Strecke	bis zum Wendepunkt fast nur steigend	Rot-Klister
Information von Strecke	Stellen unter Bäumen und an Sonnenhängen schon feucht	Rot-Klister
	Auswertung	1 dünne Schicht Violett-Klister 1 Schicht Rot-Klister darüber, dünn

Für Rennläufer

- **Die neuen Haftwachse**

Wir verzichten bewußt auf Wachstabellen für Rennläufer:
- Sie wären zu kompliziert und immer noch unvollständig.
- Wir können gar nicht alle Wachse berücksichtigen, die von Rennläufern individuell bevorzugt werden.
- Rennläufer wachsen mit Erfahrung und müssen neue Wachse selber erproben und in der richtigen Situation einsetzen.
- Auch Rennläufer sind gut beraten, wenn sie ihr Wachssortiment klein halten, dafür die Wachse öfter anwenden, testen und besser kennen.

3

- **Fluorierte (fluorinierte) Haftwachse**

Bereits seit der WM 1991 sind neben den bekannten fluorhaltigen Gleitmitteln im Rennbereich auch fluorhaltige (hydrophobe) Haftwachse im Einsatz und bei Swix unter dem Namen »Cera Classic«, bei Toko als »Dibloc Grip« auf dem Markt.
Der neuen und teureren Wachsgeneration werden folgende Eigenschaften zugeschrieben:
- bei hoher Luftfeuchtigkeit und hohem Wassergehalt des Schnees sind sie schneller als die herkömmlichen Haftwachse
- dabei weisen sie eine mindestens ebensogute Abstoßhaftung auf
- Die synthetischen Wachse garantieren eine größere Abriebfestigkeit, d. h. man kann dünner auftragen
- Das Sortiment wird kleiner, da die Wachse einen größeren Temperaturbereich abdecken (ein Wachsset von 5 Dosenwachsen und 2 Klister genügt bei diesen Haftwachsen auch für den Rennläufer)

Achtung: Die »Farbe« der Dosenwachse entspricht zum Teil nicht mehr den bekannten Temperaturbereichen.
Bei sehr trockenen und kalten Pulverschneeverhältnissen sind die herkömmlichen Wachse gleichwertig, wenn nicht besser. Deshalb enthält Toko grün kein Fluor und produziert Swix weiterhin seine herkömmlichen Dosenwachse.

- **Nur für Nostalgiker?**

Langläufer, die noch die Holzskizeiten mitgemacht haben, erinnern sich an den Teergeruch im Wachsraum. Die finnische Firma Start hat neu wieder eine ganze Teerwachsserie mit dem altvertrauten Teergeruch auf den Markt gebracht. Bei speziellen Verhältnissen wird dieses Teerwachs sogar von den Mannschaften verwendet.
Heißt das, daß wir die ganze Wachskiste wegwerfen müssen? Sicher nicht. Wir arbeiten weiterhin mit den uns vertrauten Haftwachsen (im Training auch eine Kostenfrage) und testen einzelne Wachse der neuen Generation bei den entsprechenden Verhältnissen. Im Naßschnee dürften sich Vorteile zeigen, so daß wir im Wettkampf nicht mehr auf die fluorierten Wachse verzichten können.

Wachsen der Abstoßzone (klassische Ski)

Wachsen mit Hartwachs

Nach gefallener Wachsentscheidung tragen wir das Hartwachs in dem bestimmten Bereich der Hartwachszone auf.

Regeln:
- Immer mehrere dünne Schichten anstatt einer dicken Schicht.
- Bei kristallinem dünn, bei amorphem Schnee dicker wachsen.
- Bei starkem Wachsabrieb hilft eine dickere Wachsschicht nichts. Wir brauchen eine härtere Unterlage und bessere Verbindung zum Belag: Bei Temperaturen, die sicher unter dem Gefrierpunkt bleiben, zuerst eine dünne Schicht **Grundwachs** aufbügeln, sonst Skare- oder Violettklister.
- Im Prinzip gilt: Weicheres Wachs auf härteres auftragen.
- Wenn wir weiches Wachs mit einer Schicht härteren Wachses abdecken wollen, so muß die weiche Schicht zuerst gut abkühlen (hart werden), evtl. im Freien weiterwachsen.
- Bei lockerem Schnee, weicher, mehliger Spur länger wachsen.
- In schwierigen Verhältnissen zuerst eher zu glatt wachsen. Es ist einfacher beim Einlaufen in Richtung »besserer Abstoß« zu korrigieren, als Stollen abzukratzen.
- In schwierigen Nullgradverhältnissen (Schneefall/Regen) besonders dünn wachsen und den Wachskompromiß in Richtung »nur keine Stollen« schließen oder auf Nowax-Ski umsteigen. Können versuchen es in dieser Situation mit Mikrostruktur.

Wachsvorgang
1. Wir wachsen in einem warmen Raum, weil sich das Wachs leichter auftragen und verreiben läßt (Ausnahmen später).
2. Den sauberen Ski mit **eingebügelter und abgezogener Gleitzone** in den Wachsbock spannen oder von Hand schräg halten.
3. Wachszone mit Schleifpapier 120 leicht aufrauhen, abwischen.
4. Mit kontrollierten Längsbewegungen (mit mehr oder weniger Druck) eine regelmäßige, dünne Wachsschicht auftragen.
5. Weiche Wachse wie Rot, Rot Extra und Gelb mit leichtem Druck und einer Drehbewegung auf Belag auftupfen.
6. **Laufrille nicht wachsen; sie bleibt sauber, evtl. Gleitwachs.**
7. Mit dem Bügeleisen verbügeln (Wärme = bessere Haftung auf Belag), 5–10 Minuten abkühlen lassen, mit dem Korken polieren oder auch nur mit dem Korken verreiben und polieren: die ganze Wachszone muß gleichmäßig mit einer glatten Wachsschicht bedeckt sein.

Auftragen

Trockenwachse werden mit leichtem Druck Abschnitt um Abschnitt aufgetragen. In der Wärme geht es leichter.

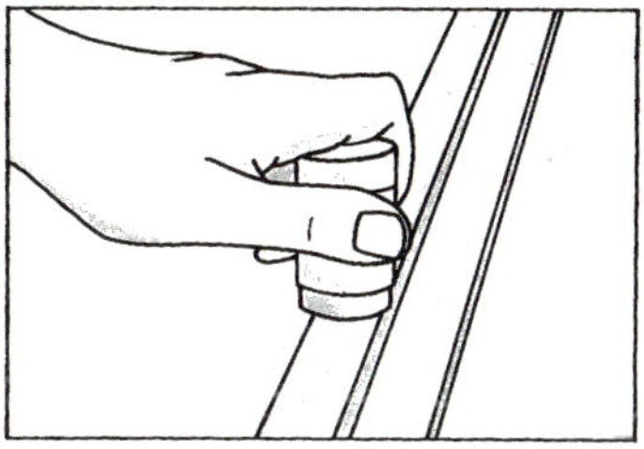

Verreiben

Etwas mehr Druck geben wir beim Verreiben und Glattpolieren des Wachses mit der Flachseite des Korkens. Hin- und Herbewegungen über Abschnitte von 20–40 cm sind vorteilhaft.

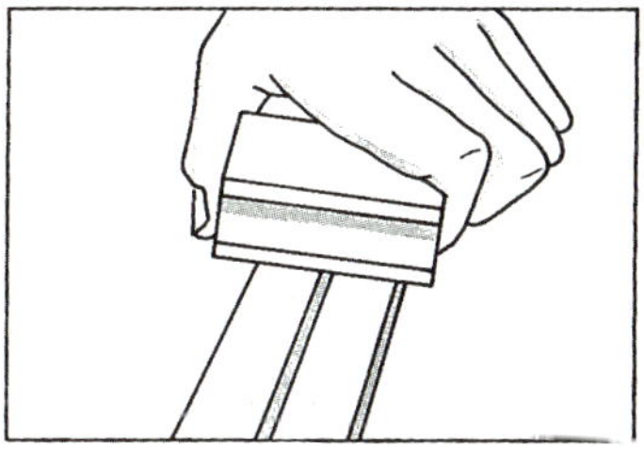

oder verbügeln

Weiches Hartwachs (rot, gelb) und auch härteres als Grundschicht wird mit Vorteil verbügelt; niedrige Temperatur und wenig Druck.

8. Weitere Wachsschichten sorgfältig dünn auftragen und mit Korken verreiben und glätten.
9. Weiche Wachse, besonders als oberste Schicht, sorgfältig verbügeln.
10. Ski/Wachs vor dem Einlaufen abkühlen lassen.

Wachsen mit Klister

Regeln:

- Dünne Schichten (oft genügt schon 1 dünne Schicht).
- Zuerst zusätzliche Schicht auftragen, bevor Wachszone verlängert wird (bei sehr harten Klisterski dicker wachsen).
- Praktisch immer weicheren Klister auf harten Klister wachsen.
- Verschiedene Klister können in der gleichen Schicht gemischt werden (abwechslungsweise nebeneinander in Streifen oder Tupfen auftragen).
- Skare oder Violettklister als Grundschicht (auch für Hartwachs) mit dem Bügeleisen warm verbügeln (weniger heiß als für Gleitwachse) und sehr gut abkühlen (erhärten) lassen, bevor wir die nächste Schicht Klister (oder Hartwachs) auftragen.

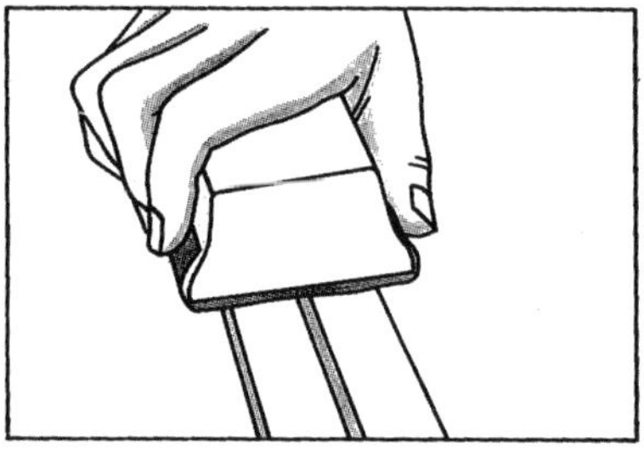

Vor dem Klisterauftrag sollte der saubere Belag im Bereich der Haftwachszone mit Schleifpapier leicht aufgerauht werden.

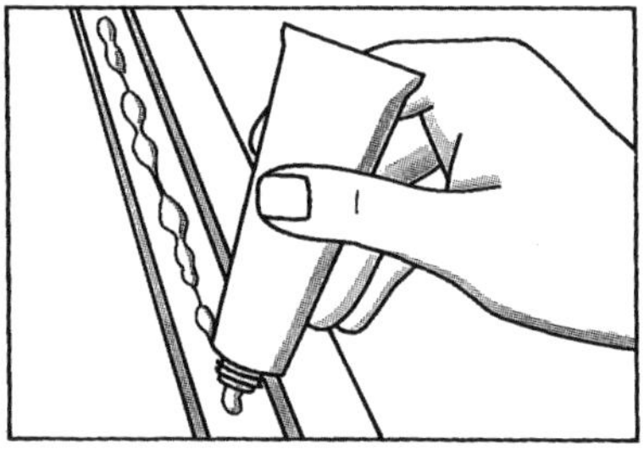

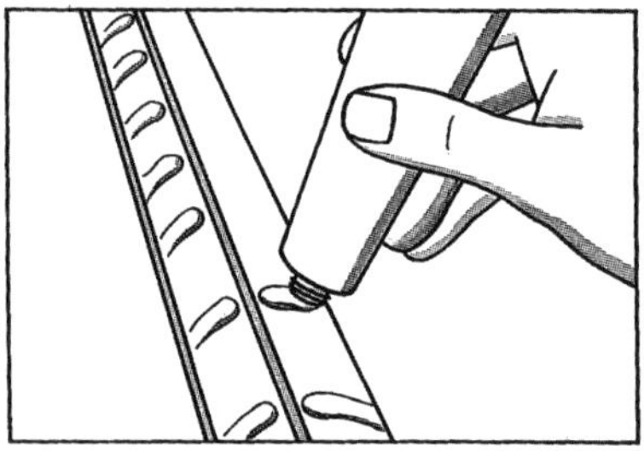

Klister wird tupfenweise, in Längsstreifen oder in Tännchenform aufgetragen. Wollen wir zwei Klister mischen, so tragen wir sie nebeneinander auf.

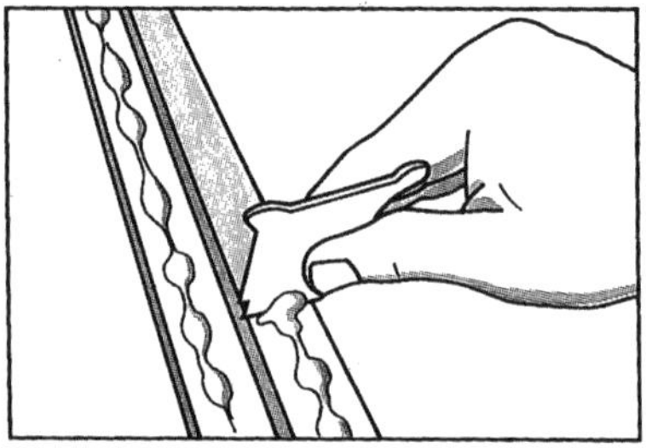

Mit einer Kunststoff- oder Metallspachtel streichen wir den Klister gleichmäßig aus und achten darauf, daß er nicht in die Laufrille und über die Kanten hinaus gerät. Übung macht den Meister.

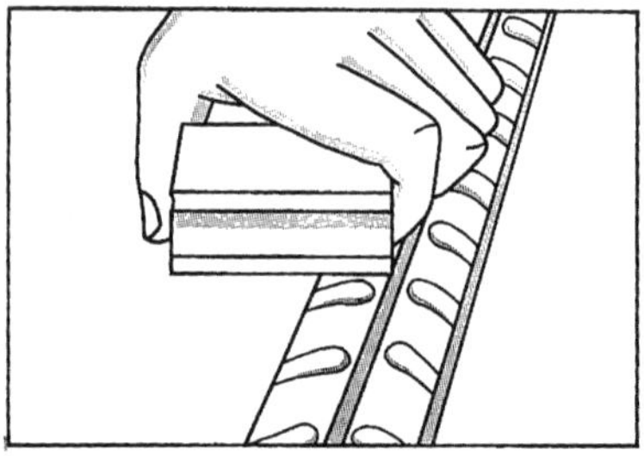

In der Kälte können wir es noch mit der alten »Handballenmethode« versuchen oder den Klister vor dem Auftragen und Verteilen mit der Spachtel kurz mit dem Brenner erwärmen.

- Klister mit Hartwachs abdecken:
  Für grobkörnige, vereiste Spuren bei Temperaturen um 0° C wachsen wir Klister (Violett-Rot), es ist aber möglich, daß an schattigen oder höher gelegenen Stellen die Spur noch pulvrig ist. Wir lassen den Klister an der Kälte (vielleicht sogar über Nacht) hart werden und decken ihn mit Blau Extra/Hellblau ab; Hartwachs in Kälte normal auftragen und mit Kork verreiben oder rasch mit Bügeleisen verbügeln.
- Klisterwachsen in der Kälte/im Freien:
  Kalter Klister ist hart und läßt sich schlecht auftragen, deshalb die Klistertube in der Hosentasche vorwärmen oder mit der Lötlampe wärmen. Belag kurz mit Lötlampe erwärmen oder warm reiben, Klister auftupfen und verstreichen, notfalls mit der warmen Hand.
- Klister im Normalfall nicht mit der Hand verreiben.

3

Wachsvorgang

1. Wir wachsen Klister möglichst in der Wärme (leichter aufzutragen, bessere Haftung auf dem warmen Belag).
2. Ski (gereinigt und Gleitzonen eingebügelt und abgezogen) in Wachsbock spannen oder schräg in der Hand halten.
3. Wachszone mit Schleifpapier 80 oder 120 aufrauhen.
4. Klister links und rechts der Laufrille regelmäßig auftupfen oder in Querstreifen auftragen, besser zuerst zuwenig als zuviel.
5. Skare, evtl. auch Violett aufbügeln (siehe oben).
6. Mit Plastikspachtel (liegt in vielen Klisterschachteln bei) oder Metallspachtel von vorne nach hinten auf beiden Seiten der Laufrille verspachteln, bis eine gleichmäßige Klisterschicht den ganzen Belag deckt. **Kein Klister in der Laufrille und um die Kanten an die Seitenwangen hinauf!** Die Arbeit mit der Spachtel verlangt Übung und Gefühl. Wenn wir den Ski schräg in der Hand halten, geht das Verspachteln besser von unten nach oben, also in der »falschen« Richtung; wer merkt das später noch beim Laufen?
7. Mit dem für Klister reservierten Kunststoffkorken können wir die Klisterschicht noch besser ausglätten (anstatt mit der Hand, an der wir möglicherweise noch Handcreme haben).
8. Gebügelten oder weichen Klister abkühlen lassen und zweite Schicht auftragen.

Ski einlaufen und Wachs testen

Wie gut das gewählte und aufgetragene Wachs wirklich ist, läßt sich nur beim Einlaufen und Testen sagen. In vielen Fällen sind Korrekturen notwendig. Vor einem Wettkampf ist es oft günstiger, zuerst mit einem rasch gewachsten Trainingsski einen ersten Wachsversuch zu machen und gleichzeitig die Verhältnisse in der Spur anzuschauen.

- **Merkpunkte für das Einlaufen und Testen von Wachsski:**
- Ski zuerst abkühlen lassen und nicht mit der Laufschicht in den Schnee legen.
- Bei Nullgradverhältnissen nie auf den Skiern herumstehen. Das gilt auch vor einem Massenstart, Ski immer hin und her schieben, sonst bilden sich Eis oder Ansätze zu Stollen.
- Hartwachse müssen mindestens 500 Meter eingelaufen werden, bevor wir entscheiden können, ob das Wachs wirklich zu spitz ist.
- Bei sehr kaltem Pulverschnee werden die Ski nach einigen gelaufenen Kilometern schneller. Ski besser schon am Vortag wachsen und einlaufen; über Nacht in der Kälte stehen lassen.
- Die Gleitfähigkeit testen wir in einer Abfahrt auf einer in die Ebene auslaufenden geraden Spur: wir vergleichen die Ausgleitstrekke mit anderen Langläufern und nach Wachskorrekturen an unseren Ski.
  Warnung: Der Ski muß nicht nur gleiten, sondern auch haften. Gleittests vor einem Rennen sind leicht manipulierbar (sogar mit Zeitmeßanlagen) und sind oft eine psychologische Kriegführung. Wissen wir, wie gut der andere steigen kann?
- Genügt die Abstoßhaftung noch, wenn wir müde werden?
- Gleitet der Ski gut vom Fuß?

- **Regeln für Feinkorrekturen:**

Verbesserung des Abdruckes
- Zusätzliche Wachsschicht
- Weicheres Wachs (kurz)
- Verlängern der Haftwachszone

Verbessern der Gleitfähigkeit
- Verkürzen Haftwachszone
- Härtere Hartwachsschicht darüber
- Wachsschicht dünner machen

- *Achtung:* Stellen wir Ski zum Abkühlen ins Freie in die Kälte und holen sie dann wieder rein, müssen wir aufpassen. Auf der kalten Wachsschicht bildet sich im warmen Wachsraum Kondenswasser, das wir vor dem Weiterwachsen abwischen oder verdunsten lassen müssen.

Checkliste für Wachskorrekturen

Was machen wir, vor allem auch unterwegs, wenn unser Wachs nicht mehr »optimal« ist?
Voraussetzung ist, daß wir den Metallspachtel, den Korken, mindestens ein weicheres und ein härteres Wachs (den Verhältnissen angepaßt) und Silberparaffin bei uns haben.

Abweichung vom optimal gewachsten Ski	Mögliche Ursache	Korrektur
Viel zu spitz	Falsches Wachs zu hartes Wachs	Neu wachsen mit weicherem Wachs
Ski wird immer spitzer	starker Temperaturanstieg	Nachwachsen mit weicherem Wachs
	die Ski haben das Wachs verloren	Nachwachsen
Leicht spitz, viele Ausrutscher	mehlige Spur, lockerer Neuschnee, Schnee rutscht mit Ski weg	Haftwachszone verlängern, gibt größere Haftfläche
	Ski ist zu glatt, zu hart oder zu dünn gewachst	Unter Bindung kurz weicheres Wachs auftragen oder dicker wachsen
Viel zu stumpf, stollt	Falsches Wachs, zu weiches Wachs	Neu wachsen mit härterem Wachs und dünner
Ski gleitet einfach nicht gut genug	Wachsschicht zu dick	Ausdünnen – Teil des Wachses abspachteln und neu polieren, evtl. bügeln
	Wachs etwas zu weich	Ausdünnen und dünn mit härterem Wachs darüberwachsen
	Gleitzone nicht oder schlecht abgezogen	Gleitzonenwachs vollständig abziehen
Ski eist	Ski noch warm in den Schnee gelegt	Eis abkratzen, nachpolieren und abkühlen lassen
	Wachs ungleichmäßig aufgetragen, dicke Wachsstellen	Eis und etwas Wachs abkratzen, ausgleichen, polieren
Ski stollt	Wachs zu dick oder/und zu weich	Teil des Wachses mit Spachtel entfernen und ausgleichen, evtl. dünne Schicht mit härterem Wachs darüber

Mikrostruktur in der Steigzone

Das Strukturieren, Aufrauhen oder Schmirgeln des Belages im Bereich der Klisterwachszone ist etwas für experimentierfreudige Rennläufer mit mehreren Paar (alten) Ski. Bei schwierigen, feuchten Nullgradverhältnissen mit Niederschlag, der von Schnee in Regen übergeht und umgekehrt, mit Spuren, die einmal trockener und einmal feuchter sind, hilft die Wachskunst oft nicht mehr weiter.
Der Freizeitläufer schnallt sich möglicherweise einen Nowax-Ski an und zieht seine Runde ohne Probleme.
Der Rennläufer macht sich seinen Nowax-Ski selber.

- **Präparationsvorgang**

1. Ein nicht zu harter Klisterschneeski (vorteilhaft ein älterer) wird in den Gleitzonen normal für Naßschnee präpariert und abgezogen.
2. Der Ski wird in den Wachsbock eingespannt und die Wachszone (mittlere bis kurze Klisterlänge, etwa 50 cm) sehr gut mit Wachsentferner gereinigt, dann trocknen lassen.
3. Der Belag wird nun entweder mit Sandpapier 80 und 120, mit einem Sandvikholzschleifhobel 45/160 oder speziellen Strukturierungsgeräten (Swix) aufgerauht. Wir arbeiten von vorn nach hinten, schräg von der Laufrille nach außen oder mit Kreisbewegungen. Der Belag bekommt eine rauhe Oberfläche mit winzigen Polyäthylenhärchen, die dann für die Haftung im Schnee sorgen.
4. Die losen Teilchen aus dem aufgerauhten Belag ausbürsten und die aufgerauhte Wachszone mit einer Silikonflüssigkeit oder einem Spezialmittel gegen Vereisung einstreichen und trocknen lassen.

- **Test und Korrekturen**

- Nur beim Laufen kann die Wirkung getestet werden.
- Stumpf: Aufgerauhte Zone verkürzen (mit Stahlklinge abziehen) oder Zone mit Wachsentferner reinigen, mit Klinge leicht abziehen und feinere Strukturen erzielen.
- Glatt: Gröbere Struktur und/oder aufgerauhte Zone verlängern.

Bei Mißerfolg: Durch Schleifen und Abziehen können wir den Ski wieder für normalen Gebrauch präparieren.

Präparation von Skatingski und Gleitzonen der Wachsski

Langlaufski sollen gut gleiten und schnell sein. Das Laufvergnügen und das -resultat, besonders beim Skaten, hängen zum großen Teil von der Gleitfähigkeit des Ski ab. Praktisch alle Skating- und Wachsrennski haben gesinterte, hochmolekulare Polyäthylenbelä-

Die letzte Präparation der Skatingski erfolgt im Freien, kurz vor dem Start.

ge, die hart, abriebfest und durch die Freiräume zwischen den Riesenmolekülen extrem wachsaufnahmefähig sind. Preisgünstige Wander- und Anfängerlanglaufski haben wie Schuppenski meistens extrudierte Beläge, die äußerst glatt, pflegeleicht, aber weniger wachsaufnahmefähig sind.

Polyäthylenbeläge gleiten schon unpräpariert relativ gut.

- Durch eine regelmäßige fachgerechte Präparation (Pflege) kann die Gleitfähigkeit stark verbessert werden:

- Verschmutzte Beläge gleiten schlecht,
- alte, an der Oberfläche »oxidierte« Beläge gleiten ebenfalls schlecht,
- die für das Gleiten auf Schnee wichtige Bildung von winzigen Wassertröpfchen zwischen Belag und Schnee wird durch die Präparation mit Gleitwachs verbessert (Gleitvorgänge auf Schnee sind physikalisch noch nicht absolut geklärt),
- bei sehr nassen Schneeverhältnissen verhindern das Gleitwachs und die Rillen-Struktur die Bildung eines bremsenden (saugenden) Wasserfilms.

Zudem schützt das Gleitwachs den Belag vor Verunreinigungen und »Oxidation« (genauer: vor chemischer Veränderung der Belagsoberfläche durch die Luft, verunreinigte Luft, Licht).

Die Gleiteigenschaften eines Langlaufski werden bestimmt:

1. Vom Ski (Konstruktion, Biegelinie, Spannung und Anpassung der Skihärte an das Körpergewicht);

2. Vom Belagsmaterial (es gibt viele unterschiedliche Belagstypen in 3 Belagskategorien):
   - transparent (kaum mehr im Rennbereich)
   - schwarz (Graphit)
   - »gesprenkelt« (Doppelsinterbeläge)
3. Vom Schliff (verschiedene Fabrik- und Eigenschliffe) und der Belagsstruktur (feine, grobe Rillenstruktur)
4. Vom eingebügelten Gleitwachs

Hilfsmittel

Freizeitlangläufer

Der Freizeitlangläufer, der seine knappe Zeit lieber auf den Langlaufski als im Skikeller verbringt und nur gelegentlich an Volksläufen teilnimmt, kommt mit wenigen Hilfsmitteln aus:

- Flüssiger Wachsentferner und Reinigungspapier/-lappen,
- stabile Kunststoffziehklinge mit scharfen Kanten und einer gerundeten Ecke für die Laufrille,
- regulierbares Bügeleisen (ausgedient) oder Reisebügeleisen,
- Kombibürste; halb mit Kunststoff-, halb mit Kupferborsten.

Volks- und Rennläufer

Der engagierte Volks- und Rennläufer wird seine Ski öfter und sorgfältiger präparieren, d. h. er wird auf einem Wachsbock arbeiten.
Folgende Arbeiten lassen sich sinnvoll nur am eingespannten und fest aufliegenden Ski vornehmen: Belag abziehen, schleifen und strukturieren, auch das Einbügeln und Abziehen geht leichter vonstatten.

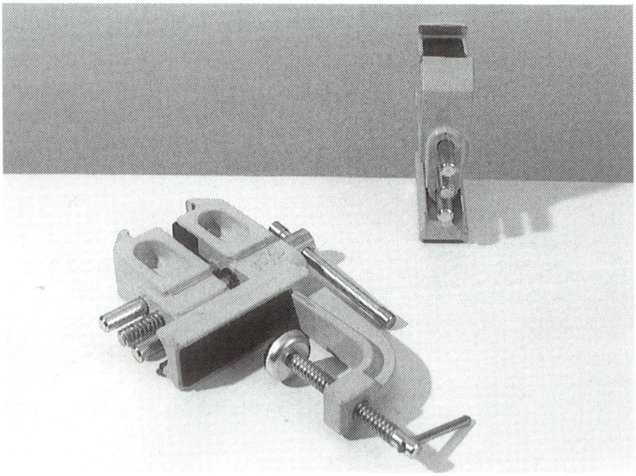

Eine praktische Festklemmvorrichtung erleichtert die Arbeit.

Die Hilfsmittel:

- Wachsbock: mit Füßen, zusammenlegbar/auf Tisch zu befestigen.
- Elektrisches Bügeleisen, regulierbar, oder Heißwachsgerät.
- Harte Kunststoffziehklinge und Plastikklinge für Laufrille.
- Scotchbrite, Fibertex oder ähnliches.
- Bürste mit Kunststoff- und Bürste mit Kupfer/Messingborsten oder eine Kombibürste.
- Strukturfeile/-klinge, Rillengerät für Fein- und Grobstruktur.
- Scharfe Stahlabziehklinge.
- Schleifpapier der Körnung 80, 150, 240, evtl. 320.
- Flüssiger Wachsentferner und Reinigungspapier/-lappen.

Strukturen (Rillenstrukturen)

Freizeitläufer

Uns fehlen Zeit und Hilfsmittel, um große Strukturexperimente zu machen. Wir können mit der Bürste etwas nachhelfen (siehe unten). Den speziellen Naßschneeski kaufen wir schon mit einer groben Naßschneestruktur, oder wir können sie bei einer Grundpräparation vom Fachmann ziehen lassen.

Rennläufer

Für Rennläufer ist die richtige Rillen-Struktur mindestens ebenso wichtig wie das Gleitwachs.

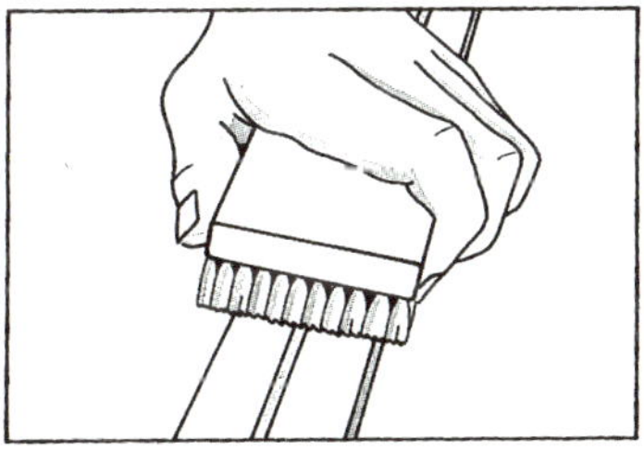

Rillen-Struktur ist so wichtig wie das Gleitwachs.

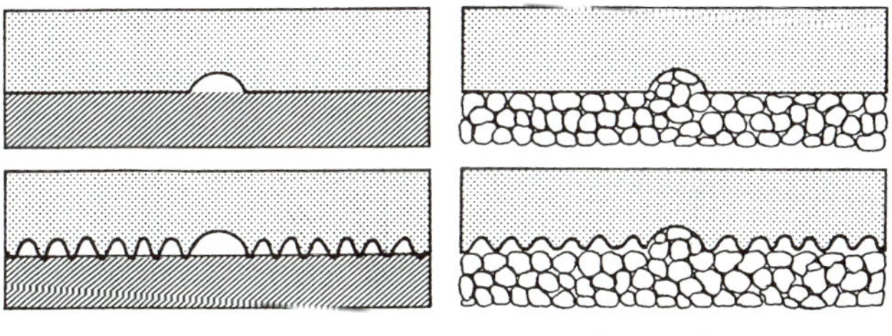

Reibungsfläche wird verkleinert. Es entsteht kein Saugeffekt.

Die Illustration verdeutlicht den Unterschied zwischen einem strukturierten und einem planen Belag.

Grundregeln für die Strukturen (Rillenstrukturen)

1. Strukturen können grundsätzlich vor dem Einbügeln oder/und nach dem Abziehen des Gleitwachses gezogen werden; grobe Naßschneerillen eher vor dem Einbügeln.
2. Strukturen werden nur in den Belag eingepreßt und nicht herausgeschnitten, sie verschwinden also mit der Zeit wieder (Ausnahme: sehr grobe Rillenstrukturen werden vom Hersteller in den Belag gefräst/geschnitten).
3. Von Skispitze zum Skiende arbeiten, sorgfältig, langsam und mit viel Druck auf dem Rillengerät – Übung macht den Meister!
4. Belag nach dem Grob-Strukturieren mit Scotchbrite/Fibertex abreiben (rundet die Gratspitzen zwischen den Rillen).
5. Bei Klisterski können die Rillen durchgezogen werden.

Schneearten und Strukturen

Die Theorien gehen zum Teil auseinander, es zählt nur persönliche Erfahrung. Grundsätzlich gilt:

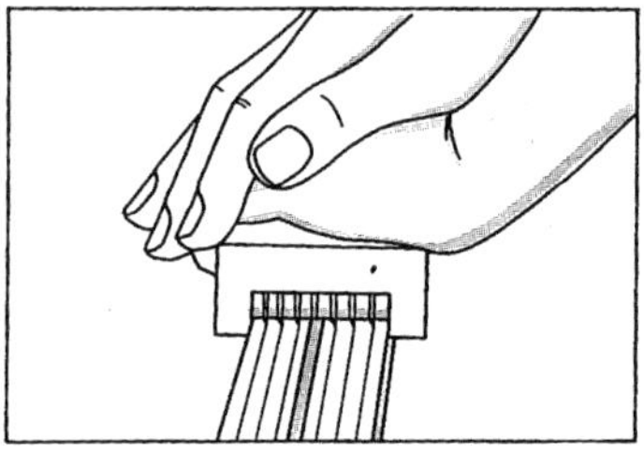

Arbeit mit Rillengerät: Rillen werden mit starkem Druck in den Belag gepreßt und nicht herausgeschnitten.

Schnee	Struktur
sehr naß, Regen	sehr grob, tief, mit Rillenhobel/Rillenfeile, evtl. feine Rillen dazu
nasser Neuschnee	grob, mit Rillenhobel/-feile oder nur mit Metallbürste bürsten
stumpfer Neuschnee; kalte, harte Kristalle	Versuch mit mittlerer Struktur, manchmal bringt es etwas
trockener, feinkörniger Altschnee	keine oder nur feine Struktur durch Ausbürsten mit Plastikbürste
sehr kalter Pulverschnee	feine Struktur mit Rillengerät oder Metallbürste
grobkörniger Altschnee	grob, mit Rillenhobel/-feile

Neue Strukturhobel ziehen die Rillenstruktur nicht mehr ganz durch, sondern unterbrechen sie (auslaufend und zum Teil sogar versetzt). Hier verhilft nur der Versuch zu Erkenntnissen.

Gleitwachs/Gleitmittel

Bei der Wahl des Gleitwachses müssen im Prinzip die gleichen Kriterien berücksichtigt werden wie bei der Wahl des Haftwachses (siehe Wachsen der Abstoßzone):
- Schneebeschaffenheit (kristallin – amorph – Kunstschnee),
- Schnee- und Lufttemperatur,
- Schnee- und Luftfeuchtigkeit (Einsatz fluorierter Wachse),
- Verschmutzungsgrad des Schnees (fluorierte oder silikonartige Wachse),
- Streckenlänge (Abrieb).

Das Angebot auf dem Markt an Gleitwachsen und Gleitmitteln (entweder auf Paraffinbasis oder synthetisch) ist heute so groß und un übersichtlich geworden, daß es erfolgversprechender ist, sich auf eine oder zwei Marken (Swix, Toko, Holmenkol, Start, Viola, Briko, Rode, Rex u. a.) und wenige Produkte zu konzentrieren.
Außerdem kann es eine Preisfrage sein. Es gilt abzuwägen, ob eine Präparation mit einem Supergleitmittel (Streamline, Cera-F, Top Speed PF u. ä.), die das Mehrfache einer Präparation mit einem herkömmlichen Paraffingleitwachs kostet, in einer gegebenen Situation sinnvoll und notwendig ist.

Freizeitläufer
2 verschiedene Gleitwachse zum Einbügeln genügen sicher, da sie für dazwischenliegende Schneeverhältnisse auch gemischt werden können.

Feuchter, nasser Schnee	Naßschneeparaffin (z. B. Toko gelb oder DIBLOC gelb Hydrocarbon mit oder ohne Fluor
Kalter Pulver- und Altschnee	Kaltschneeparaffin (z. B. Swix violett, Hydrocarbon ohne Fluor, Toko rot oder Nordlite)

Für eine Nachbehandlung zwischendurch dient ein Gleitmittel in Pastenform zum Aufreiben (z. B. Swix-Paste F-4 oder Rex), das kalt auf den trockenen Ski aufgetragen und poliert wird.

Rennläufer
Bei der Vielfalt der angebotenen Gleitwachse sollten wir nicht vergessen, daß wir auch mit Gleitwachs aus einem mittelmäßigen Ski keinen Wunderski machen können.

Im Spitzenrennlauf werden heute meistens die Ski in zwei Arbeitsgängen präpariert:

- vollständige Präparation mit einem etwas härteren Gleitwachs (einbügeln, abziehen, evtl. Strukturen ziehen),
- darüber die eigentliche Wettkampf-Gleitwachspräparation kurzfristig vor dem Start.

Tabelle für Gleitwachs und Gleitmittel	
Schneeart + Luftfeuchtigkeit T Luft / T Schnee	**Beispiele für Gleitwachse und Gleitmittel**
Neuschnee, Regen über 0° C / 0° C (Wettkampf) stark verschmutzter alter Naßschnee lange Distanz, aggress. Kunstschnee	Swix Hydro Gelb, Toko Hydro Gelb Toko Dibloc gelb, Swix Cera Nova gelb Cera F warm, Streamline Graphitwachse oder Cera F oder Streamline Grundpräparation mit härterem Gleitwachs (Nordlite, Briko blau, Cera Nova Violett
Pulverschnee, Neuschnee unter 0° C / 0° bis –5° C Luftfeuchtigkeit unter 60% Luftfeuchtigkeit über 60% lange Distanz	Swix Hydrocarbon Rot, Toko Rot, Dibloc Rot Dibloc Rot, Swix Cera Nova Pink Grundpräparation mit härterem Paraffin
Sehr kalter Neuschnee **Feinkörniger, verblasener Altschnee** unter –10° C / unter –10° C niedrige Luftfeuchtigkeit sehr hohe Luftfeuchtigkeit	Toko Nordlite, Briko Blau, Swix Eisblau Swix Cera Nova Eisblau, Toko Dibloc Rot

Die angeführten Gleitwachsbeispiele entsprechen den im Spitzenrennbereich von vielen Mannschaften häufig eingesetzten Produkten.

Heiß Einbügeln (Heißwachsung)

Warum heiß wachsen?
Das Gleitwachs »löst sich unter Hitze im Polyäthylenbelag auf« und dringt so in den Belag ein. Physikalischer Lösungsvorgang: Je mehr Wärme, desto höher der Sättigungsgrad des Belages, d.h. desto mehr Gleitwachs im Belag.
Aber Vorsicht: Beläge und Ski (Klebstoffe und Laminate) ertragen übermäßige Hitze nicht!

Freizeitlangläufer und Rennläufer

Heißwachsvorgang:

1. Vorbereitete Ski waagrecht auf Wachsbock/Werktisch legen.
2. Bügeleisen auf »Seide/Wolle«, etwa 70–80 Grad einstellen.

3. Gleitwachs am Bügeleisen schmelzen und links und rechts der Laufrille auf den Belag auftropfen (dünner Wachsstrang).

Skatingski ganzer Belag; Wachsski nur Gleitwachszonen

– Zu Gleitwachszone siehe Wachsen der Abstoßzone.

4. Mit dem Bügeleisen das aufgetropfte Wachs schmelzen und mit langsamen Bewegungen von der Spitze aus nach hinten auf dem Belag verteilen und einbügeln.
5. Belag gleichmäßig erwärmen, Wachs sollte kurze Zeit flüssig bleiben und das Eisen sich leicht auf diesem flüssigen Wachsfilm bewegen lassen, sonst mehr Gleitwachs auftropfen und/oder höhere Temperatur einstellen.

3

Hilfe für die Temperaturkontrolle:

Es darf sich kein Wachsdampf bilden; sonst Temperatur zu hoch. Die nach unten liegende Skioberseite darf sich im Schaufel- oder Endbereich handwarm anfühlen.

6. Mit der Kante des Bügeleisens auch in der Laufrille bügeln.
7. Auch Belagskanten seitlich bügeln.
8. Ski waagrecht liegend auskühlen lassen.

Bei neuen Ski oder totaler Neupräparation noch weiches Gleitwachs ganz abziehen und Heißwachsvorgang 1- bis 2mal wiederholen.

Abziehen und Ausbürsten

Die Ski gleiten nicht auf dem Gleitwachs, sondern auf dem mit Gleitwachs getränkten Polyäthylenbelag, deshalb müssen wir das »überflüssige« Gleitwachs abziehen und ausbürsten.

Abzieh- und Ausbürstvorgang

1. Eingebügelte Ski mindestens 20 Minuten langsam abkühlen lassen, besser mehrere Stunden oder die ganze Nacht.
2. Das Wachs in der Laufrille und an den Seitenwangen kann schon vorher, wenn es noch weich ist, abgezogen werden.
3. Ski im Wachsbock einspannen und Wachsschicht mit Kunststoffziehklinge **(nie Stahlklinge)** von der Spitze zum Ende bis auf den Belag abziehen. Klinge mit beiden Händen kontrolliert führen (Abrutscher können den Belag verletzen). Die Klinge sollte sauber sein und scharfe Kanten haben.
   Ohne Wachsbock Ski behelfsmäßig festklemmen/Ski an Tisch anlehnen und Skiende irgendwo anstellen und rittlings über Ski arbeiten, ausbürsten im Freien notfalls einhändig.

Abgezogene Gleitwachsflocken sofort zusammenkehren!

4. Abgezogenen Belag mit der entsprechenden Bürste (siehe bei Strukturen) kräftig von vorne nach hinten ausbürsten und die Rillenstruktur freilegen.
5. Mit sauberem Fiberleine-Papier (»Abwachspapier«) Staub wegwischen und Belag leicht polieren (evtl. auch mit Textilien polieren). Kanten gut abbürsten und polieren.

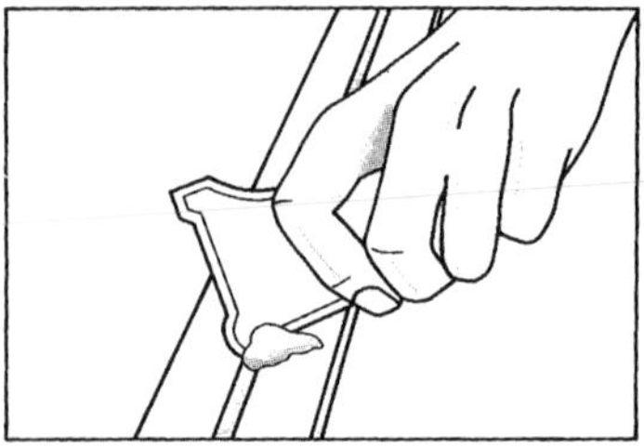

Überflüssiges Gleitwachs aus der Laufrille entfernen!

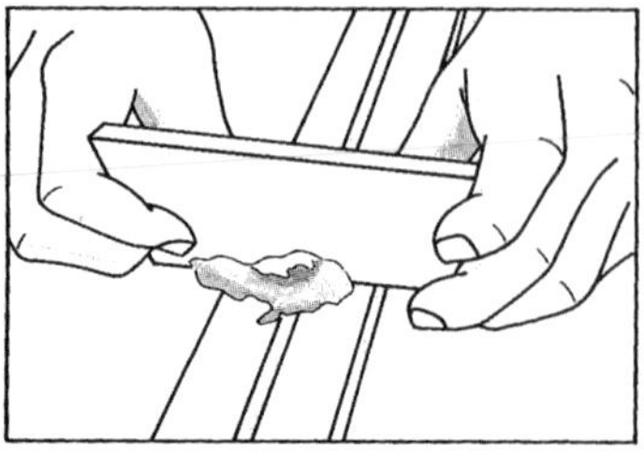

Das Gleitwachs sauber mit einer Plastik-Ziehklinge abziehen.

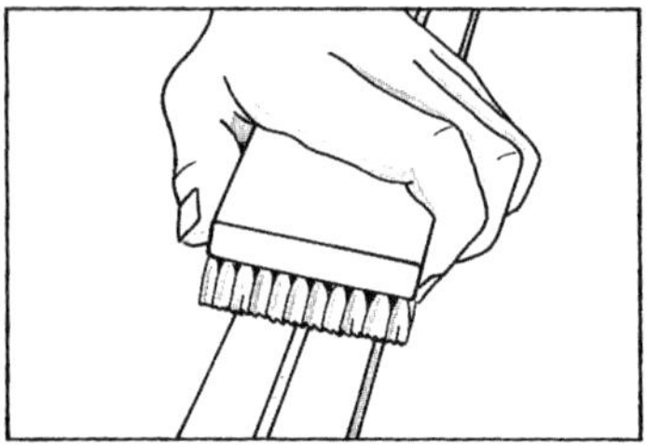

Den abgezogenen Belag mit der entsprechenden Bürste sorgfältig ausbürsten!

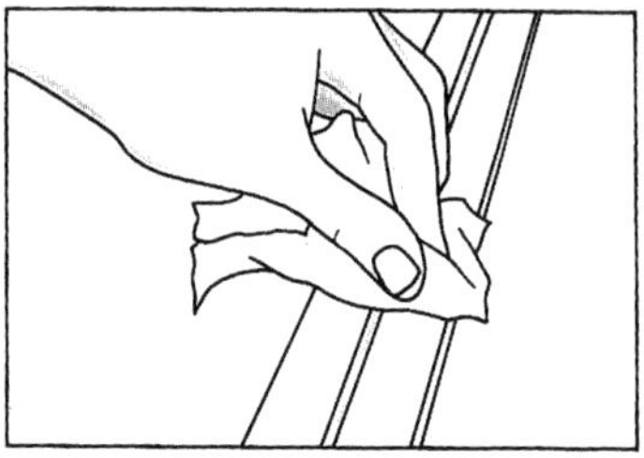

Mit sauberem Papier Staub entfernen und den Belag polieren!

Einlaufen und Nachstrukturieren
Gilt speziell für Skatingski.

- Ski einlaufen, besonders bei kaltem Schnee (Abkühlung des Belages) tritt Wachs aus dem Belag aus, deshalb nach dem Einlaufen nochmals gut ausbürsten.
- Gleitet der Ski nicht wie gewünscht, kann jetzt noch eine Struktur gezogen oder nachstrukturiert werden (siehe bei Strukturen), oft gleitet er dann besser.

Besonderheiten

• **Harte Kaltschneegleitwachse/Grundwachse** (z. B. Nordlite, Briko blau, Swix CH4 eisblau)
Diese harten, zum Teil synthetischen Gleitwachse haben eine höhere Schmelztemperatur als die üblichen Gleitparaffine (ca. 120 Grad). Unter dieser Temperatur werden sie kaum flüssig und lassen sich nicht einbügeln. Beim Bügeln mit dieser hohen Temperatur ist höchste Vorsicht geboten, damit Belag und Ski nicht Schaden nehmen. Sie kühlen sehr rasch ab und werden spröde und hart, so daß das Abziehen auch schwieriger wird (die nicht in den Belag eingedrungene überflüssige Wachsschicht splittert beim Abziehen oberflächlich ab).

Diese harten Gleitwachse werden oft als Grundpräparation eingesetzt, besonders bei langen Distanzen und abriebintensiven Schneeverhältnissen. Diese Grundpräparation läßt sich schon am Vortag machen (einbügeln und nach langer Abkühlpause gut abziehen), am Renntag wird dann das passende Gleitwachs eingebügelt.

- **Fluorierte synthetische Gleitmittel** (Cera-F, Streamline)

Diese Gleitmittel werden auf den Belag aufgestreut bzw. aufgerieben und dann heiß eingebügelt. Sie verlangen ebenfalls Temperaturen von 120–130 Grad. Beim Bügeln bilden sich zuerst glänzende Sternchen, dann eine feuchte Fläche.
Abgekühlt zeigen sich weiße Flecken. Das Abziehen erfolgt wie beim Paraffin, dagegen sollte nicht zu stark ausgebürstet werden.
Achtung: War ein Belag direkt mit diesen fluorierten Gleitmitteln präpariert worden, und soll er wieder mit Paraffingleitwachs präpariert werden, muß er vorher intensiv mit Wachsentferner gereinigt werden, da sonst das Paraffin nur schlecht im Belag haften würde.
Unter anderem wird aus diesem Grund heute kaum mehr direkt auf den Belag, sondern auf eine Grundpräparation mit Paraffin gewachst, gleichzeitig erhöht sich dabei die Abriebfestigkeit der fluorierten Gleitmittel (z. B. Grundpräparation mit Dibloc rot und dann Streamline einbügeln oder nur aufreiben).

- **Einfaches Aufreiben von fluorierten Gleitmitteln**

Im Rennbereich hat sich über kürzere Strecken (und auch als »Starthilfe« über längere Strecken) das einfache Aufreiben und Einpolieren des fluorierten Gleitmittels auf den vorpräparierten Ski bewährt. Wenn die Luftfeuchtigkeit plötzlich stark ansteigt, der Schnee naß wird, müssen rasch tiefere Strukturen gezogen und anschließend das Gleitmittel aufgerieben und einpoliert werden.

- **TexWax: Heiß einbügeln ohne anschließendes Abziehen**

Wer es eilig hat (Umwachsen) oder es einfacher haben möchte, findet auf dem Markt ein neues Angebot: TexWax (von Toko), ein saugfähiger Papierstreifen ist mit paraffinähnlichem Gleitmittel (Di-

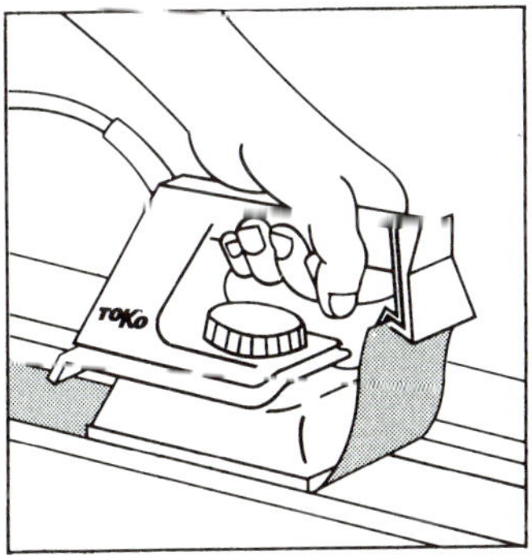

bloc) getränkt worden. Anstatt nun Paraffin zu schmelzen und aufzutropfen, wird der paraffingetränkte Papierstreifen unter dem Bügeleisen langsam über den Belag gezogen. Der Belag wird mit Paraffin getränkt, ohne daß überflüssiges Paraffin auf dem Belag zurückbleibt. Nach dem Abkalten muß nicht mehr abgezogen, sondern nur noch kurz ausgebürstet werden. Ein rascher, sauberer Vorgang.

● **Warnung:** Medizinische Untersuchungen in Schweden und der Schweiz haben gezeigt, daß das Einatmen von Dämpfen, die beim heiß Einbügeln von Ski entstehen, die Gasaustauschfunktion der Lunge beeinträchtigt. Je nach der Menge der eingeatmeten Dämpfe – sie hängt von der Lüftung im Wachsraum und von der Aufenthaltsdauer im Wachsraum ab – kann die Leistungsverminderung einige Prozent ausmachen. Die Beeinträchtigung verschwindet nach Stunden und Tagen. Sich vor einem Rennen noch länger in einem schlecht gelüfteten Wachsraum aufzuhalten und selber noch mehrere Paar Ski einzubügeln, dürfte nicht die richtige Wettkampfvorbereitung sein. Spitzensportlern ist es deshalb untersagt. Wenn sie ihre Ski selber einbügeln, so sollten sie Atemschutzmasken tragen wie die Serviceleute.

Einige Bemerkungen zur Skipräparation und zu Ski- und Wachstests

Wir wenden viel Zeit und Arbeit auf für die Skipräparation, in der Absicht schneller zu gleiten und besser zu steigen. Optimal präparierte Ski erhöhen das Langlaufvergnügen und vergrößern die Erfolgsaussichten in einem Wettkampf. Aber es gibt auch bei der Skipräparation einen optimalen Aufwand.

● Viele Freizeitläufer haben eine klare Entscheidung getroffen und laufen No-Wax-Ski, sind also aller Wachsprobleme ledig. Bei Nullgradverhältnissen sind sie sicher, daß sie ihre Freizeit zum Laufen nutzen können und nicht beim Schneeabkratzen und Umwachsen verlieren.

Sie sollten aber nicht vergessen, daß auch No-Wax-Ski der Pflege bedürfen und bei klaren Wachsverhältnissen vom Laufgefühl her nie an einen gut gewachsten Ski herankommen. Sogar Rennläufer haben für den »Wachsnotstand« ein Paar No-Wax-Ski in Reserve; sie wollen trainieren und nicht wachsen.

● Nur noch Skaten? kann auch für den Freizeitläufer eine Frage sein. Für seine Ansprüche gibt es kaum Wachsprobleme, und es genügt eine Skatingausrüstung.

»Nur-Skater-Wettkämpfer« haben aber gemerkt, daß Wachs- und Materialprobleme mindestens ebenso entscheidend sind für das Ergebnis wie beim klassischen Langlauf. Zwei Paar Skatingski ist ein »Muß«.

● Volks- und Rennläufer, die Langlauf noch als »komplette Sport-

art« betreiben, investieren dementsprechend mehr ins Material: je zwei Paar für Klassisch und Skating sind fast die Norm. Sie müßten dann eigentlich auch noch entsprechend mehr Zeit aufwenden können für die Präparation und das Austesten ihrer Ski.
Ski präparieren und wachsen, ohne das Ergebnis zu testen und zu werten, ist wie regelmäßig trainieren ohne Trainingsplan und -kontrolle.
Ski- und Wachstests haben zwar das gleiche Ziel, den optimalen Ski für den Wettkampf herauszufinden, müssen aber deutlich unterschieden werden.

3

Skitest
Beim Skitest suchen wir den besten Ski, d. h. den Ski, der von seinen Konstruktionsmerkmalen her (Länge, Biegelinie, Spannungshärte und Laufsohle) bei den bestehenden Schnee- und Loipenverhältnissen am besten auf das Gewicht, die persönliche Lauftechnik und Kondition des Läufers abgestimmt ist.

- Die Kriterien sind:
- Welches Paar Ski gleitet am besten in Abfahrten, in der Spur, beschleunigt am besten, erreicht die höchste Geschwindigkeit, gleitet am weitesten aus?
- Welcher Ski »gleitet am besten vom Fuß«, »schiebt« am besten (Klassisch und Skating)?
- Auf welchem Skipaar hat der Läufer das beste Gefühl?

Skipräparation ist ein Handwerk, das als Beruf ausgeübt auch seine Sicherheitsvorschriften zur Gesundheitsvorsorge kennt: Atemmaske gegen Wachsdämpfe.

Die Qual der Wahl: Testski bereit zum Test

Wer nur ein Paar Ski besitzt, ist aller Test- und Auswahlprobleme enthoben.
Aber schon bei zwei Skipaaren je Technik gilt es, eine Auswahl zu treffen, und es ist bei weitem nicht immer das neuere das bessere Paar.
Bestehen bei der Anschaffung von neuen Ski Testmöglichkeiten, z. B. testen und vergleichen (modern heißt das Evaluation) von zwei neuen Skipaaren oder Vergleich eines neuen mit einem alten Skipaar, so sollten wir diese Chance nutzen.

Wachstest

Beim Wachstest versuchen wir, das schnellste Gleitwachs, die schnellste Struktur (Belagsmaterial) und für die klassische Technik die optimale Abstoßwachsmischung herauszufinden.

- Die Kriterien beim Gleitwachs sind:
- Schnellstes Wachs in Abfahrten in und neben der Spur.
- Längstes Ausgleiten.
- Optimales Gleiten vom Fuß.
- Gute Abriebfestigkeit des Gleitwachses/Gleitmittels und kein Verschlechtern der Gleiteigenschaft z. B. nach 10 oder 20 km Laufdistanz.
- Geringe Aufnahme von Schmutzpartikeln aus dem Schnee.
- Kriterien beim Abstoßwachs:

Neben dem verwendeten Haftwachs wird mit beurteilt, wie das Wachs und auf welche Länge aufgetragen worden ist.

- Genügende Abstoßhaftung.
- Geringe Bremswirkung und gute Beschleunigung nach dem Abstoß, gutes Laufgefühl.
- Bei unterschiedlichen Schneeverhältnissen optimale Eigenschaften auf der ganzen Strecke, geringe Vereisungsgefahr.
- Optimale Eigenschaften bei voraussehbar sich verändernden Verhältnissen (Temperaturänderung, Niederschläge).

● Bei Wachstests beeinflussen immer auch die Skieigenschaften das Testergebnis.
Idealerweise sollten wir für Wachstests über mehrere Paare identischer Ski verfügen. Da das höchstens bei Firmentestteams möglich ist, versuchen die Mannschafts-Wachsequipen mit Kreuztests und mehreren Referenzskipaaren dieses Problem in den Griff zu bekommen.
Habe ich nur ein Paar Ski, so wird es schwierig. Ich muß das gleiche Skipaar umwachsen, neu wachsen und immer wieder testen und laufen.

Testmöglichkeiten
Die Testkriterien sind bei Ski- und Wachstests im Grunde dieselben und werden auch mit gleichen Methoden getestet. So werden dann in der Praxis die beiden Tests oft nicht sauber getrennt und »Mischtests« durchgeführt, bei denen wir nie wissen, welchen Anteil am Testergebnis jetzt der Ski, welchen das Wachs hat.

● Laufgefühl: Den Ski laufen und das »Laufgefühl befragen« ist nach wie vor die beste Testmethode. Den Abstoß und das Gleiten vom Fuß können wir nur über das Laufgefühl testen.
Dieses Gefühl für die Eigenschaften des Skis und des Wachses, das Laufgefühl, muß der Langläufer über Jahre entwickeln. Schlußendlich kann nur der Läufer/die Läuferin selber über den Abstoß entscheiden; genügt er oder genügt er nicht.
Auch wenn ich nur ein Paar Ski besitze, kann ich ein feines (differenzierendes) Laufgefühl entwickeln und beim Wachstesten nutzen.
● Ausgleittest: Der Ausgleittest ist altbekannt und auch immer wieder geeignet, psychologische Kriegführung zu betreiben. Wer, welcher Ski/Wachs gleitet bei gleichem Anlauf am weitesten in die Ebene aus?
Wenn die gleiche Person mehrere Ski testet, dann ist Gewähr dafür gegeben, daß der Test nicht verfälscht wird.
Versuchen mehrere Personen ihre Ski zu vergleichen, so kann mit Tricks beim Anfahren und Drücken in der Hocke das Resultat stark verfälscht werden. Gerade beim Testen von klassischen Ski wissen wir ja nicht, ob der »Gleittestsieger« auch einen genügenden Abstoß hat.
● Gleittest in Zeitmeßanlage: An einem Hügel werden Gleittestspuren gezogen, die nach 50–80 m in die Ebene auslaufen. Mit Licht-

schranken werden die Zeiten auf 1/100 Sekunden gemessen, meistens nur die Zeit (einzelne Zeitmeßsysteme geben Geschwindigkeiten an) im Steilstück, zum Teil aber auch noch die Zeit über eine bestimmte Ausgleitstrecke.
In mehreren Fahrten werden die mittleren Gleitzeiten pro Skipaar/ Wachs ermittelt und verglichen.
Bei Zeitunterschieden ab 0,2 Sekunden wird von signifikant unterschiedlichen Gleiteigenschaften gesprochen und Wachs- oder Skiauswahlentscheide getroffen.
Für den Einzelläufer kommt dieses Testverfahren kaum in Frage. Wachsteams dagegen verbringen Tage, ja Wochen mit diesen Gleittestfahrten. Vor großen Wettkämpfen sind sie oft schon in der Frühe oder spät abends im Licht von Stirnlampen an der Arbeit. Ob weniger nicht mehr wäre? Oft kommt es mir vor wie Beschäftigungstherapie, Nervenkrieg gegenüber anderen Mannschaften (man muß die

Der Gleittest: Testspur, Testfahrer, Lichtschranke und Testleiter als Protokollführer

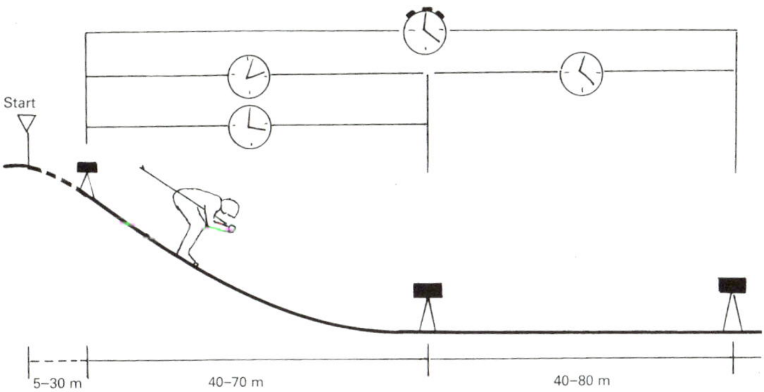

Gleittestanlage im Skilanglauf mit 2 Meßstrecken

günstige Testspur besetzt halten) oder sogar Vorausrechtfertigung gegenüber den eigenen Läufer/innen.

Was geschieht, wenn ein Ski zwar schneller ist, aber nicht vom Fuß gleitet, wenn er schlechter steigt? Hier müssen wieder das Laufgefühl und die persönliche Erfahrung entscheiden.

• Lauftests: Die Testidee ist folgende, bei gleicher körperlicher Leistung wird mit dem besseren Ski/Wachs die bessere Zeit erzielt. Auf einer 2–3 km langen kupierten Teststrecke ohne große technische Schwierigkeiten werden mit den zu testenden Ski/Wachs abwechslungsweise Runden gelaufen, und die Zeit wird gemessen. Die Belastung muß unter dem Wettkampftempo liegen und wird über einen Pulsmesser in bestimmten Grenzen konstant gehalten und kontrolliert (z. B. HF 145–155), um den Faktor Ermüdung so gut wie möglich auszuschalten. Diese Testmethode ist auch für einen Einzelläufer mit Pulsmeßgerät geeignet, um zwei gleich präparierte Skatingski miteinander zu vergleichen. Dieser Test läßt sich sogar gut in ein intensives Ausdauertraining einbauen.

Sechs Thesen zu Ski- und Wachstests

1. Die Ergebnisse von Tests, besonders Wachstests müssen schriftlich festgehalten werden, sonst gehen sie verloren.
2. Wer im Training immer einen »sicheren« Abstoß braucht, kann nicht plötzlich im Wettkampf einen superschnellen, dafür leicht »spitzen« Ski laufen.
3. Selber Ski präparieren und wachsen gibt Erfahrung und Vertrauen ins eigene Skimaterial.
4. Ski auswählen, wachsen und testen ist eine Frage der Erfahrung und des Gefühls.
5. Ein gut ausgebildetes »Skigefühl« gibt mehr Sicherheit und größeren Erfolg.
6. Ein »Wunderwachs« kompensiert nie mangelhafte Lauftechnik und ungenügende Kondition.

Kapitel 4
Das Erlernen der Langlauftechnik

Die Langlauftechnik – was ist das?

»Die Skilanglauftechnik ist die Art und Weise, mit der der Langläufer oder die Langläuferin die Bewegungsprobleme auf den Langlaufski löst. Das Lösungsergebnis kann mehr oder weniger erfolgreich sein.« (Nach Halldor Skard)
Das heißt also, wenn wir zum erstenmal Langlaufski anschnallen und uns auf der Loipe fortbewegen, so benutzen wir bereits eine Technik. Wenn wir stürzen, kaum vorwärtskommen und schon nach kurzer Zeit müde sind, so liegt es an unserer ungenügenden Langlauftechnik.

Unser Ziel wird sein, unsere Fortbewegungstechnik auf Langlaufski zu verbessern, d. h. die Langlauftechnik zu erlernen. Was ist aber nun diese Langlauftechnik, die wir erlernen und verbessern wollen?
Die Langlauftechnik ist ein theoretisches Konzept, ein idealtypisches Vorbild, eine Basisinformation und ein Programm, wonach sie durchgeführt, gelehrt, beurteilt und korrigiert wird. (Nach Dietrich Martin) Das idealtypische Vorbild kann die Demonstration eines guten Langläufers, eines Langlauflehrers, kann ein Lehrfilm oder ein Buch sein. Das vorliegende Buch versucht, dem lernbegierigen Leser die idealtypische Vorstellung, das Konzept der Langlauftechnik zu vermitteln und ihm die nötige Basisinformation zum Lernen und Verbessern der Langlauftechnik zu liefern.
Doch auch Lernen will gelernt sein.

Technik-Lernen, Bewegungs-Lernen

Bevor wir uns voll Elan in die Praxis stürzen, seien einige theoretische Hinweise zum Technik-Lernen erlaubt. Sie sollen ermöglichen, das Techniklernen und Techniktraining zielstrebiger und effizienter zu gestalten, denn es gilt:

- »Wiederholen allein bringt nicht viel, nur bewußtes Üben mit zunehmend gesteigerten Anforderungen ist optimal lernwirksam.« (Hotz, 1986)

Schon der Langlauf-Anfänger entwickelt eine Technik.

4

Bewegungs-Lernen

- Wir wollen die Langlauftechnik lernen und/oder verbessern. Das ist unser Antrieb, unsere Motivation. Ohne diesen Antrieb lernen wir nicht.

Lernstufen oder Lernphasen

- **Einführung:** Der Anfänger erlernt zuerst einmal eine Grobform der Bewegung. Er erfaßt die Bewegung und bildet eine Bewegungsvorstellung aus.

»Je tiefer der Lernstand, desto größer die Abhängigkeit von Außeninformationen!« (Hotz)

- **Schulung:** Durch Technikschulung wird die Feinform der Bewegung erlernt.

Die Bewegungsvorstellung muß mit Hilfe von Trainer- und Videoinformationen so verbessert werden, daß wir uns selber ständig überwachen und korrigieren können.

Wir kommen an die Grenze, wo eine weitere technische Verbesserung von der Verbesserung der Kondition und/oder der koordinativen Fähigkeiten abhängt.

Zuerst präzise, dann schnell!

• **Training:** Anwendung der Technik, Variation und Automatisation der Bewegungen, Anpassung an verschiedene Situationen, Leistung (Wettkampfanwendung), Mentales Training.
Jedes Training ist auch ein Techniktraining.

Anpassung an das Gelände und die Verhältnisse
Die höchste Lernstufe ist das Training, die Umsetzung der gelernten Bewegungsformen in die praktische Anwendung im Gelände, auf der Loipe, im Training und im Wettkampf unter Zeitdruck.
Langsam und schön laufen kann noch mancher, schnell und gleichwohl technisch richtig, d. h. harmonisch, rhythmisch und effizient zu laufen, das ist für viele das angestrebte Ziel.

• Die Anpassung an die Verhältnisse ist ein komplexer Vorgang, der viel Erfahrung verlangt. Ich muß meine Bewegungsform (Schrittart, Frequenz, Ausführung der Schrittart) an die Loipe, das Gelände, an meine Kondition und meinen Ermüdungszustand, an den Schnee und die Ski (schnell, langsam, spitz und stumpf) anpassen, damit ich eine möglichst hohe Durchschnittsgeschwindigkeit erzielen kann. Ich passe mich an durch den Wechsel der Schrittart, der Frequenz und der Ausführung der Schrittart.
• Anpassung an die Loipe und an das Gelände bedeutet: die optimale Schrittart wählen. Bei höherer Geschwindigkeit vom Diagonalschritt zum Schieben wechseln, enge Kurven mit Ausfahrschritten fahren, in Anstiegen im Diagonalschritt nicht mühsam noch eine Gleitphase erzwingen, vor den ersten Ausrutschern in Grätenschritt übergehen, nach Abfahrten nicht zu früh aus der Hocke aufstehen und zu schieben versuchen, ich bremse damit nur die Fahrt, auf der Kuppe mit Doppelstockschub beschleunigen, Mulden und Buckel aktiv ausnutzen.

Der Lernprozeß
• Wir setzen uns ein Ziel. Wir wollen die verschiedenen Bewegungsformen der klassischen Langlauftechnik und/oder der Skatingtechnik lernen/verbessern.
• Dazu benötigen wir Informationen über diese Bewegungsformen, die wir lernen wollen. Wir kennen sie vom Zusehen, vom Fernsehen und Video und von Bildern. Wir haben mit anderen darüber gesprochen und schlußendlich dieses Buch gekauft mit den technischen Beschreibungen der Bewegungsabläufe. Wir haben schon praktische Erfahrungen gesammelt.
• Aus all diesen Informationen (visuelle, verbale) und unserer Bewegungserfahrung gewinnen wir eine Bewegungsvorstellung. Wir nehmen die Langlaufbewegung geistig vorweg (mentales Techniktraining). Wir erstellen ein Programm für diese Bewegung und führen sie im Geiste bereits aus.
Je besser diese Bewegungsvorstellung ist, desto leichter geht das Lernen vor sich. Eine klare Bewegungsvorstellung trägt wesentlich

zur Zielorientierung des Lernprozesses bei. Sie ist die Voraussetzung für die Steuerung und Regelung der Bewegung im Lernprozeß.

- Wir führen die angestrebte Bewegung aus. Voraussetzung dazu sind neben der Bewegungsvorstellung, konditionelle und koordinative Fähigkeiten.

Wir steuern die Bewegung nach unserem »inneren Programm« und regeln sie dauernd während der Ausführung aufgrund der Rückmeldungen (Feedback-Informationen) aus der Muskulatur und von außen.

- Während der Bewegungsausführung (des Übens) vergleichen wir fortlaufend den Istzustand mit dem gesetzten Ziel. Wir korrigieren und verbessern unsere Bewegungsvorstellung und damit wieder die Bewegungsausführung. Wir bekommen eine Innensicht unserer Bewegung. Wir brauchen aber auch Informationen von außen. Unsere Innensicht kann uns täuschen. Wir haben das Gefühl, die Bewegung so und so auszuführen, aber von außen sieht es ganz anders aus. Wer sich noch nie im Film/Video gesehen hat, erkennt sich oft gar nicht wieder, weil seine Innensicht ganz verschieden von der Außensicht ist.
- Beim Technik-Lernen brauchen wir also die Hilfe von außen, vom Trainer oder Kollegen (Korrekturen), von der Videokamera, wir schauen die Spuren im Schnee an. Mit diesen Informationen von außen verbessern wir unsere Bewegungsvorstellung weiter.

Anmerkungen für Sportler und Trainer zu Technik-Schulung / Technik-Training

Wir müssen unterscheiden zwischen:

- **Technik-Lernen/Schulen mit Anfängern/Kindern/Jugendlichen**

Vielseitiges, abwechslungsreiches, spielerisches Training der koordinativen Fähigkeiten, Bewegungserfahrungen sammeln, Lernen und Üben der Grundbewegungsformen.

Wegen noch nicht voll entwickelter Kraft/Kraftausdauer sind möglicherweise einzelne Bewegungsformen noch nicht in der End- und Wettkampfform ausführbar.

- **Techniktraining bei Fortgeschrittenen/Junioren/Senioren**

Gezieltes Techniktraining: Automatisieren, Variieren und Anpassen an Gelände und Verhältnisse, Bewegungsvorstellung entwickeln als Voraussetzung für die Selbstkontrolle. Vermehrt Techniktraining und Korrekturen bei höherer Geschwindigkeit, zum Teil in Wettkampftempo.

Merkpunkte für Trainer (und Sportler)

Die gegenseitige Abhängigkeit von Kondition und Technik muß berücksichtigt werden: Technikgeleitetes Konditionstraining.

Technikdemonstrationen durch Trainer/Leiter/Vorbilder müssen

korrekt und dürfen nicht stark individuell geprägt sein (ehrliche Selbsteinschätzung), sonst kopieren die Jugendlichen einen individuellen Stil.
Mehr üben und wiederholen lassen (unter Kontrolle).
Technik im Wettkampf beobachten. Wird die Technik unter Wettkampf-/psychischem Druck verändert/verschlechtert?

- **Videoeinsatz**

Nicht zuviel Video, vor allem nur wenig Zeitlupe. Bei Zeitlupe wird der dynamische Aspekt der Bewegung verändert. Bei Besprechung und Korrektur eher Standbilder anschauen.
»Schaulaufen« von Fortgeschrittenen für Videoaufnahmen hat wenig Sinn. Videoaufnahmen im Training zur Kontrolle der Trainingsarbeit, bei höherer Geschwindigkeit und im Wettkampf liefern mehr Erkenntnisse.

Merkpunkte für Sportler (und Trainer)
Gefühl entwickeln für Ski, fürs Gleiten, für den Abstoß (Differenzierungsfähigkeit).
Sobald Bewegungsformen im Übungstempo richtig ausgeführt werden, vermehrt Technik mit höherer Geschwindigkeit trainieren, mit dem Ziel, unter Trainerkontrolle die korrekte, angepaßte Bewegungsausführung auch bei höherer Geschwindigkeit zu automatisieren.

- **Videoeinsatz**

Nicht immer die eigenen Fehler anschauen und sie so in der Bewegungsvorstellung noch verstärken: im Video das eigene Technikproblem erkennen und dann wiederholt gute Vorbilder anschauen.

Merkpunkte zum Technik- und Konditionstraining auf Rollski
Rollskitraining erst ab 12 Jahren (Rollski sind schwer, verändern Bewegungsausführung).
Reines Techniktraining auf Rollski vor allem für Anfänger, zum Lernen der Grundbewegungsform.
Fortgeschrittenen Skilangläufern muß klar sein, daß sich die Rollskitechnik von der Bewegungsausführung auf Ski unterscheidet:
- Stockeinstich: Die Stöcke müssen zu weit vorne und zu senkrecht eingesetzt werden.
- Der Beinabstoß (Abstoßwiderstand) ist viel zu gut. Die Rolle mit Sperre vorne einsetzen, damit die »Abstoßhaftung« schlechter wird. Bei regennasser Straße (Rollen rutschen) nicht Skaten, sondern Diagonalschritt laufen, bewußt kurz und explosiv abstoßen.
- Vielseitig trainieren, damit sich keine »Rollskitechnik« entwickelt: Technik, Strecken und Tempo (eventuell Rollski) wechseln. Übernommene »Rollskitechnik« auf Schnee sofort korrigieren.
- Während des Gletschertrainings nicht Rollski laufen (höchstens Doppelstockschub-Kraftausdauer).

Koordinative Fähigkeiten als Voraussetzung zum Erlernen der Langlauftechnik

Koordinative Fähigkeiten sind nach Weineck definiert: »Die Voraussetzungen des Sportlers zur Bewegungssteuerung und -regelung. Sie befähigen ihn, motorische Aktionen (Bewegungen) in vorhersehbaren und unvorhersehbaren Situationen zu beherrschen und sportliche Bewegungen relativ schnell zu erlernen.« Früher hat man das einfach Geschicklichkeit genannt.

4

- Wenn wir Schwierigkeiten mit der Technik haben, so liegt das an unseren mangelhaft ausgebildeten koordinativen Fähigkeiten. Ein sogenanntes Talent hat vor allem überdurchschnittlich ausgebildete koordinative Fähigkeiten.
- Koordinative Fähigkeiten können allgemein ausgebildet, verbessert oder von einer Sportart auf eine andere übertragen werden.
- Die wichtigsten koordinativen Fähigkeiten im Langlauf sind für die Diagonalschritt- und Skatingtechnik dieselben.

Gleichgewichtsfähigkeit
Ohne Gleichgewicht (dynamisches) können wir nicht auf einem Ski gleiten, das Gewicht nicht von einem Ski auf den anderen verlagern, d. h. wir können gar nicht Langlaufen.

Rhythmisierungsfähigkeit
Langlauf ist Rhythmus, ohne rhythmische Ausführung der Bewegungen wird Langlauf zum unökonomischen Kraftakt, ohne Eleganz und Harmonie.

Der Pendelgang ist eine ausgeprägte Schulungsform für koordinative Fähigkeiten.

Gewichtsverlagerung und Gleiten auf einem Bein ist das A und O des Diagonalschritts.

Differenzierungsfähigkeit
(Gefühl für die Muskeltätigkeit, Fähigkeit für die Feinsteuerung der Bewegung.)
Wer sich nicht an die verschiedenen Schnee- und Loipenverhältnisse anpassen kann (flache Skiführung, Kantung, Ausscherwinkel, Ausgleich von Unebenheiten), ist ein unvollkommener Langläufer.

- Unsere koordinativen Fähigkeiten können wir also nicht nur auf Langlaufski verbessern, sondern schon im Sommertraining durch eine vielseitige sportliche Aktivität. Eine umfassende Bewegungserfahrung ist gerade für Jugendliche wichtig und die Voraussetzung für erleichtertes Erlernen der Skatingtechnik.
- Anstatt kopflos durch den Wald zu laufen oder auf Rollski »Kilometer zu machen«, können wir unsere Gleichgewichtsfähigkeit verbessern (nur zwei Hinweise):

– auf einem Baumstamm balancieren, vor- und rückwärtsgehen, hüpfen
– auf dem Rollski (Zweirollentyp) wirklich lange auf einem Rollski rollen.

Beidseitigkeit als Lernziel in der Skatingtechnik

Warum gibt es Fußballstürmer, die nur auf einer Seite eingesetzt werden können, warum nehmen Rechtshänder den Telefonhörer mit der linken Hand und wählen mit der rechten? Weil wir einseitig sind.

- Was heißt das, einseitig? Wir können bestimmte Bewegungen nur mit einer Hand/Arm/Bein ausführen; wir sind einseitig trainiert.
- Die Bewegungen im klassischen Skilanglauf sind theoretisch symmetrisch, aber schon beim Einschritt zeigt sich, daß wir ein bevorzugtes Abstoßbein haben und im Wettkampf selten wechseln, obschon wir in der Technikschulung links und rechts gewechselt haben.
- Mit dem Halbschlittschuhschritt hat eine einseitige, asymmetrische Bewegungsform im Langlauf Einzug gehalten.

Mit dem asymmetrischen Schlittschuhschritt mit seinem oft übertrieben versetzten Stockeinsatz, haben wir heute in der Skatingtechnik eine einseitige Bewegungsform, die fast so einseitig ist wie z. B. die Tennistechnik.

- Diese Einseitigkeit mit der ungleichen Belastung von Armen und Beinen, die verdrehte Stellung im Hüft-, Rücken- und Schulterbereich ist anatomisch abnormal und ungesund.
- Wer den asymmetrischen SSS (Schlittschuhschritt) nicht auf beiden Seiten beherrscht, kann seine Technik der Loipe (Kurve = Führungsarm innen, Querneigung = Führungsarm ist Bergarm) nicht anpassen, er läuft technisch schlecht.

Ein Lernziel in der Skatingtechnik ist die Fertigkeit, die einseitigen Bewegungsformen zwei-eins und asymmetrischer SSS gelände- und situationsangepaßt auf beiden Seiten ausführen zu können.

Durch diese Bildspiegelung des asymmetrischen SSS wird die Einseitigkeit (Asymmetrie der Bewegung in sich) deutlich, durch Seitenwechsel (Wechsel des Führungsarmes) ergibt sich ein Ausgleich: Beidseitigkeit.

Technik-Lernen praktisch: Am Beispiel einer Techniklektion mit dem Hauptinhalt »eins-eins«

- **Techniktraining in physisch und psychisch müdem Zustand zeigt geringe Wirkung.** D. h., das Techniktraining gehört an den Anfang einer Trainingseinheit, das Aufwärmen wird am besten mit gezielten Übungen zur Verbesserung der koordinativen Fähigkeiten und der Beweglichkeit verbunden.
- Als Übungsgelände brauchen wir eine gewalzte, nicht zu harte Fläche/Loipe, die fast eben ist. Später dann auch steilere Anstiege. Ideal wäre eine tragende Schneeoberfläche mit dünner Neuschneeschicht oder Sulzschicht (frühmorgendliche Frühlingssituation).

Aufwärmen
Beweglichkeit – koordinative Fähigkeiten

- Am Ort, ohne Stöcke:
  - Hüpfen auf einem Ski
  - Grätschhüpfen und Umsteigen seitwärts von einem Ski auf den anderen,
  - beidbeinig Hüpfen und Ski vorne öffnen und schließen, Winkel verändern.
  - »Stern« treten in beiden Richtungen, große und kleine Winkel, langsam und rasch.
- Leichte Abfahrt, zuerst in, dann ohne Spur:
  - fahren auf einem Ski, möglichst weit, Bein wechseln,
  - rhythmisch Bein wechseln, Gewicht verlagern,
  - Bogentreten, Bogentretslalom.
- Doppelstockschub als Grundlage:
  - saubere Doppelstockarbeit üben in Spur und dann auf gewalzter Fläche, Skiführung,
  - Doppelstockschübe mit verschiedener Frequenz,
  - Doppelstockschübe nach verschiedenen Rhythmen (z. B. schnell, schnell, langsam, schnell, schnell, langsam etc.),
  - Doppelstockschübe und nur auf einem Ski gleiten (anderen Ski anheben), Seitenwechsel.

Einführung des SSS »eins-eins«

Um der angeborenen Einseitigkeit zu begegnen, beginnen wir bei der Einführung der SSS mit dem »eins-eins«, obschon er höhere Anforderungen an das dynamische Gleichgewicht stellt als der »eins-zwei«, dafür eine symmetrische Bewegungsform ist.

- Gelände leicht fallend, später eben und leicht steigend:
  - Aufgabe: sich ohne Stöcke und ohne Abstoßhaftung vorwärtsbewegen; wir kommen von selber auf die SSS-Bewegung,
  - kurze SSS, kleiner Winkel, hohe Frequenz,
  - lange SSS, lange Gleitphase, niedrige Frequenz, betonte Gewichtsverlagerung.

Schulung

- Ohne Stöcke, eher hohe Frequenz, kleine Öffnungswinkel, aufrechte Körperhaltung, achten auf engen Beinbezug, Ski wenig abheben, rhythmische Bewegungen.
- Ohne Stöcke, niedrige Frequenz, betont lange Gleitphasen, Winkel muß klein sein, flache Skiführung.
- Gleiche Übungen leicht steigend, verlangen kräftigeren Abstoß, Winkel leicht vergrößert.
- Sprint: Körper geht tief wie beim Eisschnelläufer, Winkel werden groß, Arme schwingen aktiv mit; bei zunehmender Geschwindigkeit wird Winkel kleiner, Gleitphase länger, Körper richtet sich auf.
- Mit Stöcken, zuerst eher hohe Frequenz, Doppelstockschub muß verkürzt werden, schneller Vorschwung, sonst nicht bereit, achten auf enge Stockführung; zu kurze Stöcke erschweren das Lernen.
- Niedrige Frequenz, lange Gleitphase, Koordination mit der Armbewegung wird schwierig, kraftvolle Doppelstockschübe weit nach hinten, Vorschwung zusammen mit Beinbeizug, rhythmisch arbeiten, Takt akustisch mitbetonen.
- Üben in Anstiegen, dynamisches Arbeiten.
- Üben im Gefälle (mit und ohne Stöcke).
- Spurtsituation mit Stockeinsatz.

Auf die Skiführung ist besonders zu achten: Der voll belastete Gleitski gleitet möglichst flach geführt (schwierig bei sehr harter eisiger Loipe). Der ausscherende Ski muß vorne geführt und flach aufgesetzt werden.

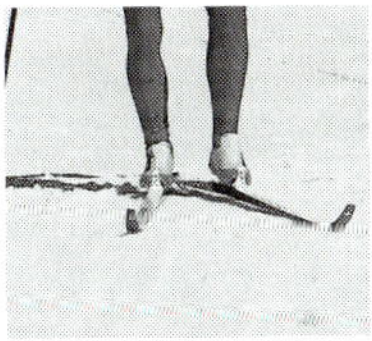

Bei beginnender Belastung wird der ausgleitende Ski leicht auf der Außenkante geführt, um zu verhindern, daß der nur teilbelastete Ski nach außen ausbricht (Beibehaltung des kleinen Winkels), Belastung erfolgt zuerst über Fußballen, dann über die ganze Fußfläche.

In der Endphase des Beinabstoßens vom gleitenden Abstoßski wird dieser immer stärker auf die Innenkante gekippt, um den Abstoßhalt zu sichern, besonders in der letzten Abdruckphase über die Fußballen.

Training

Im Lauftraining bewußt viel mehr »eins-eins« laufen, ganze Runden nur in dieser Bewegungsform.
Auf Rollski ist der »eins-eins« besonders viel zu üben.

Kapitel 5
Die klassische Technik

Einführung

In der alltäglichen Langlaufpraxis der Freizeitlangläufer und Skiwanderer dominiert weiterhin der Diagonalschritt. Er wird praktisch mit der klassischen Technik und dem gewachsten Ski (oder No-wax-Ski) gleichgesetzt.

- Der Doppelstockschub, der Grätenschritt, das Bogentreten und alle Alpinskiformen (Abfahren, Bremsen, Richtungsändern) sind auch Formen der Skatingtechnik. Die klassische Technik hat einen viel breiteren Anwendungsbereich als die Skatingtechnik. Sie ist nicht an präparierte Loipen gebunden und erlaubt jedem seine individuelle Geschwindigkeit, vom gemütlichen Wandern bis zum Renntempo.

Der Diagonalschritt

Zwar hat die Anwendung des Doppelstockschubs in den letzten Jahren enorm an Bedeutung gewonnen – besonders im Wettkampfbereich –, der Diagonalschritt bleibt die Grundbewegungsform der klassischen Technik.

- Leichter zu erklären und nachzuvollziehen ist der gesamte Bewegungsablauf, wenn er in Phasen zerlegt wird.

Videoprint: Diagonalschritt in einer leichten Steigung

Der Ablauf eines Diagonalschritts

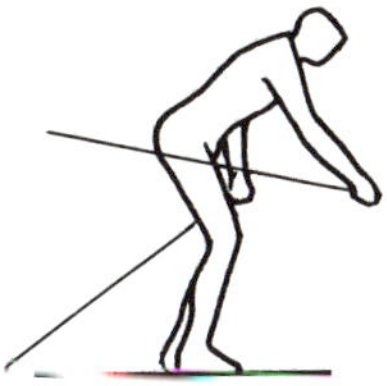

1 = Grundstellung. Die Füße befinden sich nebeneinander, und der Körper bereitet sich – durch leichtes Zusammenkauern – auf den Abdruck vor.

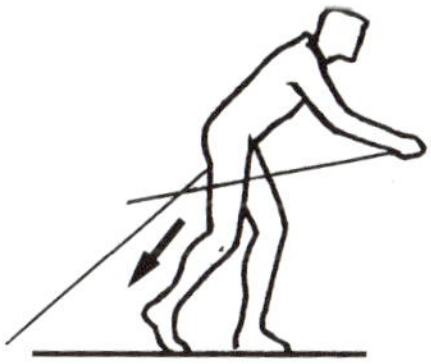

2 = Der Abdruck beginnt als explosive Streckbewegung aus dem Hüft-, Knie- und Fußgelenk.

3 = Der Stockeinsatz ist beendet. Der Beinabdruck geht weiter bis zur Streckung des Fußgelenks.

5

4 = Der Beinabdruck ist beendet. Der Oberkörper und das Abdruckbein bilden eine fast durchgehende Linie. Das Körpergewicht liegt voll auf dem Gleitbein.

5 = Reine Gleitphase auf einem Bein – ohne Stützhilfe durch die Stöcke. Der vordere Arm ist nach vorne geschwungen und im Ellbogen leicht gebeugt. Der hintere Arm schwingt nach dem Stockeinsatz noch weiter aus.

6 = Stockeinsatz mit dem vorderen Arm. Der Stock wird leicht schräg nach hinten vor der Fußspitze eingesetzt. Es beginnt die Zugphase des Arms und die Vorschwungphase des Beins.

7 = Das Schwungbein wird betont aktiv nach vorne gebracht; ebenso der Arm.

8 = Das vorschwingende Bein setzt den Ski knapp hinter dem Gleitbein auf. Das Aufsetzen wird von einer Schwungbewegung der Hüfte begleitet.

Zum besseren Verständnis haben wir diesen Bewegungsablauf in zusammenhängende Phasen unterteilt.

- Abdruckphase = 1 bis 4
- Gleitphase = 5 bis 8
- Schwungphase des Beins = 5 bis 8
- Arm- und Stockarbeit = 1 bis 8

Die Abdruckphase

- Sind die Füße auf gleicher Höhe, beginnt die Abdruckphase. Man nennt diesen Abschnitt das sogenannte »Druckpunktnehmen«. Dieses Druckpunktnehmen ist ein außerordentlich wichtiger Abschnitt. Im Gegensatz zum normalen Lauf – dort findet der Fuß einen optimalen Widerstand beim Abdruck – muß zunächst eine ausreichende »Haftreibung« hergestellt werden.

Diese Reibung erzielt der Skilangläufer durch eine »Verzahnung« zwischen Skiwachs und Schneekristallen. Je tiefer die Kristalle in das Wachs gepreßt werden, um so besser ist die Haftreibung.

- Vor dem »Druckpunktnehmen« sollte das Knie so wenig wie möglich gebeugt sein. Eingeleitet wird der Abdruck durch eine leichte Tiefbewegung – einem Beugen des Abdruckbeins. Aus der

Durch eine leichte Tiefbewegung wird der Abdruck eingeleitet. Wie auf der Zeichnung befindet sich der Körperschwerpunkt weit vorne.

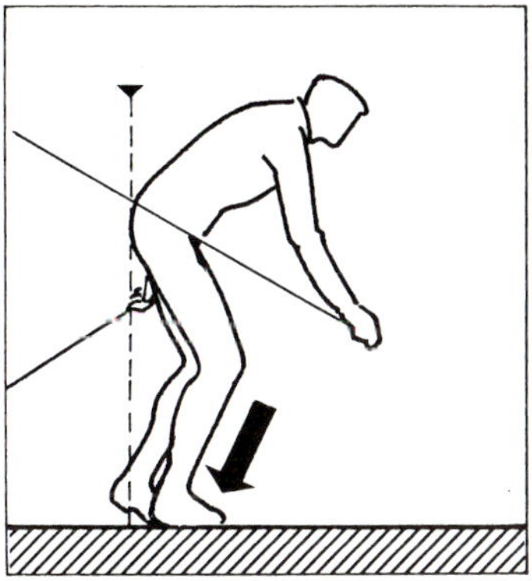

gebeugten Stellung kann der damit vorgespannte Muskel einen wesentlich kräftigeren und explosiveren Abdruck erzielen. Ein Sportler, der nur mit »roher Kraft« abdrückt, wird leicht mit dem Ski nach hinten rutschen. Das gefühlvolle und trotzdem kräftige Druckpunktnehmen unterscheidet den »Könner« vom weniger guten Läufer.

- In der Ausgangsposition soll der Oberkörper und damit auch der Körperschwerpunkt vor die Beine des Läufers gebracht werden. Je kräftiger der Beinabdruck, um so stärker erfolgt diese Verlagerung nach vorne. Die Hüfte befindet sich im Idealfall vor einer gedachten Senkrechtlinie durch das Sprunggelenk. Für die Verlagerung des Körpergewichts ist also nicht eine starke Vorlage, sondern die Stellung der Hüfte ausschlaggebend.
- Eine übertriebene Hoch-/Tiefbewegung des Oberkörpers ist in jedem Fall zu vermeiden. Die kann auch ausgeglichen werden durch ein stärkeres Abwinkeln des Oberkörpers – nach vorne – während der Streckung des Kniegelenks.
- Zu Beginn des Abdrucks muß eine optimale Haftung des Ski gewährleistet sein. Richtiges Wachsen bildet die Voraussetzung. Durch ein leichtes Vorschieben des Gleitbeins – in der letzten Phase des Gleitvorgangs – kann der Läufer eine gute Verzahnung zwischen Schnee und Wachs unterstützen. Dadurch wird eine frühzeitige Haftung des Ski erreicht.
- Der kräftige Abdruck endet mit einer völligen Streckung des Beins; sie dauert nur Bruchteile einer Sekunde. Mit dem Auge ist nicht genau wahrzunehmen, ob der Abdruck mit gestrecktem Bein beendet wurde. Auf Serienfotos oder anhand eines Films kann man für die Phase einen genauen Nachweis erbringen. Ein guter Abdruck führt auch zur Streckung.
- Die Abdruckphase ist gleichzeitig die Phase der Gewichtsverlagerung auf den Gleitski. Sie beginnt mit dem Abdruck und ist beendet, wenn sich das Abdruckbein entlastet aus der Spur hebt. Diese Gewichtsverlagerung ist wichtiger Bestandteil einer optimalen Lauftechnik. Bei dieser Verlagerung verschiebt sich der Körperschwerpunkt zur Seite – genau über das Gleitbein.

• Ski mit kurzer Haftwachszone und harte Ski verlangen eine größere Abstoßkraft (explosive Kraftausdauer der Rennläufer).
Bei ungenügender Abstoßhaftung (zu kurze Haftwachszone oder zu hartes Wachs) muß der Läufer seine Technik anpassen.
Die Oberkörperneigung wird, um mehr vertikalen Anpreßdruck zu erreichen, etwas zurückgenommen. Die Schwungphase des Beins nach hinten muß der Läufer entsprechend begrenzen – zugunsten einer höheren Schrittfrequenz. Ökonomisch kann diese Ausführung des Diagonalschritts nur auf kurzen Sprintstrecken erfolgen; sinnvoll kann sie nur von einem Athleten angewandt werden, der über eine sehr hohe Kraftausdauer und Schnellkraft verfügt.

Die Gleitphase

Die Abdruckphase ist beendet, wenn der Ski vom Schnee abhebt. Es beginnt dann die Gleitphase. Innerhalb der Gleitphase unterscheiden wir noch zwischen

- Reiner Gleitphase – ohne Stockeinsatz
- Gleitphase – mit Stockeinsatz

Für kurze Zeit – nach dem Beinabdruck – befinden sich beide Stökke in der Luft. Der Läufer gleitet frei auf einem Bein. Ein sehr gutes Gleichgewichtsgefühl ist hierbei notwendig. Die reine Gleitphase ist beendet, wenn der nach vorne schwingende Stock eingesetzt wird.

• In der Gleitphase geht der Läufer dazu über, das gebeugte Knie durchzustrecken. Diese Technik steht im Gegensatz zu der früher praktizierten Methode, bei der es zu einer ständigen relativ starken Beugestellung des Knies kam. Die neue Technik hat verschiedene Vorteile: Auf einem fast gestreckten Knie ist der Gleitvorgang kräftesparender. Außerdem wird die Oberschenkelmuskulatur mehr entspannt. Das stärkere Durchstrecken des Gleitbeins schafft eine höhere Hüftstellung und ermöglicht das freie Nachvorneschwingen des Schwungbeins.

Die Schwungphase des Beins

Die gesamte Schwungphase des Beins kann man in einen »passiven« und »aktiven« Teil gliedern.

• **Die passive Schwungphase** entsteht durch die Wucht des Abdrucks. Das Bein pendelt nach hinten aus. Wie weit das Bein nach hinten/oben ausschwingt, hängt von der Abdruckkraft und der Länge der Gleitphase ab. Je besser die Gleitbedingungen sind, um so weiter wird das Bein auspendeln. Das Auspendeln bewirkt eine Entspannung und Erholung der Muskulatur. Die Biomechanik, ein Zweig der Sportwissenschaft, hat außerdem festgestellt, daß sich dabei die Beugemuskulatur des Hüftgelenks dehnt. Diese Dehnung

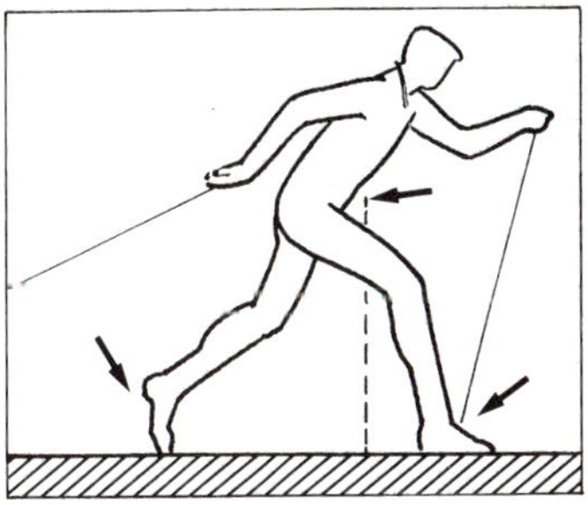

Der Körperschwerpunkt liegt zu weit hinten. Der Läufer ist gezwungen, das Schwungbein viel zu früh in die Spur zu setzen.

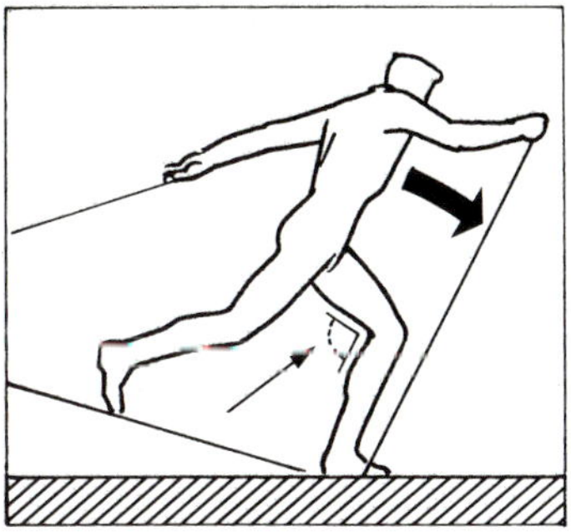

Diese Technik wurde früher praktiziert. Das Gleitbein nimmt eine starke Beugestellung ein.

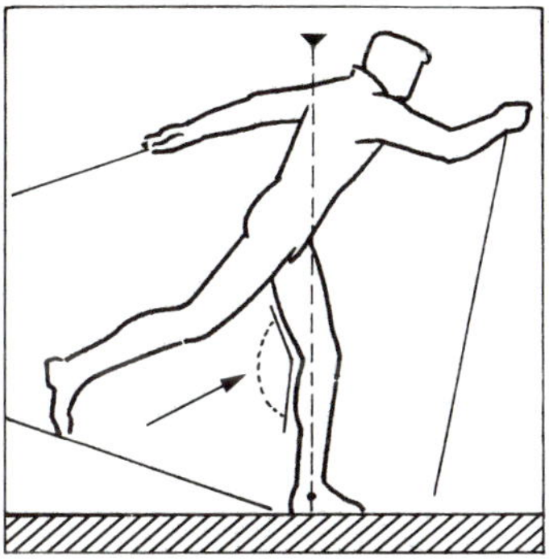

Die neue Technik bevorzugt das kräftesparende Gleiten auf einem leicht gebeugten Bein. Das Schwungbein kann hier auch besser nach vorne gebracht werden.

ist die Voraussetzung für einen aktiven und dynamischen Beinschwung nach vorne. In jedem Fall muß ein Anheben des Unterschenkels mit Muskelkraft vermieden werden. Diese Bewegung hat keinerlei Effekt und führt nur zu einer vorzeitigen Ermüdung des Läufers.

- **Die aktive Schwungphase** hat an der Vorwärtsbewegung des Langläufers einen beachtlichen Anteil. Noch bis vor nicht allzu langer Zeit wurde ein Laufstil angewandt, bei dem der Vorschwung des Beins nicht besonders betont wurde. Heute beginnt die aktive Schwungphase mit der Bewegung des Beins nach vorne. Hierbei wird der Vorschwung dem Tempo des Laufrhythmus angepaßt. Je schneller der nächste Abdruck erfolgen soll, um so aktiver muß das Schwungbein nach vorne gebracht werden. Diese Technik trägt nicht nur direkt, sondern auch indirekt zur Geschwindigkeit des Läufers bei. Denn beim ruckartigen Abbremsen – in Höhe des Gleitbeins – entsteht ein weiterer Vortriebsimpuls. Bewirkt werden kann dieser Impuls nur, wenn die Ausführung optimal ist. So muß das

Bein in einem runden Schwung bis zum Gleitbein gebracht werden. Ein zu frühes Aufsetzen des Ski unterbricht und verschlechtert die Vorwärtsbewegung. Dieses runde Nachvorneschleudern des Beins ist nur bei einem fast gestreckten Gleitbein möglich. Der russische Autor »Wassilewa« schreibt dazu: »Die richtige oder falsche Ausführung des aktiven Beinschwungs hat einen Geschwindigkeitsverlust von ca. 0,2 m/sec zur Folge.«

Arm- und Stockarbeit

Der Arm- und Stockarbeit kommt beim Diagonalschritt erhebliche Bedeutung zu. Zwar ist die Muskelmasse der Beine größer als die der Arme, doch der Arbeitsweg der Stöcke ist länger.
Zur Armkraft muß man – bei richtig ausgeführter Technik – die Kraft der Oberkörpermuskulatur miteinbeziehen. Das ergibt eine beachtliche Muskelmasse und dadurch ein wirksames Kraftpotential.

- Als weiteres Plus für die Stockarbeit zählt der lange Arbeitsweg. Während man für den Beinabdruck eine Zeit von ca. 0,15 sec annimmt, beträgt die Abdruckzeit des Stocks ca. 0,33 sec!
- Die Stockspitze findet immer einen ausreichenden Halt. Das ist besonders bei zu glatten Ski entscheidend.
- Die »Zugphase« bei der Stockarbeit beginnt mit dem Einsatz des Stocks vor dem Gleitbein. Der Arm darf dabei weder zu stark angewinkelt noch völlig gestreckt sein. Die Stockspitze zeigt in einem spitzen Winkel nach hinten. Bevor die Hand den Körper erreicht, spricht man von einer Zugphase; denn die Armmuskulatur verrichtet »Zugarbeit«.
- Diese Punkte sind beim Stockeinsatz besonders zu beachten:
  - Der Arm ist beim Stockeinsatz leicht gebeugt.
  - Der Stock weist einen spitzen Winkel nach hinten auf.
- Erreicht die Hand den Körper, beginnt die »Schubphase«. Die Arbeitsbedingung für die Muskulatur wird günstiger. Der starke Druck auf den Stock muß anhalten, bis die Stockspitze den Schnee verläßt. Die Hand

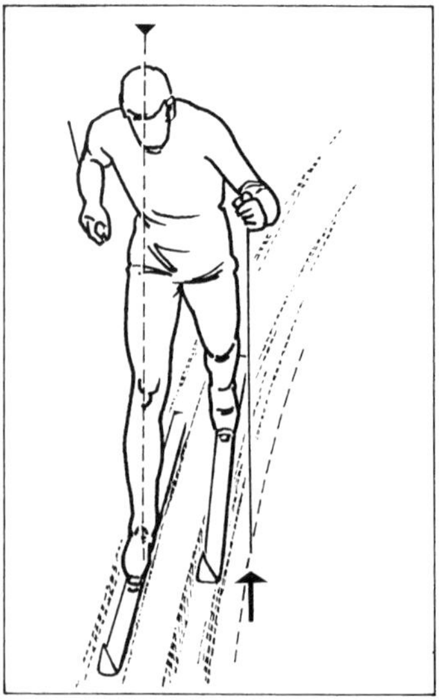

Der Körperschwerpunkt liegt über dem Gleitbein, und der Stock wird möglichst knapp neben der Loipe eingesetzt.

wird hier so tief wie möglich geführt. Denn je spitzer der Stockwinkel, um so größer ist die Auswirkung auf die Geschwindigkeit des Läufers. Während in der Zugphase der Arm im Ellbogengelenk leicht gebeugt ist, wird er in der Schubphase immer stärker gestreckt. Der Läufer beendet die Stockarbeit mit gestrecktem Arm.

● Für die Effektivität des Stockabdrucks ist auch die Führung der Arme von Bedeutung. Die Armbewegung muß parallel zur Loipe verlaufen. Ein kurvenförmiger Verlauf ist nicht sinnvoll. Die Stöcke werden knapp neben der Loipe eingesetzt. Setzt der Läufer die Stöcke zu weit außen ein, ergibt sich eine ungünstigere Position für den arbeitenden Muskel. Außerdem tritt eine Kraft auf, die quer zur Laufrichtung arbeitet und somit auch die Vorwärtsbewegung hemmt. Ein Teil der aufgewandten Kraft wird unökonomisch eingesetzt.

● Wie beim Bein tritt beim Arm – nach Beendigung des Abdrucks – eine Pendelbewegung nach hinten/oben ein. Die Muskulatur kann sich in dieser Phase entspannen. Der Stock wird beim Auspendeln nach hinten nur zwischen Daumen und Zeigefinger geführt. Wenn der Stockgriff beim Vorschwung den Körper passiert, schließt sich die Hand wieder und umfaßt den Stockgriff.

5

Checkliste der Hauptfehler und Korrektur

Fehler	Korrektur	Warum
Viele Ausrutscher (Ski nicht zu spitz/glatt)	Sorgfältiger und bewußter abdrücken, früher und explosiver abdrücken	Mehr Druck auf dem Ski gibt mehr Abdruckshaftung, ich weiche dem Abdruck aus und drücke den Ski nach hinten
Einzelne Ausrutscher gegen Ende der Abdruckphase	Abdruckphase verkürzen, nicht bis zur vollen Streckung abdrükken wollen	Nach hinten wird der Abdruckwinkel zu klein, die Abdruckhaftung zu gering
Meine Gleitphase (bei guten Verhältnissen) scheint mir zu kurz	Gewicht ganz auf Gleitski, Gesäß nach vorne, nicht sitzen, Unterschenkel nicht vorschieben, eher Knie vordrücken, den Ski aktiv führen. Bei höherer Geschwindigkeit (leicht fallende Spur) üben	Ist der Körperschwerpunkt nicht über dem Ski, gleite ich schlecht und muß das vorschwingende Bein zu früh abstellen und belasten

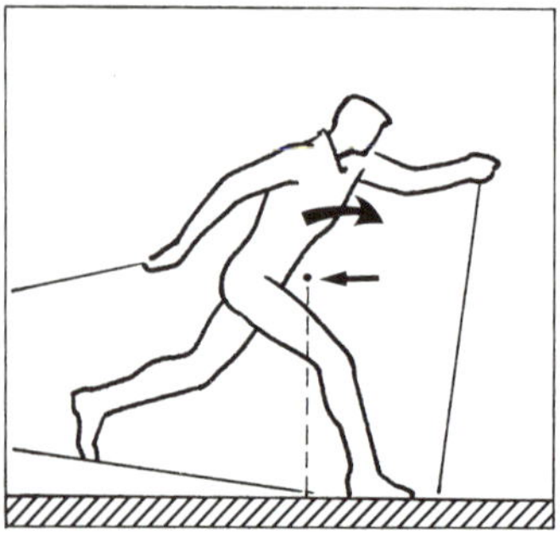

Falsch: Körperschwerpunkt zu weit hinten, sitzend, Unterschenkel vorgeschoben

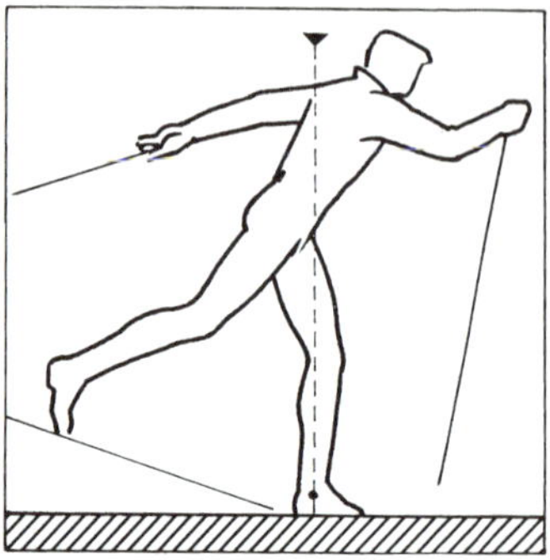

Richtig: Körperschwerpunkt über dem Gleitbein, Knie vorgedrückt

- **Praxistip:** Wer auf Rollski Diagonalschritt trainiert, darf nicht vergessen, daß der Abdruck viel zu gut ist im Vergleich mit dem Ski, daß er bewußt kurz und explosiv abdrücken soll, sonst gewöhnt er sich einen nachlässigen Abdruck an und hat im Winter auf den Ski Abdruckprobleme.

Fehler	Korrektur	Warum
Körper zu tief: zu tief im Knie, sitzend, Oberkörper zu stark abgewinkelt	Bewußt aufrechtere Haltung einnehmen, Gesäß nach vorne schieben, Kopf hoch und Blick nach vorne, Stöcke 2–4 cm länger wählen	Belastet Rücken- und Oberschenkelmuskulatur zu stark, ohne einen Vorteil zu bringen.
Körper zu hoch: Oberkörper kaum abgewinkelt, Knie ganz gestreckt	Bewußt Oberkörper durch Abwinkeln in Vorlage bringen und Knie nach vorne drükken. Eventuell kürzere Stöcke wählen	Bei höherer Geschwindigkeit brauche ich Vorlage, mit gestrecktem Knie gleite ich schlecht
Starkes Auf- und Abwippen des Oberkörpers (Klappmesser)	Dieses Wippen bewußt einschränken, ruhiger laufen, 10 m hinter anderem Läufer laufen und seinen Rücken mit dem Blick fixieren	Senkrechte Bewegung des Schwerpunktes bringt für die Fortbewegung nichts. Eine kleine Rumpfwinkelveränderung von 8–12° kann den Abdruck unterstützen, mehr ist aber zuviel

Fehler	Korrektur	Warum
Mittlere Haltung, Oberkörperwinkelung kann zwischen 35° und 60° variieren, in diesem Bereich beim einzelnen Läufer aber nur 8°–12° wippen	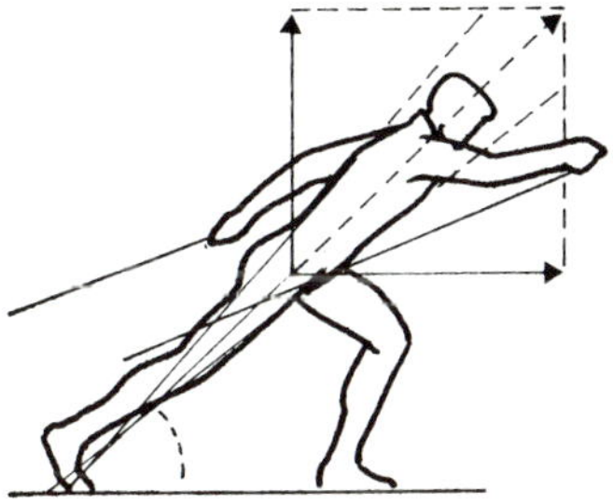	
Ich habe keinen aktiven Beinvorschwung	Denke immer daran, daß das Bein aktiv nach vorne schwingen soll, bremse bewußt das nach hinten auspendelnde Bein ab und schwinge es kraftvoll nach vorne. Den Unterschenkel dabei nicht anheben	Durch aktives Vorschwingen des Beins hat der Ski eine höhere Geschwindigkeit, wenn er zum Gleitski wird
Unvollständige Streckung beim Abdruck und Anheben des Unterschenkels beim Vorschwung	Trainieren mit guter Abdruckhaftung: bewußt Knie und besonders Fußgelenk strecken und mit gestrecktem Bein auspendeln, bewußt mit gestrecktem Bein vorschwingen	Durch die unvollständige Abdruckstrekkung verlieren wir Beschleunigungsweg, der Vorschwung mit angehobenem Unterschenkel braucht mehr Kraft und ist weniger aktiv Beim Rollskitraining im Diagonalschritt tritt dieser Fehler gern auf.
Gestreckter Arm beim Stockeinsatz, Vorstrecken anstatt Vorschwingen des Arms 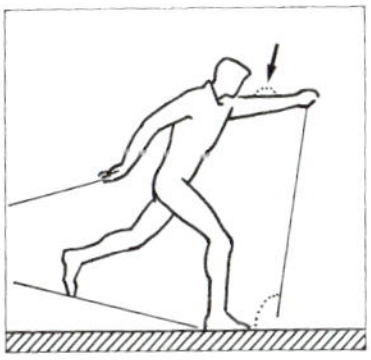	Arm beim aktiven Vorschwung nicht versteifen und mit leichtem Winkel des Ellbogens Stock einsetzen. Armschwung ohne Stöcke trocken üben	Mit gestrecktem Arm sind die Winkel ungünstig, und der Arbeitsbeginn verzögert sich

Fehler	Korrektur	Warum
Unterarm zu stark angewinkelt beim Stockeinsatz, Armarbeit nicht genügend aus der Schulter heraus 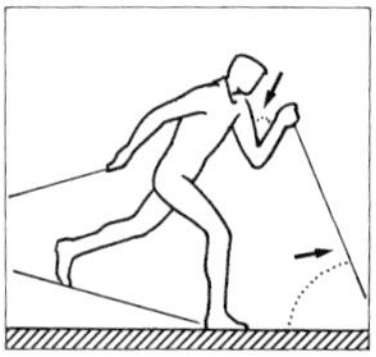	Schwungbewegung der Arme trocken üben, mehr Krafttraining für Arme, bewußt Arm mehr strecken, Stöcke beim Vorschwung nicht mit der ganzen Faust fassen, sondern locker zwischen Daumen und Zeigefinger	Stockeinsatzphase wird zu kurz, weil vielleicht die Kraft fehlt, aktiver Vorschwung fehlt
Weil es schwungvoll aussieht, stekke ich den Stock schräg nach vorne ein	Stock nicht schräg nach vorne einstekken, sondern immer leicht nach hinten vor dem Fuß, kontrollieren, ob Arm nicht zu stark angewinkelt wird	Beim Stockeinstich nach vorne wirke ich gegen die Bewegung und muß die Hand zuerst über den Stock führen, bevor die Zugphase einsetzen kann

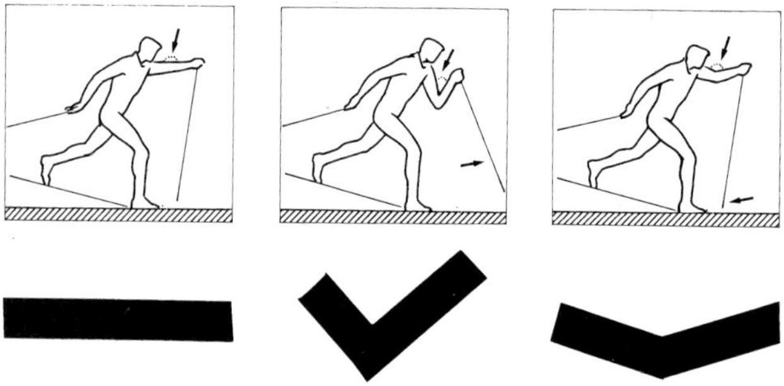

falsch **falsch** **richtig**

Stockeinstichwinkel muß kleiner als 90° sein.

Fehler	Korrektur	Warum
Stockeinstich zu weit von der Spur weg	Stöcke bewußt nahe bei der Spur einstekken, versuchen, sie näher zu setzen als die Hauptstockspur im Schnee	Bei breitem Stockeinsatz gehen seitlich zuviel Kräfte verloren, die Armbewegung soll parallel sein zur Spur

Fehler	Korrektur	Warum
Seitlich schräger Stockeinsatz und Stockführung im Bogen außen herum	Arm und Stock parallel zur Spur vorschwingen, Hand nicht vor die Körpermitte schwingen, sondern neben der Spur behalten und Stock parallel zur Spur einstecken. Parallele Armbewegung trokken üben und im Lauftraining darauf achten, daß Arme nicht vor den Körper hineinschwingen	Seitlich schräger Stockeinsatz ergibt seitliche Kraftwirkung, die den Körper in ein seitliches Schwanken bringen kann
Auswerfen des Stockes und Ausdrehen der Hand beim Ausschwingen nach hinten und unkontrolliertes Vorschwingen des Stockes	Diese Tricks aufgeben, Stockschlaufe enger stellen, Stock nie aus der Kontrolle zwischen Daumen und Zeigefinger lassen, weder beim Ausschwingen hinten noch beim Vorschwingen, auch hier ist der Stock zu führen	Diese Tricks bringen nichts (Wildheuerstil) und gefährden überholende Läufer auf der Parallelspur

Diagonalschritt in der Steigung

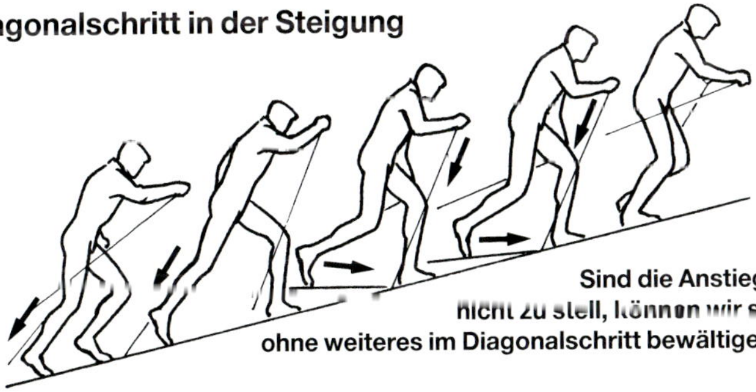

Sind die Anstiege nicht zu steil, können wir sie ohne weiteres im Diagonalschritt bewältigen.

- Wichtigstes Kriterium beim Diagonalschritt im Anstieg ist die verkürzte Gleitphase. Sie wird mit zunehmender Steilheit kürzer und ist im steilen Anstieg ganz aufgehoben.
- Die Abdruckphase verlängert sich und sollte frühzeitig beginnen.

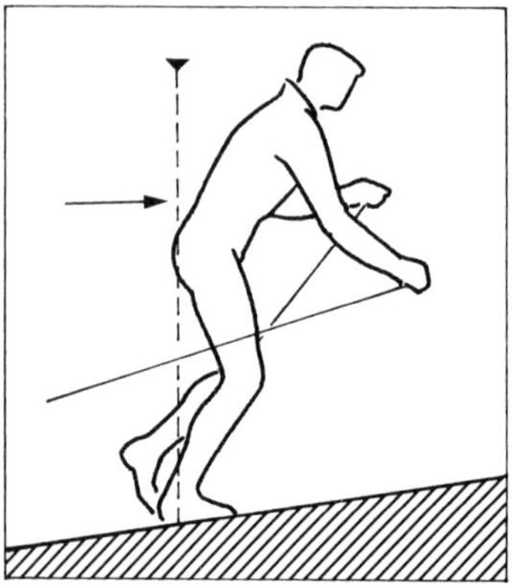

Wie in der Ebene soll der Körperschwerpunkt nach vorne gebracht werden.

- In der Koordination von Arm- und Beinarbeit treten Veränderungen auf. Durch die verkürzte oder ganz aufgehobene Gleitphase verkürzt sich ebenso der Arbeitsweg der Stöcke. Besonders das weite Ausschwingen – nach vorne und nach hinten – entfällt. Zeitlich gesehen, verlängert sich das Arbeitspensum der Arme.
- Der Arm ist beim Stockeinsatz zwar stärker angewinkelt, doch die Beugung im Ellbogengelenk soll auf keinen Fall zu groß sein.
- Eine »Sitzstellung« mit weit hinten liegendem Körperschwerpunkt ist fehlerhaft. Im Gegenteil, der Läufer muß versuchen, auch im Anstieg den Körperschwerpunkt beim Abdruck vor die Beine zu legen. Oberkörper und Hüfte werden dazu stärker nach vorne gebracht. Es entsteht dadurch ein spitzerer Winkel. Bei zu glatt gewachsten Ski kann ein Ausrutschen die Folge sein. Der Winkel ist also der Skihaftung anzupassen.
- Wie groß der Belastungsunterschied zwischen dem Lauf in der Ebene und Anstiegen ist, hat der russische Autor »Spiridonow« nachgewiesen:

Gelände	**Zeitlicher Anteil Stockschub**	**Zeitlicher Anteil Beinabstoß**
Flach	36%	8%
>9%	50%	15%
>13%	50%	40%

Vorschieben des Unterschenkels in Steigung

- Das Gleitbein wird durch ein Vorschieben des Unterschenkels nach vorne gestreckt.
- Das vorgeschobene Bein beginnt mit einer »Zugbewegung«. Den Oberkörper winkelt der Läufer stärker nach vorne ab; die Hüfte wird nach vorne gebracht, um eine Sitzstellung zu vermeiden. Der Abstoß mit dem Stock unterstützt die Bewegung des Oberkörpers und der Hüfte nach vorne.
- Befindet sich der Körperschwerpunkt über dem Gleitbein, wird der normale Abdruck ausgeführt.
- Durch das Vorschieben des Gleitbeins kann man bei schlechten Gleitverhältnissen, aber gutem Abdruck, den Schritt verlängern. Voraussetzung ist dafür die einleitende »Zugbewegung« des vorgeschobenen Gleitbeins.

Checkliste der Hauptfehler beim veränderten Diagonalschritt in Anstiegen und Korrektur

Fehler	Korrektur	Warum
Die Abdruckhaftung in der Ebene ist gut, aber im Anstieg rutscht der Ski schon zu Beginn des Beinabdrucks weg 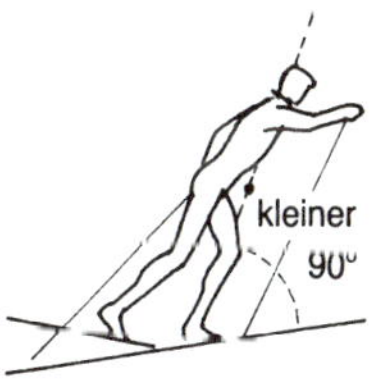 kann falsch sein	Abdruckski etwas mehr vorstellen, besser andrücken, deutliche Zugbewegung des Beines, eigentlicher Abdruck erfolgt aus stärker gebeugtem Knie 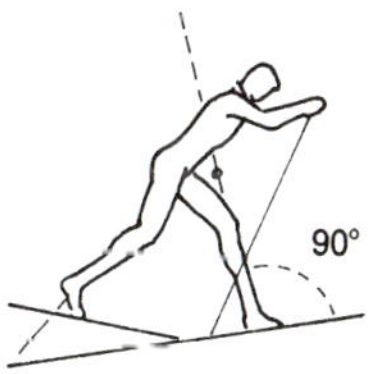 gibt besseren Abdruck	Wird der Ski mit fast gestrecktem Knie vorgestellt, so wirkt das Gewicht rechtwinklig zur Steigungsebene, die Haftreibung wird größer, der Abdruck sicherer, zudem der Schritt länger
Gegen Ende der Abdruckphase rutscht der Ski weg	Abdruck früher beenden. Bein nicht voll ausstrecken. Schritt hinten verkürzen (dafür vorne verlängern), höhere Frequenz und mehr Armeinsatz, hohes Tempo beibehalten	Beim Versuch, die gleich lange Abdruckstrecke wie in der Ebene zu erhalten, wird der Beinwinkel zu klein, die Haftung zu gering

Olympiasieger über 30 km – Vegard Ulvang, Norwegen

Fehler	Korrektur	Warum
Ich verliere den Schwung und bringe das Abdruckbein nicht mehr nach vorne	Hüfte betont nach vorne, nicht sitzen, Abdruckphase früher abbrechen, Schritt verkürzen, dafür höhere Frequenz, mit dem Stock kräftiger abstützen und Vorholbewe-	Im Anstieg wirkt sich eine sitzende Stellung (oft als Folge eines zu langen Schrittes) stärker aus, der Beinabdruck und die Armkraft, obschon sie jetzt parallel zusammenar-

Fehler	Korrektur	Warum
	gung des Beins noch während Stockeinsatzphase einleiten	beiten, reichen nicht aus, um den Schwerpunkt über das Abdruckbein nach vorne zu bringen

• **Praxistip:** Ist ein Ski in Steigungen praktisch immer glatt, ist er wahrscheinlich zu hart; die Haftwachszone nach vorne verlängern (Ski wird natürlich langsamer; Ausnahme kalter Pulverschnee) und das nächste Paar Ski weicher wählen.
Eine ungenügende Abdruckhaftung wird in Steigungen bei vielen Schneeverhältnissen besser, wenn wir die Spur verlassen und neben der Spur hochlaufen. Ein Versuch lohnt sich auf jeden Fall.

Der Doppelstockschub

Der Doppelstockschub ist für beide Techniken – klassische Technik und Skatingtechnik – gleich wichtig.
In der klassischen Technik wird der Doppelstockschub mit den zunehmend höheren Wettkampfgeschwindigkeiten immer wichtiger. Härteres, athletischeres Training, schnelleres Skimaterial und besser präparierte Loipen rücken die Doppelstocktechnik stärker in den Vordergrund.
Von der Weltelite werden heute flache Strecken fast ausnahmslos in einer Doppelstocktechnik gemeistert. Selbstverständlich spielen auch die Gleitbedingungen eine Rolle. Je besser die Gleitbedingungen, um so mehr findet die Doppelstocktechnik Anwendung. Mit dem Doppelstockschub sind höhere Geschwindigkeiten zu erzielen als mit dem Diagonalschritt. Wird beim Diagonalschritt eine Geschwindigkeit von 6 m/sec. erreicht, kann nur eine Doppelstock-

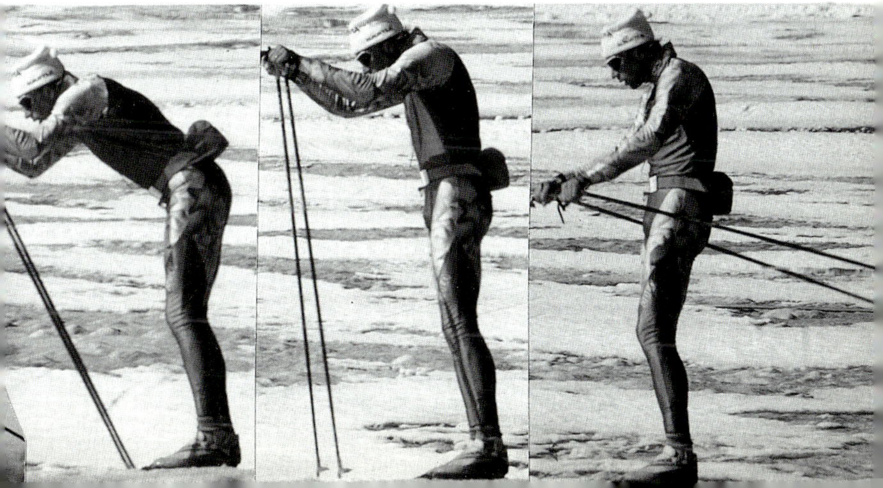

technik noch eine Steigerung oder Beibehaltung des Tempos bringen.

- Ein wirkungsvoller Doppelstockschub hängt natürlich auch von der Kraft des Läufers ab. Entsprechendes Training ist deshalb im Sommer anzuraten. Auf Rollski läßt sich der Doppelstockschub sehr gut simulieren. Je nach Straßenbelag kann u. U. der sehr spitze Stockwinkel in der Schubphase nicht zur Anwendung kommen, da die Stockspitzen keinen Halt mehr finden. Der gesamte Bewegungsablauf wird in eine Zugphase, Schubphase und Schwungphase unterteilt. Die Gleitphase erstreckt sich über alle Phasen des Doppelstockschubs.

Zugphase

Wenn der Vorschwung der Arme beendet ist und die Stöcke im Schnee einsetzen, beginnt die Zugphase.

- Beide Arme schwingen nach vorne. Das Ellbogengelenk ist nur leicht gebeugt. Zwar können die Stöcke – durch den Schwung über die Senkrechte – nach vorne auspendeln, aber der Einsatz erfolgt immer im leicht spitzen Winkel nach hinten. Werden die Stockspitzen eingesetzt, indem die Spitzen nach vorne zeigen, tritt eine Bremswirkung ein.
- Den Oberkörper und die Hüfte – also den Körperschwerpunkt – bringt der Läufer so weit es geht nach vorne. Der Schwerpunkt soll zu Beginn der Zugphase vor den Füßen liegen. Je nach Ausführung und Geschwindigkeit kommt es in dieser Stellung zu einer deutlichen Fersenentlastung. Das Körpergewicht liegt mehr auf den Fußballen.
- Die gesamte Kraft des Oberkörpers und der Arme drückt auf die Stöcke. Der Läufer »zieht« sich an die Stöcke heran. Je spitzer die Stockwinkel, um so länger der Arbeitsweg. Die Ellbogen werden in der Zugphase auch von Weltklasseläufern unterschiedlich stark angewinkelt.

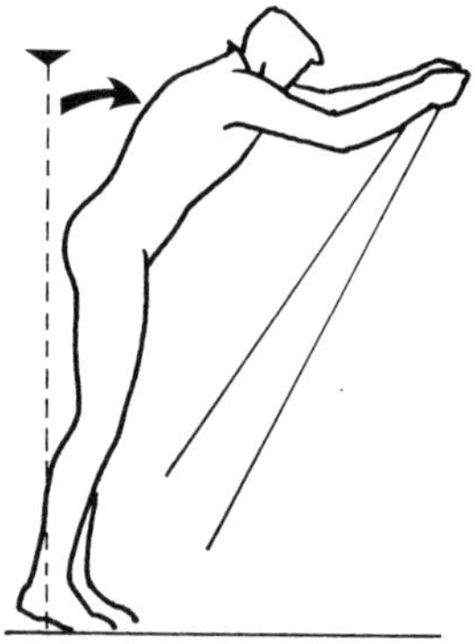

Möglichst weit wird der Körperschwerpunkt nach vorne gebracht.

• Zwei Varianten für die Armführung in der Zugphase:

Bei hoher Geschwindigkeit:	Bei niedriger Geschwindigkeit:
stark gewinkelt für hohe Beschleunigung in der Endphase	wenig gewinkelt bei großem Krafteinsatz zusammen mit dem Oberkörper

• In der Zugphase ist eine starke Sitzstellung auf jeden Fall zu vermeiden. Das Absitzen kostet nur unnötige Beinkraft und verzögert zudem das rasche Wiederaufrichten.

Schubphase

• Die Zugphase geht nahtlos in die Schubphase über. Wenn die Arme sich fast in einer senkrechten Stellung befinden, wird aus dem »Ziehen« ein »Schieben«.

• Der Oberkörper hat hier seine tiefste Position eingenommen – eine fast waagrechte Stellung. Der Rücken des Läufers ist leicht gekrümmt; seine Gestalt wirkt nicht zusammengekauert.

• In der Schubphase arbeiten in erster Linie die Arme. Es fehlt die Unterstützung durch die Rumpfmuskulatur.

5

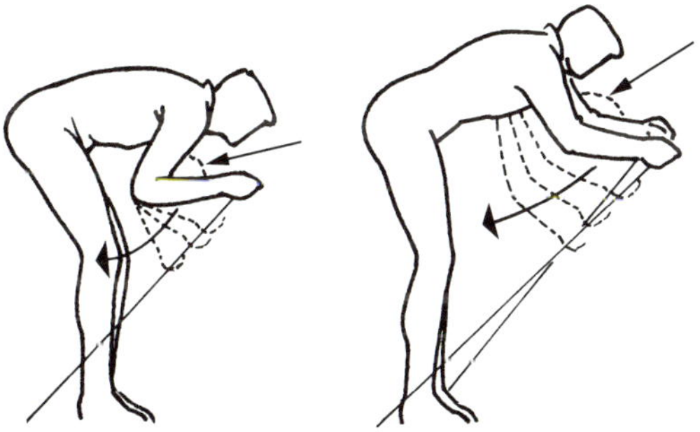

Zwei Varianten für die Armführung (siehe auch Seite 146)

Schwungphase

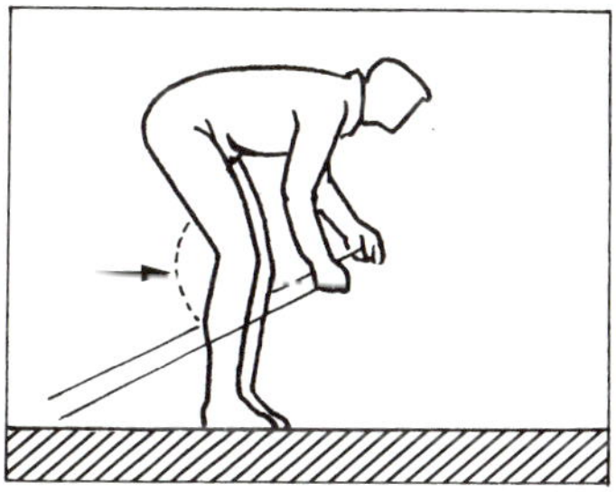

• Die Schwungphase beginnt mit der Beendigung des Stockeinsatzes – wenn die Stockspitzen den Schnee verlassen haben. Sie dauert bis zum erneuten Einsatz der Stöcke.

Der Oberkörper nimmt eine fast waagrechte Stellung ein.

● Durch den Stockschub schwingen die Arme noch etwas nach oben aus. Übertriebenes Nachobenschwingen ist unökonomisch, da es Kraft kostet und den nächsten Doppelstockschub verzögert.
● Während die Arme noch nach hinten auspendeln, beginnt schon das Aufrichten des Oberkörpers. Der Ablauf muß dabei flüssig und harmonisch sein; alle ruckartigen Bewegungsmuster sind falsch.
● Bei technisch versierten Läufern ist in der Phase des Aufrichtens ein leichtes Vorschieben der Unterschenkel zu beobachten. Dadurch werden die Skispitzen entlastet. Das kann zu einer verbesserten Gleitfähigkeit und dadurch zu einer Erhöhung der Geschwindigkeit führen.
Die Biomechanik lehrt und Untersuchungen an Spitzenläufern zeigen, daß das Aufrichten des Körpers eigentlich schon vor dem Ende der Schubphase beginnen sollte, weil durch das Aufrichten (Winkelumkehr) der Ski stärker belastet und damit gebremst wird. Erfolgt diese Verzögerung noch in der Endphase der Beschleunigung durch den Stockschub, so heben sie sich auf. Durch spätes und ruckartiges Aufrichten bremse ich die Gleitbewegung ab.
● Der Körper ist ganz aufgerichtet, und der Läufer gleitet gleichmäßig auf beiden Ski. Die Arme sind fast gestreckt und pendeln nach vorne, bereit für den nächsten Stockeinsatz.

Checkliste der Hauptfehler und Korrektur

Fehler	Korrektur	Warum
Stöcke schräg nach vorne eingesteckt aus einem falschen Gefühl des Raumgreifens	Vielleicht sind die Stöcke zu kurz. Zuerst mit weniger Vorlage üben (auf Rollski üben, hier ist dieser Fehler gar nicht möglich)	Nach vorne eingesetzte Stöcke bremsen und verzögern die Zugphase, da die Hand zuerst über den Stock geführt werden muß
 falsch	 richtig	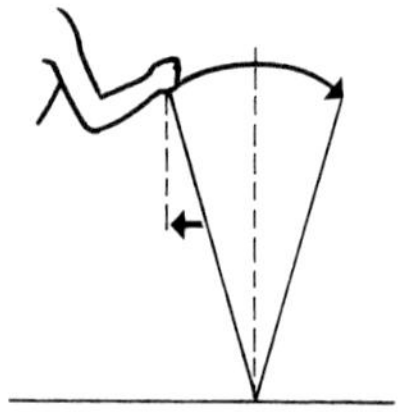 Hand über den Stock führen = Zeitverlust

Fehler	Korrektur	Warum
Knie nicht gestreckt, zu wenig Vorlage beim Stockeinsatz und anschließend Sitzstellung in der Zugphase 	In leicht abfallender Spur üben, Körper voll aufrichten bis in den Zehenstand und nach vorne werfen, dann Knie gestreckt beibehalten 	Ohne Vorlage bringen wir das Körpergewicht nicht auf die Stöcke. In der Sitzstellung weichen wir der Bewegung aus gestreckte Knie Arbeit mit Oberkörper richtig
Auf verschiedene Art weiche ich der Bewegung aus. Ich beuge den Oberkörper nach unten, ohne Kraftwirkung auf die Stöcke. Ich stelle die Ellbogen nach außen und verkürze so die Hebelarme	Doppelstockschubtechnik unter Kontrolle (Video) neu erlernen, den Widerstand bzw. Krafteinsatz wirklich spüren und wollen. Wirkung mit Partner in Parallelspur kontrollieren	Oft fragt man sich, warum fährt mir der andere im Doppelstockschub einfach davon, ich mache es doch auch richtig? Oder weiche ich etwa der Bewegung und dem Krafteinsatz aus? Merke: Nicht alle Menschen sind gleich gebaut, einige haben günstigere Hebelverhältnisse für den Doppelstockschub als andere
Sitzstellung in der Schubphase/Ende Schubphase, Gesäß tief und Knie stark gebeugt (alte Technik)  falsch	Beine bleiben fast gestreckt, nur Oberkörper beugt sich bis in die Waagrechte ab. Auf Rollski üben, hier kippe ich bei Sitzstellung nach hinten um 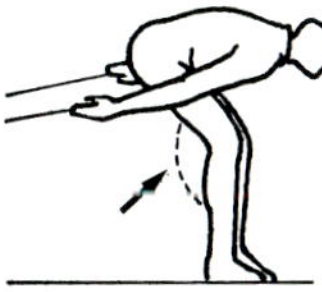 richtig	Das frühere Tiefgehen brachte nichts und hat nur Energie verschwendet beim Aufrichten. Eine angedeutete Sitzstellung mit Rücklage in der Endphase kann erwünscht sein, um die Skispitzen zu entlasten und besser zu gleiten, das aber nur bei niedriger Frequenz

5

Für kurze Zeit leichte Rückenlage in der Gleitphase

Fehler	Korrektur	Warum
Übertriebenes Ausstoßen und Hochwerfen der Arme und Stöcke nach hinten, unkontrolliertes Loslassen der Stöcke	Früher wurde das als schwungvoll gelehrt, heute mache ich nicht mehr als notwendig. Stöcke und Arme nicht aufwerfen, Stöcke immer zwischen Daumen und Zeigefinger kontrollieren, höhere Frequenz wählen, dann hört es automatisch auf	Wie das frühere »Absitzen« ist auch das Stöckeaufwerfen ein Energie- und Zeitverlust. Heute geht die Tendenz eher in Richtung Abbruch einer Bewegung, sobald sie ineffizient wird, dafür höhere Frequenz

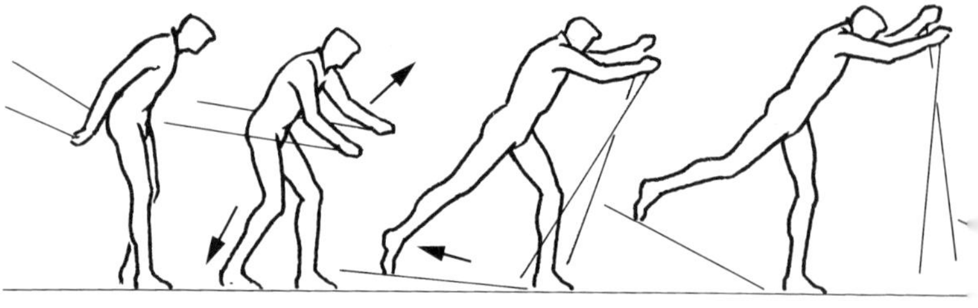

Doppelstockschub mit Zwischenschritt oder Einschritt

Diese Bewegungsform, eine Kombination aus einem Beinabstoß und einem Doppelstockschub ist sehr wirkungsvoll – wenn richtig ausgeführt – und wird immer eingesetzt, wenn der Diagonalschritt zu langsam wird und die Geschwindigkeit und Kraft nicht für den Doppelstockschub ausreichen. Bei guten Gleitverhältnissen werden sogar leichte Steigungen mit dem Einschritt bewältigt.

Der Bewegungsablauf

- Der Läufer gleitet auf beiden Ski, und der Oberkörper richtet sich fast vollständig auf.
- Die Arme schwingen gleichzeitig nach vorne.
- Das spätere Abdruckbein wird leicht nach vorne geschoben. Wenn die Arme beim Nachvornependeln – den Körper erreicht haben, beginnt der explosive Beinabstoß.
- Das Abdruckbein schwingt nach hinten aus, und der Ski hebt sich deutlich vom Schnee ab; Arme und Oberkörper strecken sich so weit wie möglich nach vorne.
- Der Doppelstockeinsatz beginnt, wenn das Abdruckbein am weitesten ausgeschwungen ist. In einer Art Gegenbewegung schwingt der Oberkörper nach unten und das Abdruckbein nach vorne.
- Wenn die Hände – unterhalb des Knies – den Körper passieren, gleitet auch das Abdruckbein parallel zum anderen Bein in der Spur.
- Der Bewegungsablauf endet in einer normalen Doppelstockbewegung.

Schrittphase

- Zur Einleitung des Abdrucks wird das Abdruckbein etwas nach vorne geschoben. Dadurch erreicht der Läufer, daß sich die Abdruckphase etwas verlängert. Das ist bei der hohen Geschwindig-

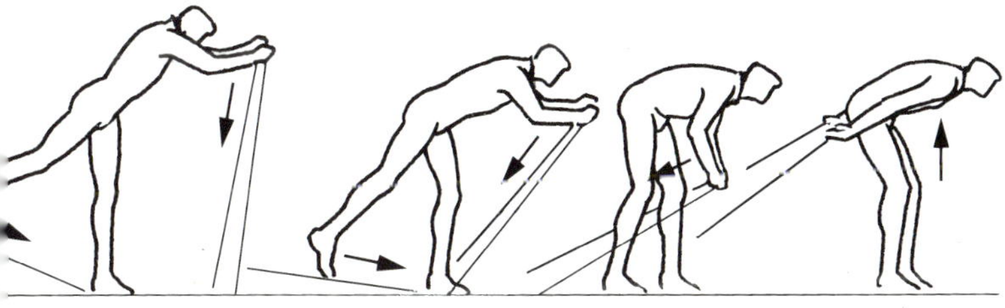

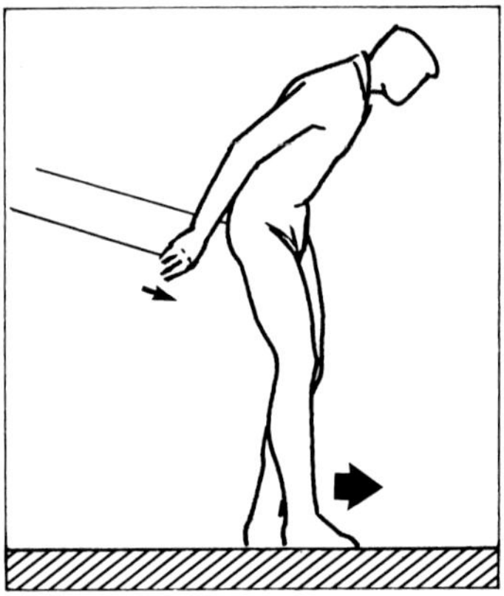

Der Arbeitsweg des Beins wird länger und die Haftreibung besser, wenn man zur Einleitung des Abdrucks das Bein etwas nach vorne schiebt.

keit notwendig, um eine ausreichende Haftreibung zu erzielen. Durch das Tempo bewegt sich der Läufer nämlich sehr rasch in eine ungünstigere Abdruckposition. Für Wettkämpfer ist dieses kurze und schnelle Nachvorneschieben sehr wichtig. Der Abdruck beginnt mit einer Art »Zugbewegung«. Die Körperstellung ist deutlich aufrechter als beim Diagonalschritt. Durch den früh beginnenden Abdruck und die aufrechtere Körperstellung erreicht der Läufer – selbst bei glatt gewachsten Ski – noch gute Abdruckbedingungen.

- Mit dem Abdruckbeginn schwingen beide Arme nach vorne. Dieser Vorschwung sollte in Kopfhöhe enden. Es gibt eine Reihe von Klasseläufern, die ihre Hände auch über Kopfhöhe hochführen.

Gleitphase

- In der Gleitphase – bis zum Beginn der Stockarbeit – gleitet der Läufer frei auf einem Bein. Beide Stöcke befinden sich in der Luft.

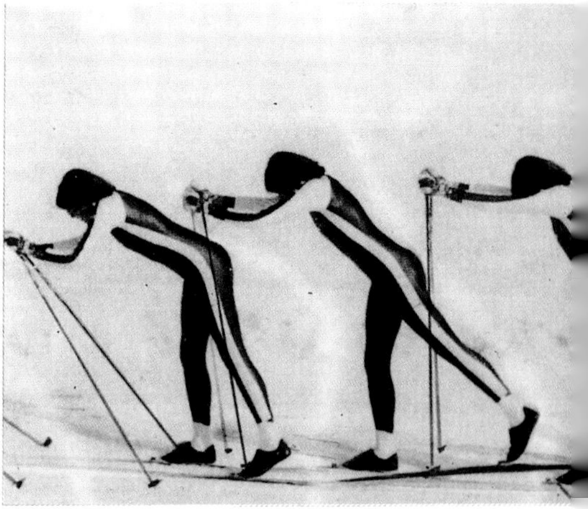

Die Gleitphase gibt der Muskulatur des Abdruckbeins und der Arme Gelegenheit zur Entspannung. In dieser kurzen Zeitspanne muß eine optimale Voraussetzung für den nachfolgenden Stockschub geschaffen werden. Diese ist dann gegeben, wenn der Oberkörper möglichst weit nach vorne gebracht werden kann. Das Gewicht des Oberkörpers soll so gut es geht vor den Füßen liegen. Ohne ausreichende Vorlage wird diese Technik fast wirkungslos. Der Läufer muß sich dieses »Fallen« in die Stöcke zutrauen.

Doppelstockphase

- Aus der extrem gestreckten Körperhaltung »klappt« der Läufer wieder zusammen. Auftakt für diese Gegenbewegung von Armen und Abdruckbein bildet der Stockeinsatz. Zu Beginn der Zugphase weisen die Läufer einen großen Unterschied – hinsichtlich Körpergewichtsneigung und Stockwinkel – auf. Der norwegische Autor »Halldor Skard« hat beim Stockwinkel Abweichungen von 15° gemessen.
- Die Stöcke pendeln bei hoher Geschwindigkeit weiter über die Senkrechte nach vorne aus, doch der Stockeinsatz erfolgt immer im spitzen Winkel. Hier gilt das gleiche wie beim normalen Doppelstockschub: Werden die Stöcke senkrecht oder sogar schräg nach vorne eingesetzt, erschwert man die Arbeit der Muskulatur – oder erzielt im Extremfall eine Bremswirkung.
- Der ausschlaggebende Unterschied zur Zugphase beim normalen Doppelstock besteht im aktiven Vorschwingen des zweiten Beins. Wie beim Diagonalschritt wird das Bein aktiv nach vorne ge-

5

Die Bildreihe zeigt das Vorschwingen der Arme, die Körpervorspannung des Körpers (ohne Hohlrücken) und das Sich-nach-vorne-in-die-Stöcke-Werfen.

schwungen. Dadurch erhöht der Läufer die Geschwindigkeit und unterstützt die Stockarbeit.
Die »Schubphase« der Arme ist mit der Doppelstocktechnik – ohne Zwischenschritt – identisch.

Übungen zum Doppelstockschub mit Zwischenschritt

- Durch »Trockenübungen« kann man den Bewegungsablauf gut simulieren; der Sportler steht aufrecht mit paralleler Beinstellung. Nun wird der Bewegungsablauf trainiert – durch Vorschwingen der Arme, bei gleichzeitiger Abdrucksimulation und Ausschwingen des Beins nach hinten.
- Sehr gut läßt sich Doppelstockschub mit Zwischenschritt auch auf Rollski trainieren. Diese Trainingsarbeit wirkt sich positiv aus, denn auf dem Rollski werden das Gleichgewichtsgefühl und die Skiführung verbessert.

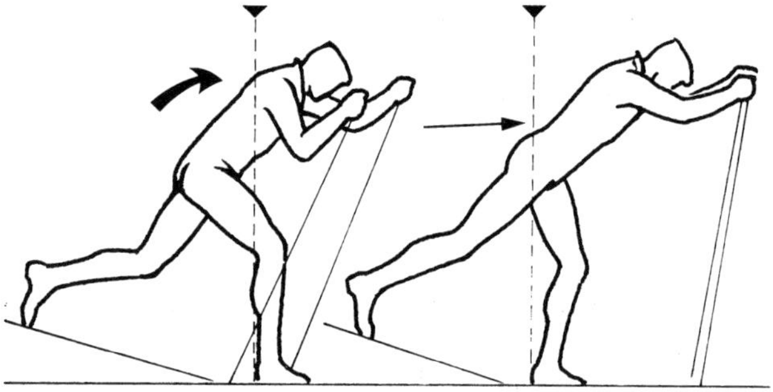

Der Körperschwerpunkt muß möglichst weit nach vorne gebracht werden. Links die fehlerhafte Haltung und rechts die optimale Stellung.

Checkliste der Hauptfehler und Korrektur

Fehler	Korrektur	Warum
Ich komme mit dem Beinabdruck zu spät, rutsche aus, er ist wirkungslos	In abfallender Spur ohne Stöcke diesen Abdruck üben. Abdruckbein bis 3/4 Schuhlänge vorschieben, belasten und explosiv abdrücken. Abdruckphase verkürzen	Die Bewegung ist schneller, wir haben weniger Zeit als im Diagonalschritt, um den Abdruck zu fassen. Die Abdruckphase kann nicht so lang sein, weil sich gleichzeitig der Körper aufrichtet und in Vorlage geht

Sehr gut ist auf dem Bild die Vorlage und Vorspannung des Körpers zu sehen.

Fehler	Korrektur	Warum
Ich komme nicht in die nötige Vorlage, um das Körpergewicht einsetzen zu können	Stöcke fest fassen und sich voll nach vorne in die Stöcke stürzen. Vorschwung der Arme muß kraftvoll sein, der Beinabdruck explosiv, das Bein hoch abheben. Diese Streckbewegung trocken üben	Ohne Vorlage und Streckung des ganzen Körpers verliert der Schritt seine Effizienz

ungenügend	gut	volle Streckung vor Stockeinsatz

Fehler	Korrektur	Warum
Ich habe Mühe mit der Koordination der Bewegung	Trockenübung der typischen Aushol-Streckbewegung, Trockenübung mit Gummizug. Auf Rollski und Ski (gut gleitend, sogar leicht abfallende Spur) zuerst kleine, ruhige und harmonische Bewegungen ohne Kraft üben, dann steigern und betont langsam ausführen	Für junge Anfänger ist dieser Schritt fast natürlich. Die ausgefeilte, wirkungsvolle Form verlangt aber als Voraussetzung gutes Gleichgewichtsgefühl und Gleiten auf einem Ski, Abdruckgefühl und Doppelstockschubkönnen
Die verkürzte Spurtform gelingt mir nicht	Bewegungen noch mehr verkürzen, dafür schneller und mit mehr Krafteinsatz ausführen. Stockarbeit praktisch nur noch Zugphase, Arme nicht anwinkeln, da sich der Oberkörper kaum absenkt. Beinabdruckphase verkürzen auf 1–2 Fußlängen, dafür Streckung bis zum Zehenstand	Spurtform für die letzten 100–300 m bei leicht abfallendem Zieleinlauf, verlangt höchstes Können und Konzentration. Mit halbem Einsatz gelingt es nicht

• **Praxistip:** Die Wirkung der Wettkampfvariante überprüfen wir am besten im direkten Vergleich mit einem etwa gleich starken Läufer (mehrmaliger Kreuzvergleich), indem wir in Parallelspuren (100 bis 200 m eben oder leicht fallend) laufen und die Spezialform gegen den gewöhnlichen Doppelstockschub und Einschritt austesten.

6. Kapitel
Verkürzter Doppelstockschub und verkürzter Einschritt

Im Wettkampf wird von Rennläufern der »Doppelstockschub« und der »Doppelstockschub mit Zwischenschritt« zu einer neuen Variante kombiniert, die wir hier kurz erläutern wollen. Angewendet wird diese Form in der leicht abfallenden Spur, bei Zwischenspurts oder beim Endspurt.

6

Die Merkmale der Ausführung

- Alle Bewegungsmuster sind verkürzt, und der Schritt wird mit einer extrem hohen Frequenz ausgeführt. Die Arme arbeiten mit vollem Krafteinsatz.

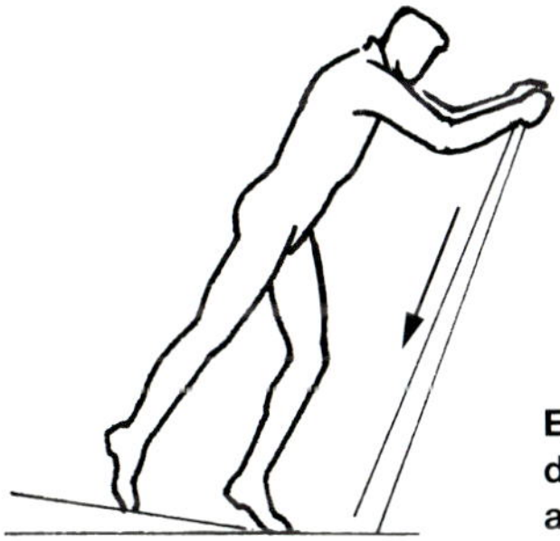

Eine Wettkampfvariante, die sehr schnell und kraftvoll ausgeführt wird

- Der Läufer steht aufrecht auf dem Ski. Mit einem Bein führt er einen stark verkürzten Abdruck aus. Dieser ist maximal 50–60 cm lang, beziehungsweise ein bis zwei Fußlängen.
- In diesem Moment ist es erforderlich, daß der Athlet den Oberkörper und die Arme nach vorne wirft, um in Vorlage zu kommen.
- Diese enorme Vorlage fängt er mit den Stöcken auf, um gleich darauf einen Doppelstockschub auszuführen.
- Die Doppelstockbewegung führt er nur halb aus; auch der Oberkörper bewegt sich nur zur Hälfte nach unten.
- Es folgt sofort der nächste Bewegungszyklus durch Aufrichten, mit verkürztem Abdruck und verkürztem Stockschub.
- In der Extremform springt der Läufer mit beiden Beinen ab, um in eine Vorlage zu kommen.

Doppelstockschub und Doppelstockschub mit Zwischenschritt werden zur Beschleunigung eingesetzt.

7. Kapitel
Richtungsänderung und Spurwechsel

Einführung

Mit den modernen Spurmaschinen sind die Zeiten der schmalen, sich im Zick-Zack um Bäume und Hindernisse herumwindenden Loipen vorbei. Auf den maschinell präparierten Loipen sind die Richtungsänderungen weniger zahlreich und die Kurven weniger eng, dafür ist die Laufgeschwindigkeit höher geworden.

- In leichten Steigungen möchte ich Kurven im Diagonalschritt durchlaufen können, ohne den Rhythmus und zuviel Geschwindigkeit zu verlieren. In einer guten Spur läßt der Anfänger seine Ski einfach passiv von der Spur führen, wie der Eisenbahnzug von den Schienen. Mit der Technik des Bogenlaufens führt der Könner den Ski aktiv in die neue Richtung unter Aufrechterhaltung der beschleunigenden Diagonalschrittbewegung.
- Engere Kurven in leicht fallendem Gelände, bei höherer Geschwindigkeit, bei zerstörten oder fehlenden Spuren bewältigt der Könner nicht mehr mit passivem Bogentreten, sondern mit beschleunigenden Schlittschuhschritten, sei es mit einseitig ausfahrenden und abstoßenden oder mit richtungsändernden Schlittschuhschritten, mit oder ohne Doppelstockeinsatz.
- Auf Doppelspuren ist für den schnelleren Läufer ein technisch gekonnter Spurwechsel beim Überholen oder beim Kreuzen eine Notwendigkeit, wenn er seinen Laufrhythmus beibehalten oder wenn er im Wettkampf aus mehreren parallelen Spuren die schnellste herausfinden will.
- Die Grundbewegungsform dieser Richtungsänderungen und des Spurwechsels ist der Schlittschuhschritt. Schlittschuhschrittformen haben also schon immer zur Skilanglauftechnik gehört, der Schlittschuhschritt war schon immer eine Grundbewegungsform der Skitechnik.

Bei Wettkämpfen in klassischer Technik und auf Loipen mit Skatingverbot sind Schlittschuhschritte mit Ausnahme bei Richtungsänderungen und Spurwechsel verboten.

7

Das Muster beim Bogenlaufen. In präparierten Spuren ist Bogenlaufen einfach.

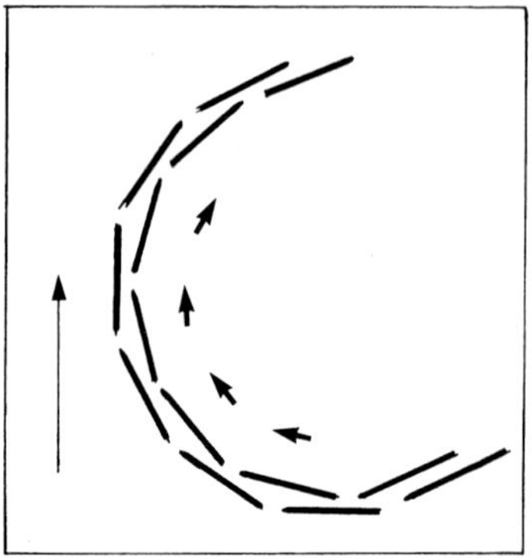

Bogenlaufen

- Die Technik des Bogenlaufens erlaubt es, Kurven in leichten Steigungen und bei langsamen Verhältnissen auch in der Ebene im Diagonalschritt durchzulaufen, ohne den Diagonalrhythmus zu unterbrechen, ohne daß die Geschwindigkeit abfällt.
- Die Technik des Bogenlaufens ist recht einfach zu beschreiben, die rhythmische Ausführung schon schwieriger.

Nach dem Abstoß hebe ich den kurvenäußeren Ski beim Auspendeln hinten etwas weiter nach oben. Damit die Skispitze in der Spur bleibt, winkle ich das Knie etwas an – was sonst beim Diagonalschritt zu vermeiden ist –, drücke die Skispitze in die Spur, drehe den Ski hinten nach außen und führe ihn dann schwungvoll in der neuen Richtung nach vorne in die Spur.
Beim Innenski verkürze ich die Auspendelbewegung, hebe ihn hinten höher an (auch durch leichtes Anziehen des Beines) und drehe ihn zu Beginn des Vorschwunges in die neue Richtung.
Je enger die Kurve, desto größer der Ausdrehwinkel des äußeren Skis. Der Ausdrehwinkel des Innenskis ist beschränkt (Innenski streift dicht am äußeren Bein nach vorne). Die Diagonalschritte werden asymmetrisch (die Bewegungsamplitude des kurveninneren Beines und Armes ist verkürzt), und in engen Kurven muß die Schrittkadenz erhöht werden.

Bogentreten

Jeder kennt die Anfängerform der Richtungsänderung: das Bogentreten (Umtreten). Das gleiche Prinzip gilt auch für Richtungsänderungen des fortgeschrittenen Läufers. Können Kurven wegen zu hoher Geschwindigkeit oder zu engem Radius nicht mehr in der Spur gelaufen oder gefahren werden, so müssen wir Bogentreten oder den Außenski in einem einseitigen Schlittschuhschritt ausfahren. Dabei unterscheiden wir passive und aktiv beschleunigende Formen mit und ohne Stockeinsatz.

- Passives Bogentreten ohne Stockeinsatz wird bei hoher Geschwindigkeit in abfallenden Spuren oder ebener Piste angewen-

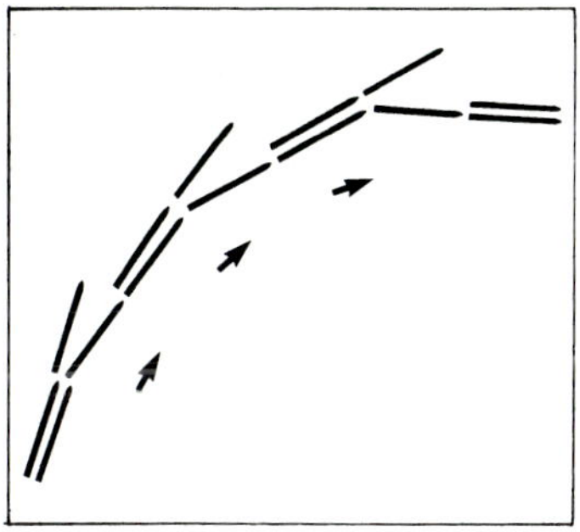

Das Muster beim Bogentreten in einer weiten Kurve

Schlittschuhschritt in einer engen Kurve

Der bogenäußere Ski wird belastet und der bogeninnere Ski abgehoben und in die neue Richtung geführt.

Bogeninneren Ski aufsetzen und belasten. Den bogenäußeren Ski unbelastet nachführen!

det. Der Innenski wird entlastet, mit kleinem Winkel eingelegt, belastet, der Außenski beigezogen, belastet usw. Der Läufer steht dabei ziemlich aufrecht, er ist in der Defensive. Die Umtreteschritte müssen oft sehr rasch und präzise erfolgen. Die Stöcke können als Bremse und zur Sicherung des Gleichgewichts seitlich etwas im Schnee schleifen.

- Beschleunigendes Bogentreten mit Stockeinsatz wird in engen Kurven in der Ebene oder leicht fallender Spur eingesetzt.

Es ist ein beidseitiger Schlittschuhschritt mit Doppelstockschub, nur daß auf dem Innenski kein Abdruck erfolgt. Der Außenski wird belastet, fährt nach außen aus der Kurve aus. Der unbelastete Innenski wird abgehoben und nach innen eingestellt. Jetzt erfolgen gleichzeitig der kräftige Beinabdruck, der Doppelstockschub, beide beschleunigen, und die ausgeprägte Verschiebung des Körpergewichts auf den eingestellten Innenski. Für kurze Zeit gleitet der Läufer mit ausgeprägter Kniebeugung auf dem Innenski. In dieser kurzen Zeitspanne richtet er sich auf, die Arme schwingen nach vorne, und der Außenski wird parallel beigezogen und sofort belastet. Der

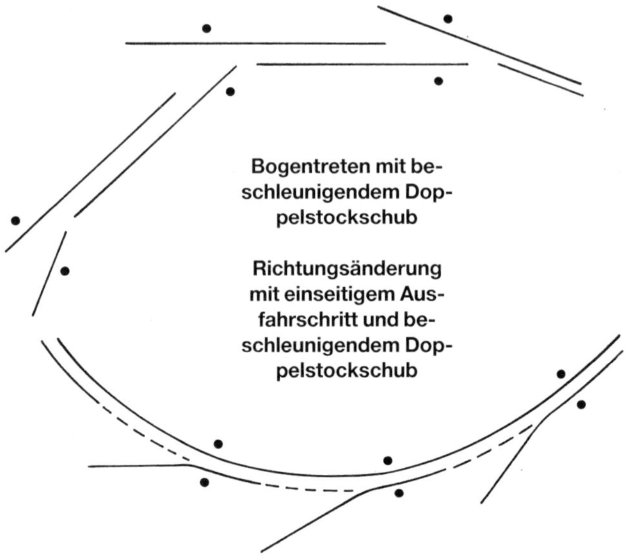

Außenski bricht bereits wieder aus der Kurve aus, ein weiterer Schritt wird notwendig.

- Richtungsänderung mit einseitigem Ausfahren des Außenski ist ein einseitiger Schlittschuhschritt mit oder ohne Stockeinsatz.

Der Innenski gleitet in die Spur. Der Außenski fährt mit einem kräftigen Schlittschuhschritt aus, bringt mit dem Abdruck den Körper in die geänderte Gleitrichtung des Innenski und kann zusätzlich noch beschleunigend wirken. Der Doppelstockschub wirkt vor allem beschleunigend in leicht ansteigenden Kurven.

Spurwechsel mit Schlittschuhschritt

Der Anfänger wechselt von einer Spur in die andere durch mehrere nacheinander ausgeführte Seitschritte. Der Könner wechselt die Spur, um zu überholen oder eine bessere Spur zu finden. Dabei möchte er keine Zeit und Geschwindigkeit verlieren.

- In Abfahrten mit Spuren und in der Ebene wechsle ich aus dem Diagonalschritt oder Doppelstockschub heraus die Spur mit einem kräftigen Schlittschuhschritt und beschleunige zusätzlich, wenn nötig und möglich mit einem gleichzeitigen Doppelstockschub. Ich verlagere das ganze Körpergewicht auf den äußeren Ski, hebe den inneren Ski aus der Spur, schere ihn schräg aus und stoße nun mit voller Kraft vom äußeren Ski ab – wenn es die Geschwindigkeit erlaubt, mache ich gleichzeitig einen Doppelstockschub –, dabei verlagere ich das Körpergewicht in einer kraftvollen Bewegung auf den ausgescherten Ski.

Auf diesem Ski gleite ich nun quer hinüber zur anderen Spur, richte mich auf und ziehe das Abstoßbein nach. Sobald ich mit dem Gleitbein die neue Spur kreuze, setze ich das beigezogene Abstoßbein mit Schwung in die Spur und stoße gleichzeitig mit dem ausgescherten Bein ab, bringe damit das Körpergewicht auf den in der neuen Spur gleitenden Ski und ziehe anschließend den nun unbelasteten, ausgescherten Ski in die neue Spur bei.

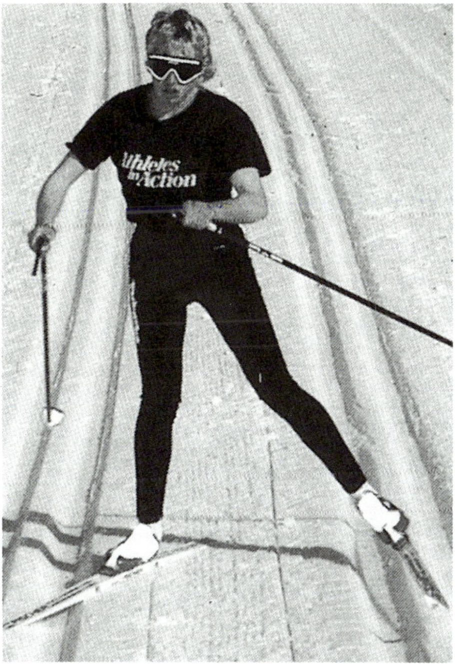

Oben: Nach dem kräftigen Abdruck (und evtl. Doppelstockschub) zeigt das Bild die schwierige Phase des Querhinübergleitens auf dem ausgescherten Ski.

Unten: Der Gleitski hat die neue Spur gekreuzt, und der nachgezogene Abstoßski wird in die neue Spur vorgeschwungen.

8. Kapitel
Der Grätenschritt

Einseitiger Grätenschritt

Anstiege versuche ich soweit als möglich im Diagonalschritt zu bewältigen. Genügt jedoch die Abdruckhaftung nicht mehr, weil der Anstieg zu steil oder/und der Ski zu glatt ist, und kann ich mich auch mit den Armen nicht mehr hochschieben, muß ich einen Ski seitlich ausstellen.

● Durch das Ausstellen und Kanten des Ski gewinne ich Halt, rutsche nicht nach hinten und kann mit dem Bein abdrücken.

Je größer der Ausstellwinkel und je stärker die Kantung, desto besser der Halt.

Hat die Piste eine Querneigung, soll immer der tiefer gelegene Ski ausgestellt werden.

Der andere Ski bleibt in der Spurrinne oder wird ohne Spur in der Anstiegsrichtung geführt.

Der Diagonalschrittrhythmus bleibt erhalten.

Grätenschritt oder Scherschritt

Schon Kinder als Anfänger auf Ski benutzen ganz natürlich den Grätenschritt zur Fortbewegung, sogar in der Ebene stellen sie die Ski seitlich aus, damit sie nicht zurückrutschen.

● Wenn ich im Diagonalschritt in eine Steigung hineinlaufe, werden der Schritt und die Gleitphase immer kürzer. Bevor ich nun ausrutsche, weil die Abstoßhaftung der Ski nicht mehr genügt, stelle ich die Ski aus und führe den Diagonalrhythmus im Grätenschritt weiter. Je nach der Steilheit des Anstieges muß ich den Öffnungswinkel größer oder kleiner wählen und mehr oder weniger kanten.

Es gilt, den Öffnungswinkel so klein wie möglich zu halten, damit ich mit den Stöcken nicht zu weit außen einstechen muß; ich muß die Beine weniger grätschen, und die Gefahr des Überkreuzens der Skienden ist geringer.

Je steiler, desto mehr muß ich die Ski kanten, indem ich die Knie nach innen drücke. Wichtig ist, daß ich die Fußgelenke versteife, damit ich nicht nach außen oder ganz nach innen abkippe und der Ski dabei über die Seitenwange wegrutscht.

Der Grätenschritt im Wettkampf verlangt volle Konzentration.

8

Der Oberkörper muß in leichter Vorlage sein. Ich darf nicht in eine Sitzstellung geraten, sonst wird das Vorholen und Vorstellen des Beines erschwert.
Beim Trainieren des Grätenschrittes in verschieden steilen Anstiegen versuche ich, den Öffnungswinkel, die Skikantung und die Bewegungskadenz zu variieren.
Großer Winkel, kurze Schritte und hohe Kadenz sind sicherer als kleiner Winkel und längere schrittsprungartige Schritte. Diese Variante eignet sich vor allem für sehr kurze und steile Anstiege (Bodenwellen).

Diagonalgrätenschritt

- Rennläufer kennen auch hier eine Variante, den sogenannten Diagonalgrätenschritt.

Die Idee dabei ist, die Diagonalschrittbewegung bei ungenügend werdender Abstoßhaftung in Anstiegen so lang wie möglich beizu-

Spuren des Diagonalgrätenschrittes mit Übergang zum gewöhnlichen Grätenschritt in einem steiler werdenden Anstieg.

behalten und damit etwas schneller zu sein als mit dem normalen Grätenschritt. Ich laufe im Diagonalschritt in einen Anstieg hinein und verkürze Schritt und Gleitphase normal. Sobald ich fühle, daß der Abstoß kritisch wird, stelle ich die Ski beim Vorholen aus und kante leicht, versuche aber noch eine Gleitphase zu erhalten.
Wird der Anstieg steiler, muß ich die Ski etwas mehr ausstellen, um den Abstoßhalt zu gewährleisten. Wird der Öffnungswinkel zu groß, gehe ich in den normalen Grätenschritt über. Der Diagonalgrätenschritt setzt ein gut ausgebildetes Gefühl für den Abstoß und eine kontrollierte Skiführung voraus.

• **Warnung:** Wettkämpfer, die auch die freie Technik beherrschen, geraten oft ungewollt beim einseitigen Grätenschritt oder beim Gräten- und Diagonalgrätenschritt in eine Skatingform (Siitonen resp. Diagonalschlittschuhschritt). In einem Wettkampf in klassischer Technik können sie in einer solchen Situation von einem Kontrollposten »erwischt« und disqualifiziert werden.
Es ist wichtig, daß wir diese klassischen Bewegungsformen für steilere Steigungen bewußt korrekt ausführen, um nicht disqualifiziert zu werden. Es ist nicht einmal auszuschließen, daß ein Kontrollposten ohne große Ahnung von der Langlauftechnik, den korrekt ausgeführten einseitigen Gräten- und Diagonalgrätenschritt als verbotene Schlittschuhschrittform anschaut. Was dann?

• **Praxistip:** Nur wer den Grätenschritt oder den Diagonalgrätenschritt im Training wettkampfmäßig trainiert, wird ihn auch im Rennen sicher und wirkungsvoll anwenden können. Warum nicht einmal ein Intervalltraining an einem steilen Hang im Grätenschritt? Sogar Spitzenläufer zeigen oft Mühe, weil sie das Training des Grätenschrittes vernachlässigt haben.

Checkliste der Hauptfehler und Korrektur

Fehler	Korrektur	Warum
Der ausgestellte Ski rutscht (in der Skiachse) nach hinten	Ausstellwinkel vergrößern und notfalls stärker kanten	Die Belastung des Ski ist noch zu sehr in der Skiachse, der Ski rutscht weg
Der ausgestellte Ski rutscht seitlich ab	Mehr kanten, den Ski bereits mit der Kante in den Schnee setzen	Wenn der Ski flach aufgesetzt wird, findet er keinen Halt, die Wachshaftung ist ja ohnehin zu gering

Fehler	Korrektur	Warum
Ein Ski oder sogar beide rutschen weg, ich falle auf die Knie	Fußgelenke steif halten, damit Fuß nicht nach innen abkippt, Vorlage des Körpers war zu groß, kleinere Schritte nehmen	Beim Nach-Innen-Umkippen des Ski verliert die Kante den Halt, und der Ski rutscht auf der Seitenwange ab. Bei zu großer Vorlage wirkt mein Gewicht fast parallel zur Steigungsebene, der Druck auf die Kante wird zu klein
Ausgestellte Skispitze bleibt im Schnee hängen	Wenn viel lockerer Schnee, größere Schnee- oder Eisbrokken vorhanden sind, ausweichen und Ski mit kräftigem Ruck der Fußspitze hochheben und vorholen	Oft sind solche Anstiege von den Läufern aufgewühlt, mit viel Lockerschnee: Vorsicht!
Ich kreuze die Skienden	Kürzere Schritte nehmen, wenn möglich weniger stark auswinkeln, die Ski kontrolliert aufsetzen	Beim Vorholen des ausgestellten Ski hebe ich ihn ab und ziehe das Bein wieder etwas näher, so daß das Skiende gekreuzt über dem anderen Skiende geführt wird. Beim Abstellen muß ich das Bein zuerst wieder seitlich ausschwenken, so daß das Skiende knapp neben dem andern Ski zu liegen kommt
Falscher Stockgriff, Hand rutscht ab	Innere Handfläche nicht oben auf den Stockgriff stützen, sondern den Stock wie gewohnt halten	Man möchte sich auf den Stock stützen (Alpinskifahrer verlängern mit diesem Griff ihre kurzen Stöcke), muß dabei aber bei jeder Stockbewegung den Griff wechseln und rutscht oft ab

9. Kapitel
Was der Langläufer auch können muß: Abfahren, Bremsen, Schwingen

Einführung

Langlaufen heißt auch Abfahrten sicher meistern. Viele Strecken sind durch entsprechenden Ausbau und maschinelle Präparierung – technisch einfacher geworden, so daß der Langläufer wesentlich höhere Geschwindigkeiten erreichen kann. In Wettkämpfen erreichen Langläufer auf kurzen Abfahrtsstrecken Spitzengeschwindigkeiten von über 60 km/h. Wichtig ist, daß wir sicher abfahren, keine Angst haben und nicht aus einer defensiven, verkrampften Fahrweise Stürze provozieren. Wir müssen deshalb auch die Möglichkeiten der Geschwindigkeitskontrolle, des Bremsens und der schnellen Richtungsänderungen kennen und beherrschen.
Wie im Straßenverkehr gilt auf den Langlaufski: Die Geschwindigkeit den Verhältnissen und dem eigenen Können anpassen.
Fahren und Schwingen sollen bewußt geübt werden. Warum nicht einmal bei griffigen, weichen Pistenverhältnissen mit den Langlaufski an den alpinen Skiübungshang und mit dem Lift hochfahren? Warum nicht einmal bei 10 cm Neuschnee den Vater aller Schwünge, den Telemark versuchen?

Abfahren

9

Grundstellung beim Abfahren

- Beide Ski werden gleichmäßig belastet. Dabei nimmt der Läufer eine ganz leichte Rükkenlage ein – das Hauptgewicht ruht dann auf den Fersen.

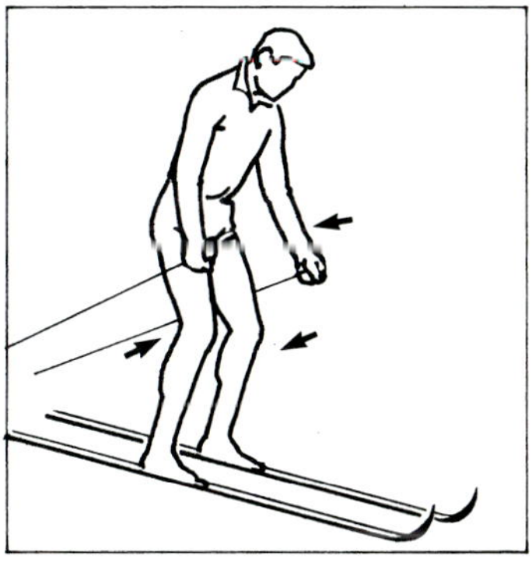

Grundstellung beim Abfahren: Lockere und entspannte Haltung, die Arme werden seitlich und etwas nach vorne gehalten.

• Die Skispitzen befinden sich auf gleicher Höhe oder sind leicht versetzt.
• Die Fußstellung entspricht – beim Abfahren in der Loipe – der Spurbreite. Beim Abfahren »ohne Spur« können die Ski in etwas breiterer Stellung geführt werden.
• Die Arme und Stöcke hält der Läufer seitlich etwas vor dem Körper. Die Stockspitzen zeigen nach hinten.

Tiefe Abfahrtsstellung – Hocke

Der Läufer muß eine Abfahrtshaltung finden, die dem Gelände und seiner körperlichen Verfassung entspricht. Denn Abfahrten bilden auch wichtige Erholungsmomente. Es muß also ein Kompromiß zwischen Geschwindigkeit, Können und Erholung gefunden werden.
• Die Ski und Pisten sind schneller, vom Material her die Unterschiede in der Abfahrtsgeschwindigkeit zwischen den Läufern kleiner geworden; dennoch kann mit guter Fahrtechnik in den Abfahrten viel Zeit gewonnen werden.
• Die Bremswirkung des Luftwiderstandes nimmt mit dem Quadrat der Geschwindigkeit zu. Es ist also wichtig, in welcher Position wir abfahren.
• Ideal wäre die volle Hocke mit gesenktem Kopf, aber sie birgt Gefahren.
• In Abfahrten müssen wir uns erholen können, besonders die Oberschenkelmuskulatur. In der tiefen Hocke wird sie jedoch zusätzlich belastet, auch das Atemvolumen ist eingeschränkt. In tiefer Hocke können wir auf Unebenheiten schlechter reagieren, das Sturzrisiko nimmt zu.
• Wir wählen also eine Kompromißhaltung, die die Oberschenkel entlastet, das Atemvolumen weniger einschränkt und zudem eine bessere Kontrolle der Fahrt gewährleistet.

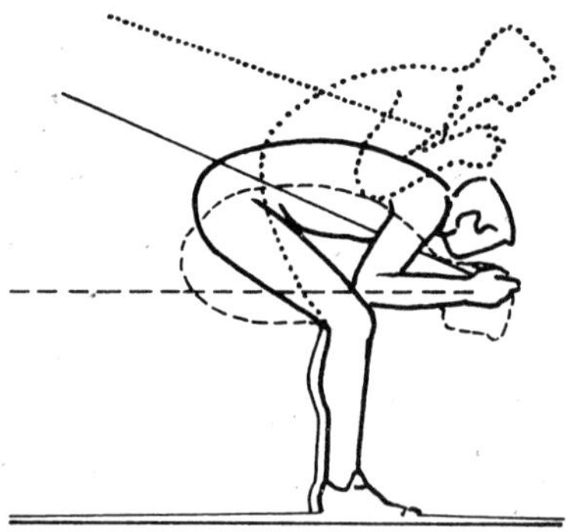

Vladimir Smirnov in perfekter Abfahrthocke

Mittlere Abfahrtsstellung auf Langlaufski, Ellbogen auf Knie aufgestützt, Bauchatmung möglich, Oberschenkel entlastet, Blick vorwärts auf Spur.
Hohe Stellung bei unübersichtlicher Abfahrt, Erholungsstellung, evtl. im Windschatten eines anderen Fahrers.
Hocke, schnell, aber starke Belastung der Oberschenkel, eingeschränkte Bauchatmung, Kopf tief, bei Blick auf Spur verkrampfte Nackenhaltung.

9

- **Warnung:** Vom Fahrtwind tränende, von der Sonne geblendete und vor Kälte zufrierende Augen sind schlechte Voraussetzungen für das sichere Bewältigen von Abfahrten. Das Tragen einer für den Langlauf geeigneten Schutz- oder Sonnenbrille ist deshalb empfehlenswert.

- Fahren wir die Abfahrt in Spuren, so ist eine aktive Skiführung in den Spuren wichtig. Der Ski soll links und rechts die Spurwände kaum berühren. Wir führen den Ski im Spurkanal wie einen Bob im Eiskanal.

Rechts: Abfahren in geöffneter Stellung verrät Unsicherheit und dient der Verringerung der Geschwindigkeit. Links: Abfahren in der Spur, in der Hocke.

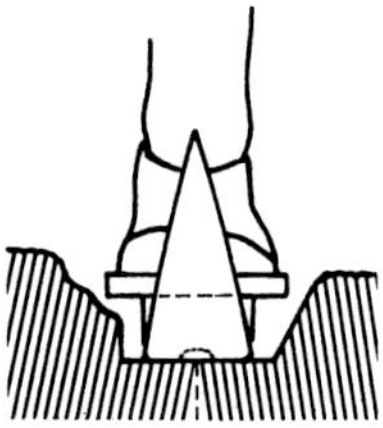

- Im Training, bei der Pistenbesichtigung und beim Skitesten sollten die Abfahrten auch einmal außerhalb der führenden Spur gefahren werden, um sicher zu sein, daß es in der Spur mindestens ebenso schnell oder schneller ist.
- Oft sind die viel gefahrenen Spuren langsamer als die gewalzte Piste daneben. Ob in der Spur oder neben der Spur abzufahren

Rechts: Kurvenfahren in der Spur: Körper in Kurvenrichtung eingedreht (LL-Technik). Links: Oberkörper ausgedreht (Alpin-Technik).

schwieriger ist, hängt von der Anlage der Abfahrt und den Schneeverhältnissen ab.

● Weitgezogene Kurven in den Spuren fahren wir mit schräggestellten Skiern und vorteilhaft mit etwas vorgeschobenem Außenski als Führungsstil.

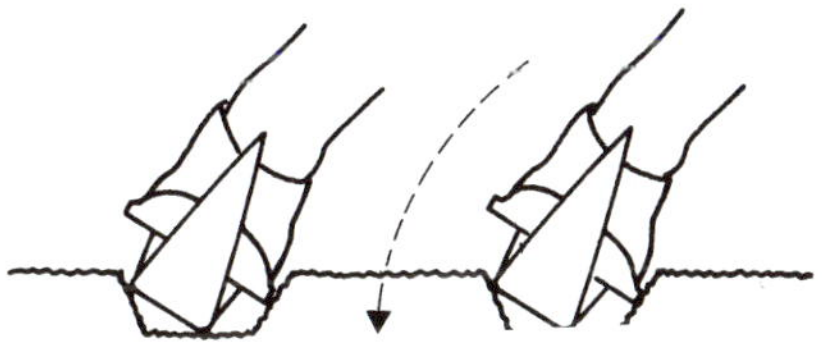

● Als gute Alpinskifahrer können wir aber auch versuchen, die alpine Kurvenfahrtechnik anzuwenden: Außenski belasten, Innenski leicht vorstellen und vor allem den Oberkörper in der Hocke aus der Fahrrichtung nach außen ausdrehen.

Bremsen

Die Geschwindigkeitskontrolle und Bremsen in Abfahrten sind besonders für Freizeitläufer oft ein Problem. Nur wer bremsen und anhalten kann, fährt sicher und angstfrei ab.
Mit dem Pflug oder dem einseitigen Pflug können wir unsere Geschwindigkeit sicher kontrollieren.

● Wer den Pflug sicher fährt, kann beim Abfahren die häufigsten Probleme meistern. Trotz der schmalen Ski – ohne Stahlkanten – muß der Langläufer diese wirkungsvolle Bremstechnik des Ausstemmens beherrschen. Voraussetzung für den Pflug ist ein sicherer Halt in der Bindung und eine Absatzplatte/Keil auf dem Ski, die ein Abrutschen der Ferse vom Ski verhindern.

● **Der Bewegungsablauf:** Aus der aufrechten Abfahrtshaltung mit parallel geführten Ski werden die Skienden auseinandergeschoben. Dabei verstärkt der Läufer den Druck der Fersen auf den Ski, unter gleichzeitigem Drehen der Unterschenkel nach außen. Die Knie sind in dieser Phase gebeugt. Die Skispitzen bleiben nahe beisammen. Bei der Drehung nach außen werden die Ski gleichzeitig aufgekantet.
Je größer der Öffnungswinkel ist und je stärker das Aufkanten, um so besser ist die Bremswirkung.
Das Körpergewicht verteilt man gleichmäßig auf beide Ski. Der Läufer hat in dieser Stellung eine leichte Rücklage. Das Aufkanten der Ski wird durch mehr oder weniger starkes Zusammendrücken der Knie gesteuert. Die Bremswirkung kann durch Vergrößerung oder Verkleinerung des Öffnungswinkels und Aufkanten oder Flachstellen der Ski variiert werden.

9

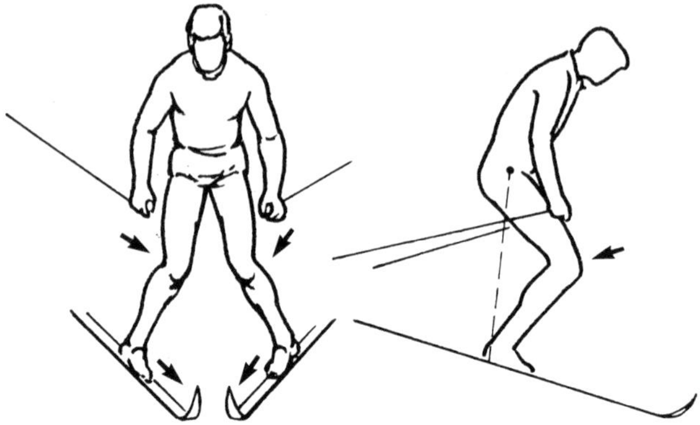

Skienden auseinanderschieben und gleichmäßigen Druck auf beide Ski bringen

- **Der einseitige Pflug:** In einer präparierten und harten Spur ist der Pflug manchmal nur schwierig oder auch gar nicht auszuführen. Hier bietet sich der einseitige Pflug an. Bei dieser Technik wird nur ein Ski aus der Spur gehoben und ausgestemmt; der andere Ski behält die Spurführung bei. Auf diese Weise ist eine Kontrolle der Geschwindigkeit möglich, ohne die Spur ganz zu verlassen. Der einseitige Pflug findet auch bei Schräghangabfahrten Anwendung. Dabei stemmt der Läufer den Talski aus und belastet ihn stärker.
- Eine Bremswirkung erzielt man auch, wenn man die seitlich gehaltenen Stöcke im Schnee schleifen läßt oder auch etwas mehr Druck auf die nachschleifenden Stöcke ausübt.

Schwingen

Für den Langläufer gilt das gleiche wie für den Alpinfahrer. Es muß allerdings die besondere Ausrüstung beachtet werden.

- Der Langläufer sollte normalerweise nicht in starker Rücklage schwingen, denn er hat nicht die Möglichkeit, sich – wie beim alpinen Skilauf – an einem steilen und hohen Schuhschaft anzulehnen.
- Die Ski sind gleichmäßig zu belasten.
- Langlaufski besitzen keine Stahlkanten. Außerdem ist der Schuh nur an der Spitze fixiert. Für schwierige Schneeverhältnisse sind das ungünstige Voraussetzungen.
- **Der Pflugbogen**

soll von jedem fortgeschrittenen Langläufer beherrscht werden. Voraussetzung dafür ist die Technik des Pflugs. Aus der Pflugfahrt wird das Körpergewicht stärker auf den bogenäußeren Ski verlegt. Gleichzeitig beugt der Läufer mehr das bogenäußere Knie und neigt den Oberkörper nach außen. Durch einen betonten Druck mit dem Absatz unterstützt man die Drehbewegung des Außenskis. Der Innenski dreht unbelastet in Stemmstellung mit. Die Stöcke werden dabei schräg nach hinten gehalten.

- **Der Grundschwung**

Diese Form des Schwingens stellt eine Kombination aus Pflugbogen und Parallelschwung dar. Die Richtungsänderung wird durch ein Ausstemmen des bogenäußeren Ski eingeleitet. Er wird zuerst unbelastet in Stemmposition gebracht und dann belastet. Anschließend folgt der Stockeinsatz (innen) mit gleichzeitigem Hochgehen des Körpers und das parallele Heranziehen des zweiten Ski. Durch gleichmäßigen Fersendruck auf beide Ski schiebt man sie noch weiter nach außen – je nach Größe des Bogens. Die Stöcke sind bei diesem Schwung eine wichtige Dreh- und Stützhilfe.

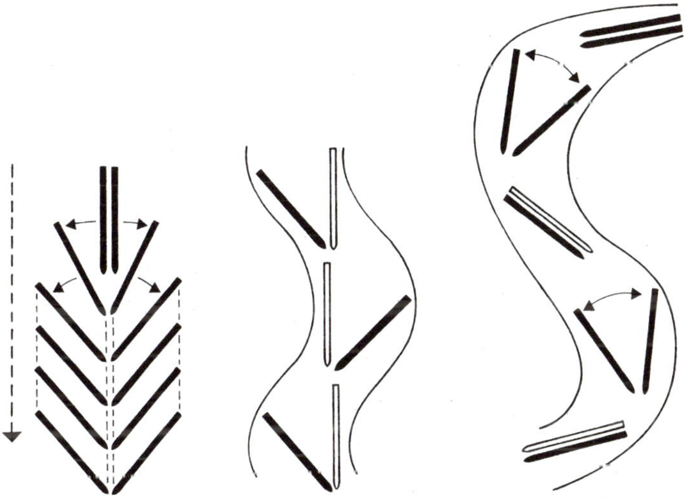

Pflug **Pflugbogen** **Grundschwung**

- **Parallelschwung**

Die Schwungauslösung durch »Hochentlastung« beginnt mit einem Stockeinsatz neben dem Innenski. Dabei geht der Körper tiefer. Nach dem Stockeinsatz wird der Körper aufgerichtet. Die entlasteten Skienden bringt man durch eine Streckung im Knie mit Fersendruck zur Richtungsänderung. Im folgenden Tiefgehen belastet man die Ski wiederum. Nach dem Stockeinsatz – auf der anderen Seite – folgt der nächste Schwung. Lässige oder ungenaue Schwungausführung bringen den Langläufer meistens zum Stürzen. Denn die Übertragung der Drehkräfte auf die Ski ist nicht so optimal wie bei einer Alpinausrüstung. Wichtig ist eine ständige Kontrolle der Skiführung.

10. Kapitel
Die Skatingtechnik

Einführung

Unter Skatingtechnik verstehen wir im Skilanglauf alle Bewegungsformen des Schlittschuhschrittes; man könnte auch von der Schlittschuhschrittechnik sprechen.
Der SSS mit seiner seitlichen Beinabstoßbewegung ist die altbekannte Bewegungsform (mit oder ohne Stöcke) aus dem Alpinskifahren, Schlittschuhlaufen und Skilanglauf.

- Unter einem Schlittschuhschritt (SSS) verstehen wir den Bewegungszyklus: Beinabstoß auf einem Ski – Gleiten auf dem andern Ski – Beinabstoß auf diesem – Gleiten auf dem ersten Ski – usw. Der Ausdruck beidseitiger SSS ist also unnötig.
- Die genauen Beschreibungen der Bewegungsformen sind zu lang. Für die Anwendung im praktischen Alltag sind Kurzbezeichnungen notwendig: z. B. für den SSS mit Doppelstockschub auf jeden Beinabstoß hat sich die Kurzbezeichnung »eins-eins« eingebürgert.
- Grundsätzlich kennen wir im Skilanglauf **Formen mit und ohne Stockeinsatz.**
- Wir unterscheiden **symmetrische und asymmetrische, einseitige Formen.**
- Mit den asymmetrischen Skatingformen taucht im Skilanglauf das Problem der **Beidseitigkeit** auf.
- Die Anwendungsformen im Wettkampf sind individueller geprägt und stärker von den Verhältnissen abhängig als beim Diagonalschritt.
- Der Doppelstockschub aus der klassischen Technik ist eine grundlegende Bewegungsform in der Skatingtechnik.
- Daß der Halbschlittschuhschritt als erste Bewegungsform aufgeführt wird, hat eher historische als technische Bedeutung. Mit dem Siitonen wurden im Langlauf der seitliche Abstoß eingeführt und die Skatingtechnik begründet. Von der Bewegungsstruktur her gibt es einen entscheidenden Unterschied zum SSS: Die Bewegung ist einseitig, es erfolgt keine vollständige Gewichtsverlagerung.

● In der Skatingtechnik sind die individuellen Gestaltungen der Bewegungsformen und die Unterschiede zwischen aufeinanderfolgenden Bewegungen viel größer als beim Diagonalschritt.

Die Hauptbewegungsformen der Skatingtechnik
1) Halbschlittschuhschritt (Abstoß links); »Siitonen«
2) SSS mit Doppelstockstoß auf jeden Beinabstoß; »eins-eins«, auch Eintakter genannt
3) SSS ohne Stockeinsatz, evtl. in Eisschnellläuferstellung
4) SSS mit Doppelstockstoß auf jeden zweiten Beinabstoß (Abstoß rechts); »eins-zwei«, auch symmetrischer Zweitakter genannt

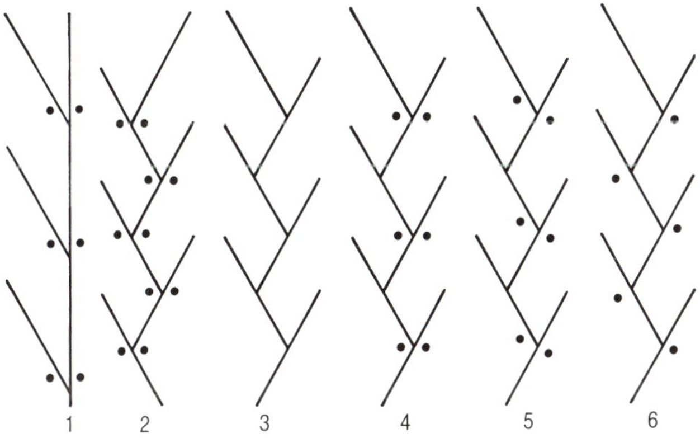

5) Asymmetrischer SSS mit versetztem Stockeinsatz (Abstoß rechts, Führungsarm links); »asymmetrischer SSS«, auch Zweitakter oder nach dem Norwegischen »Paddeln« genannt
6) SSS mit wechselseitigem Stockeinsatz; »Diagonalschlittschuhschritt«

● Wenn wir die grundlegenden Bewegungsfähigkeiten und -fertigkeiten betrachten, so bildet die gesamte Langlauftechnik (Diagonalschritt und SSS) nach wie vor eine Einheit:
- Gleichgewicht
- Gleiten auf einem Ski (dynamisches Gleichgewicht)
- Gewichtsverlagerung
- Koordination der Bein- und Armbewegungen
- Rhythmisierung der Bewegungen

Aus diesem Grund ist es falsch, beim Techniktraining des Anfängers die klassische und Skatingtechnik zu trennen.
Fortgeschrittene Diagonalschrittläufer müssen bei der Skatingtechnik nicht bei Null anfangen.

Eins-eins – SSS mit Doppelstockschub auf jeden Beinabstoß

Diese symmetrische Bewegungsform kann als Grundform der Skatingtechnik angesehen werden. Aus ihr lassen sich die meisten anderen und häufiger verwendeten Formen ableiten. In der Praxis steht dabei diese Form meistens nicht am Anfang des Lernweges, weil sie relativ schwierig ist.

- Dem Anfänger fehlt das Gleichgewicht, er wird nicht genügend lang auf einem Ski gleiten können, um auf jeden Beinabstoß einen Doppelstockschub ausführen zu können. Er bricht zur Erhaltung des Gleichgewichts die Gleitphasen frühzeitig ab, die Stöcke sind noch nicht wieder vorgeschwungen und für einen Doppelstockschub bereit, also führt er den nächsten Beinabstoß etwas rascher, weniger stark und ohne Doppelstockschub aus. Er wird nur seine stärkere Seite betonen, also einseitig werden.
- Um diese Einseitigkeit von Anfang an zu unterbinden und das Gleiten auf einem Ski zu üben, kommt dem »eins-eins« mit und ohne Stockeinsatz eine große Bedeutung zu.
- Im Wettkampf wird der »eins-eins« in der Ebene und vermehrt auch in leichten Steigungen und zum Beschleunigen eingesetzt, ebenso ist es eine wirkungsvolle Endspurtform.

Erste Grundstellung – Vorbereitungsphase (Gleitski links)
Der Läufer gleitet in aufrechter Körperhaltung auf dem Gleitski. Die leicht angewinkelten Arme halten die Stöcke in Vorhaltstellung einsatzbereit. Der abgehobene Ski ist dicht beigezogen und wird in einer runden Bewegung am Gleitbeinschuh vorbei in die neue Ausgleitrichtung geführt. Die Schuhe berühren sich dabei fast, die Skienden kreuzen sich.

Erste Arbeitsphase (Abstoß links)
Der Doppelstockeinsatz erfolgt mit leicht gebeugten Armen, der Oberkörper beugt sich mit voller Kraft ab.
Der Beinabstoß beginnt nach dem Stockeinsatz.
Vom leicht auf die Innenkante gekippten, weitergleitenden Abstoßski erfolgt der kräftige Abstoß, zuerst mit Druck über die Ferse, bei zunehmender Beinstreckung über die Fußballen.
Das Körpergewicht wird immer mehr auf den erst nach Beginn des Beinabstoßes nach vorne gleitend aufgesetzten Gleitski verlagert.
Die Stockarbeit ist ausgeführt, bevor der Beinabstoß mit gestrecktem Bein beendet wird.

Erste Gleitphase (rechts)
Der Abstoßski wird abgehoben, der Oberkörper richtet sich auf. Das ganze Körpergewicht wird vom Gleitbein getragen, und der Läufer gleitet auf dem Gleitski.
Der Arm-/Stockvorschwung erfolgt nahe am Körper synchron mit dem Beinbeizug. Der Ski wird möglichst dicht über der Schneeoberfläche beigezogen.

Zweite Grundstellung – Vorbereitungsphase (Gleitski rechts)
(kein Bild in Bildreihe)
Zweite Arbeitsphase (Abstoß rechts)
Zweite Gleitphase (links)
Neue Grundstellung-Vorbereitungsphase (Gleitski links)
Der Zyklus eines SSS ist damit beendet.

Bewegungsablauf und Phasen des SSS mit Doppelstockschub auf jeden Beinabstoß. Die Bildreihe zeigt Giachem Guidon (SUI) in einer leichten Steigung, deshalb sind die Gleitphasen relativ kurz.

Vegard Ulvang (Norwegen) im Staffellauf-Endspurt – noch – vor Torgny Morgren (Schweden)

Anpassung der Bewegungsausführung ans Gelände und die Gleitverhältnisse

- Je schneller in der Ebene, desto kleiner der Öffnungswinkel, desto längere Gleitphase.
- Bei schlechten Gleitverhältnissen oder zum Beschleunigen Bewegungsfrequenz erhöhen, d. h. Gleitphase verkürzen und Beinabstoß vorzeitig beenden.
- In leichten Anstiegen den Öffnungswinkel vergrößern und die Bewegungsfrequenz erhöhen.

Checkliste der Hauptfehler und Korrektur

Fehler	Korrektur	Warum
 Ski zu hoch abgehoben, Oberkörper lehnt nach außen	Gleichgewichtstraining, Gleiten auf einem Ski, Oberkörper senkrecht auf Gleitski halten	Fehlendes Gleichgewicht, Anheben der Skispitze, weil spitzlastig, Oberkörper lehnt nach außen, um Beinbeizug zu »unterstützen«

Fehler	Korrektur	Warum
Zu kurze Gleitphase	Gleichgewichtstraining, Ski flach führen, kleineren Öffnungswinkel, mehr Krafteinsatz	Fehlendes Gleichgewicht, Ski ist auf Innenkante gestellt, Geschwindigkeit zu gering
Koordination Arm-/ Beinbewegung stimmt nicht	Höhere Bewegungsfrequenz, länger gleiten, weniger weit ausstoßen	Arme sind zu spät vorne
	Stöcke weiter ausstoßen, bewußt synchron mit Beinbeizug vorschwingen	Arme sind zu früh in Vorhaltestellung

SSS ohne Stockeinsatz

In der Schulung der Skatingtechnik wird beim Anfänger und Fortgeschrittenen viel ohne Stöcke gearbeitet zur Verbesserung des Gleichgewichts, des Gleitens auf einem Ski, der rhythmischen Um-

Beidseitigkeit beim Skaten ist das Ziel

10

Jeder hat eine stärkere und eine schwächere Seite. Letztere ist verstärkt zu trainieren.

steigebewegung beim Beinabstoß und der Gewichtsverlagerung. Die Körperstellung geht von hoch bis sehr tief.

- In der Anwendung, im Wettkampf werden die Stöcke natürlich mitgetragen, kommen aber nicht mit Doppelstockschüben zum Einsatz.
- Bei schnellen Verhältnissen wird der SSS ohne Stockeinsatz in der Ebene und in leicht fallendem Gelände zur Erhaltung der Geschwindigkeit und gleichzeitigen Erholung der Arme eingesetzt.

Eisschnelläuferstellung

Die Stöcke werden unter die Arme geklemmt oder auf Hüfthöhe waagerecht an den Körper gepreßt. Die Körperstellung ist besonders in der Beinabstoßphase tief, der Öffnungswinkel klein und die Gleitphase möglichst lang.

- In Abfahrten, die etwas langsam sind, so daß zusätzlich mit SSS beschleunigt werden muß, ist die Stellung sehr tief, fast eine Hocke, um den Luftwiderstand zu verringern. Doch oft wäre es taktisch geschickter, einfach in der Hocke zu bleiben und sich zu erholen.
- In Sprintrennen, in sehr schnellen Situationen, zum Beispiel beim Endspurt oder bei der Startbeschleunigung in leicht fallendem Gelände, schwingen die Arme und Stöcke aktiv beschleunigend im Diagonalrhythmus mit, genau wie beim Eisschnelläufer die Arme am Start mitschwingen.

Diese Form verlangt sehr viel freien Raum und kann andere Loipenbenützer oder Mitkonkurrenten gefährden.

Eins-zwei – SSS mit Doppelstockschub auf jeden zweiten Beinabstoß

Beim ungeschulten Skater und beim Anfänger tritt diese Bewegungsform als einseitige Bewegung mit asymmetrischer Beinarbeit ganz natürlich auf.

- Jeder hat eine stärkere/bessere Seite. Der Doppelstockschub erfolgt auf den Beinabstoß des kräftigeren Beines, die Gleitphase des schwächeren Beines muß wegen Gleichgewichtsproblemen abgebrochen werden, der Beinabstoß ist schwächer, der Läufer setzt den Doppelstock immer nur auf der stärkeren Seite ein, wird damit auf dieser Seite noch stärker und einseitig. Viele können nicht einmal den Doppelstockschub zusammen mit dem schwächeren Bein ausführen, d. h. sie können die Seite nicht wechseln.

- Die Beidseitigkeit ist mit dem »eins-eins« oder mit bewußt regelmäßigen Seitenwechseln zu üben und zu verbessern.

- Als Kurzbezeichnung dient »eins-zwei« (ein Doppelstockschub auf jeden zweiten Beinabstoß). Oft hört man auch in gleicher Bedeutung »zwei-eins«.

- Der eins-zwei dient der Erhaltung der hohen Geschwindigkeit in der Ebene oder in leicht fallendem Gelände.

10

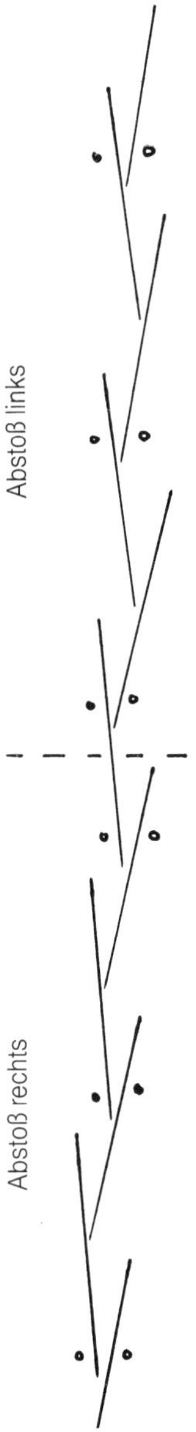

Bewegungsablauf und Phasen des eins-zwei in der Ebene

Erste Grundstellung und Vorbereitungsphase

Die Grundstellung und Vorbereitung auf den Beinabstoß mit Doppelstockschub entspricht derjenigen des »eins-eins«.

Erste Arbeitsphase

Sie gleicht der Arbeitsphase des »eins-eins«.

Erste Gleitphase

Sie entspricht der Gleitphase des »eins-eins«, nur wird der Arm- und Stockvorschwung verzögert; die Stöcke werden nicht in die Vorhaltestellung gebracht.

Zweite Grundstellung und Vorbereitungsphase

Der Beinbeizug erfolgt wie beim »eins-eins«.
Die Arme und Stöcke bleiben neben dem Körper.
Der Ski wird möglichst im gleichen Winkel ausgeschert wie der erste Gleitski; meistens werden es wenige Grade mehr sein.

Zweite Arbeitsphase

Der Doppelstockschub entfällt.
Der Beinabstoß sollte so stark wie der andere sein.
Die Arbeitsphase ist zeitlich kürzer.

Zweite Gleitphase

Da ohne Doppelstockschub die Beschleunigung kleiner ist, fällt die Geschwindigkeit ab, die Gleitphase wird kürzer. Der nächste Beinabstoß muß früher erfolgen.
Das Bein wird beschleunigt beigezogen, und die Arme führen die Stöcke in die gewohnte Vorhaltestellung und bereiten den Doppelstockschub vor.

Seitenwechsel

Seitenwechsel bedeutet, den Doppelstockschub nicht immer auf das gleiche Abstoßbein (Abstoßseite) auszuführen.

- Wir können auf 3 Arten die Seite wechseln:
  - Wir fangen auf der schlechteren Seite an, gehen über zu einigen »eins-eins« und fahren dann auf der besseren Seite weiter.
  - Wir führen 2 Beinabstöße ohne Stockeinsatz aus, und beim dritten Beinabstoß erfolgt der nächste Doppelstockschub, d. h. wir haben die Seite gewechselt.

– Wir nehmen einen direkten Seitenwechsel über einen verkürzten »eins-eins« vor, d. h. Doppelstockschub auf eine Seite und sofort Doppelstockschub auf das andere Abstoßbein. Dieser direkte Wechsel ist wichtig als Training für den Seitenwechsel im Wettkampf.

- **Ziel: Beidseitigkeit durch Seitenwechsel**
- Mit den Seitenwechseln ist auch ein Training der Beinabstöße mit und ohne Doppelstockschub verbunden. Der Beinabstoß links und rechts sollte möglichst gleich gut und kräftig sein (symmetrische Beinarbeit).

Asymmetrischer SSS SSS mit versetztem Stockeinsatz

Für viele ist der asymmetrische SSS noch die Hauptbewegungsform der Skatingtechnik. In der Ebene sollte der asymmetrische SSS nicht mehr angewendet werden. Aber bei unebener Loipe und Müdigkeit fällt er leichter als der eins-eins.
Je kleiner der Anteil des »Asymmetrischen«, desto besser ist der Läufer technisch, was aber noch nichts über das Ergebnis aussagt.

- Keine Bewegungsform im Skilanglauf zeigt so große individuelle Varianten und Veränderungen durch die Anpassung ans Gelände und die Strecke wie der asymmetrische SSS.

Merkmale der Bewegungsstruktur
- Beinbewegung ist eine asymmetrische Schlittschuhschrittbewegung mit einem **Hauptabstoßbein** und einem **Hauptgleitbein**.

Versetzter Doppelstockschub unterstützt das Gleiten auf dem Führungsarmski und das Vorholen des Abstoßskis.

10

7 6 5

● Die Begriffe Hauptabstoßbein und Hauptgleitbein sind heute umstritten und gelten nur bei einer betont asymmetrischen Ausführung der Bewegung. Die Führungsarmseite wird oft auch als starke Seite, die Seite des schräg eingesetzten Stockes als schwache Seite bezeichnet.
● Die Ausscherwinkel und die Gleitlängen des Hauptabstoß- und Hauptgleitskis unterscheiden sich wenig bis stark, je nach Gelände und individueller Ausführung.
● Die Stockarbeit ist nicht mehr ein Doppelstockschub. Die Stöcke werden zeitlich und räumlich versetzt eingesetzt. Es werden der zuerst (auf der Seite des Hauptabstoßbeines) und schräg vor dem Körper eingesteckte **Abstoßstock** und der später und weiter vorne (neben dem Hauptgleitbein) eingesteckte Stock des vorgreifenden **Führungsarmes** unterschieden.
● Bei ausgeprägt versetzter Stockarbeit zeigt die Arm- und Oberkörperbewegung eine Bewegungsverwandtschaft mit dem Paddeln (Stechpaddel).

Bewegungsablauf (Bild um Bild)
Leichte Steigung, mittlere Geschwindigkeit (ca. 18 km/h), relativ kurze Stöcke (88%)
1) Die Läuferin hat beide Stöcke nach hinten ausgestoßen und verzögert den Vorschwung etwas.
Der Beinabstoß vom gleitenden Hauptgleitski (rechts) hat bereits begonnen, der Hauptabstoßski (links) ist noch abgehoben und wird in die neue Ausgleitrichtung ausgeschert und schwungvoll weit nach vorne in den Schnee gebracht.

4 3 2 1

Der gesamte Bewegungsablauf in Einzelphasen

2) Die Arme schwingen die Stöcke vor. Der Beinabstoß wird auf dem Fußballen bei voller Beinstreckung beendet. Das Körpergewicht ist praktisch ganz auf den gleitenden Hauptabstoßski verlagert.
3) Reine Gleitphase, die Arme schwingen versetzt nach vorne, der Abstoßski wird abgehoben, beigezogen, vorgeführt und in neuer Richtung ausgeschert.
4) Hauptarbeitsphase: Der gleitende Hauptabstoßski ist auf die Innenkante gekippt, der Beinabstoß hat begonnen.
Gleichzeitig beginnt die kräftige Armarbeit mit dem schräg vor dem Körper, auf Fußhöhe dicht am Ski eingesetzten Stock. Der Führungsarm greift weit nach vorne, der Stockeinsatz ist noch nicht erfolgt. Der Hauptgleitski wird erst jetzt weit nach vorne schiebend aufgesetzt.
5) Der Beinabstoß ist beendet, der Ski wird bereits abgehoben, während der schräg geführte Stock noch weiterarbeitet. Die Läuferin geht tief, das Körpergewicht ruht auf dem gebeugten Gleitbeinknie. Der Führungsarm arbeitet kräftig in der Richtung des Gleitskis.
6) Der Abstoßski ist abgehoben und wird bei- und vorgeholt, unterstützt durch die letzte Phase der Stockarbeit. Die Arbeit des weiterarbeitenden Führungsarmes dient zur Erhaltung der Gleitgeschwindigkeit. Beinabstoß vom gleitenden Ski setzt ein.
7) Der Bewegungszyklus des asymmetrischen SSS ist beendet.

Ausführungsvarianten

- Von der Bewegungsfrequenz her können wir zwei Varianten unterscheiden:

1. niedrige Frequenz, hohe Körperstellung, relativ lange Stöcke

Obere Bildreihe: Andy Grünenfelder (SUI) im Training in einer leichten Steigung

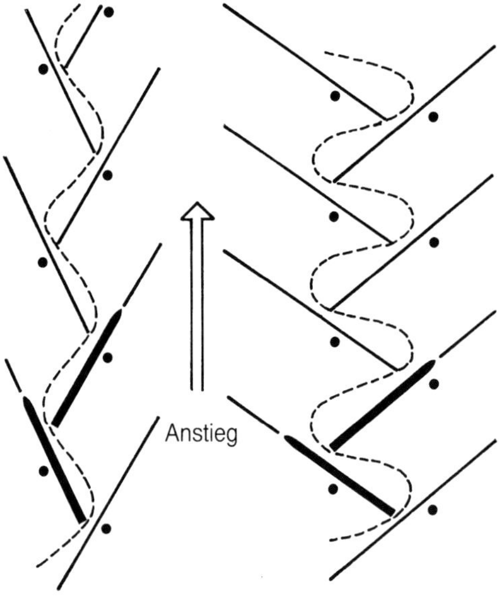

Links: Bildreihe von oben nach unten – H. Kempf, Olympiasieger Nord. Komb. 1988 in einer sehr breiten Form des asymmetrischen Schlittschuhschritts

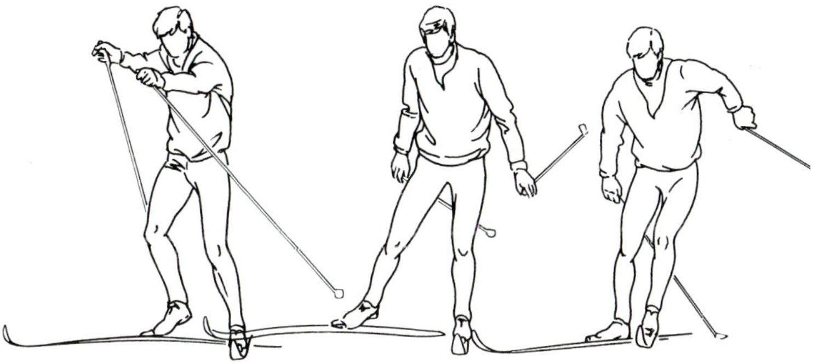

(88% und mehr), ruhige Bewegungen, lange Gleitphasen, Beinarbeit wenig asymmetrisch (Gunde Svan).
2. hohe Frequenz, tiefere Körperstellung, relativ kurze Stöcke (weniger als 88%), hastige, explosive Bewegungen, Gleitphasen werden abgebrochen, Beinarbeit asymmetrisch, eine Art Spurtform (Maurillio De Zolt).
● Von der Stockführung her gibt es auch Unterschiede, nicht nur geländebedingt:
- Stöcke werden sehr stark versetzt, ausgeprägter Führungsarm;
- breite Stockführung
- enge Stockführung, Stock auf Hauptabstoßbeinseite schräg vor dem Körper geführt.
- Stöcke wenig versetzt, praktisch beinahe ein Doppelstockschub.

Anpassen an das Gelände und die Strecke
Der asymmetrische SSS ist die Bewegungsform in den Anstiegen, für quergeneigte Loipen und Richtungsänderungen in Steigungen. In der Ebene sollte der asymmetrische SSS nur bei sehr langsamen Gleitverhältnissen zur Anwendung kommen.

Möglichkeiten für Anstiege:
1. Möglichkeit:
● Sehr hohe Bewegungsfrequenz und Beibehaltung eines möglichst kleinen Öffnungswinkels. An die Stelle einer eigentlichen Gleitphase tritt das weite Vorhochstellen des Skis, verbunden mit einer guten Hüftstreckung des vorgestellten Stand-Gleitbeines. Die Bewegung muß kräftig, rhythmisch und schnell ausgeführt werden. Teilweise wird diese Form so explosiv ausgeführt, daß die Beinabstöße schrittsprungartig gehüpft werden.
2. Möglichkeit:
● Bei sehr guten Gleitverhältnissen kann die Bewegung etwas ruhiger, mit größerem Öffnungswinkel, längerer Gleitphase und betonterer »Paddelbewegung« des Oberkörpers und der Arme ausgeführt werden. Es entsteht eine Art rhythmische Zick-Zack-Bewe-

10

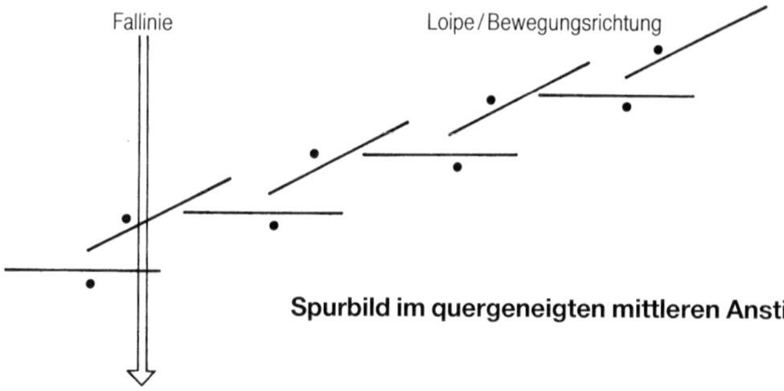

Spurbild im quergeneigten mittleren Anstieg

gung den Anstieg hinauf. Auch dabei ist die Beibehaltung der Geschwindigkeit oberstes Gebot.

Quergeneigte Loipe (flach und steigend)
Der bergseitige Arm muß immer Führungsarm sein.
- Der Talski als Hauptabstoßski wird fast horizontal geführt, so daß ein kräftiger Abstoß, der den Läufer nach oben bringt, möglich ist.
- Der Berg- und Hauptgleitski gleitet in leichten Anstiegen in der Loipenrichtung, in steileren Anstiegen mehr horizontal, so daß eine Gleitphase möglich ist.

Richtungsänderung
Richtungsänderungen in Steigungen werden im asymmetrischen SSS durchgelaufen.
- Der kurveninnere Arm muß der Führungsarm sein.
- Das kurvenäußere Bein ist das Hauptabstoßbein und beschleunigt den Läufer in der geänderten Richtung.
- Der Kurveninnenski muß verstärkt in die neue Richtung ausgeschert, der Außenski so parallel wie möglich beigezogen werden.

Seitenwechsel
Seitenwechsel bedeutet Wechsel des Führungsarmes und des Hauptabstoßbeines.
- Der asymmetrische SSS mit versetztem Stockeinsatz ist eine einseitige, asymmetrische Bewegung mit einseitiger Belastung des Bewegungsapparates.
- Viele Skater können die Seite nicht wechseln, sie haben es nie gelernt und immer nur ihre stärkere Seite trainiert; sie sind einseitig (sogar an der Muskulatur feststellbar).
- Da der asymmetrische SSS bei Richtungsänderungen und auf quergeneigten Loipen (Schräghang) angepaßt werden muß, kann nur derjenige technisch richtig laufen, der die Seite wechseln kann.

Das Ziel des Techniktrainings muß Beidseitigkeit und problemloser Seitenwechsel sein.

Seitenwechsel

Im Wettkampf ist ein rascher, problemloser Wechsel des Führungsarmes unabdingbar. Hier ist der direkte Wechsel verlangt:

- Der Führungsarm bricht seine Arbeit frühzeitig ab und wird in der gleichen Gleitphase zum schräg eingesetzten Abstoßarm.
- Es werden also zwei Stockstöße vom gleichen Arm (als Führungsarm, dann als Abstoßarm) auf der gleichen Seite ausgeführt.
- In der Ebene oder in leichten Anstiegen wird die Gleitphase des Hauptgleitskis, der sofort zum Hauptabstoßski wird, etwas verlängert, damit mehr Zeit bleibt für die zwei Armstöße.
- In steilen Anstiegen muß der Wechsel, d. h. die zwei Stockstöße auf der gleichen Seite, blitzschnell erfolgen.

Checkliste der Hauptfehler und Korrektur

Fehler	Korrektur	Warum
Zu breite Stockführung	Stöcke nah am Körper vorschwingen, nahe an den Ski einsetzen, Abstoßstock schräg vor Körper zum Einstich führen	Stöcke sind nicht seitliche Stützen, sondern sollen in Bewegungsrichtung wirken
Zu kurze Gleitphase, Ski immer auf Innenkante, kraftlose Bewegung	Ski flach führen, Öffnungswinkel verkleinern, Ski dichter beiziehen und aktiv vorstellen, Krafteinsatz erhöhen	Auf der Innenkante gleiten Ski schlecht, Bewegung muß dynamisch sein
Zu tiefe, sitzende Körperstellung, vor allem in Anstiegen, zu großer Öffnungswinkel	Körper aufrichten, Hüfte nach vorne, evtl. längere Stöcke, Öffnungswinkel verkleinern, Ski dichter unter den Körper beiziehen	Gewichtsverlagerung wird erschwert, der Beinabstoß wird verkürzt und weniger wirkungsvoll
Ich bleibe im Anstieg »stecken«	Bewegungsfrequenz erhöhen, Winkel klein halten, mit mehr Schwung an- und durchlaufen, kräftiger abstoßen, evtl. zum Diagonalschlittschuhschritt übergehen	Minimalgeschwindigkeit wird unterschritten, Krafteinsatz zu gering

10

Fehler	Korrektur	Warum
Seitenwechsel klappt nicht	schlechtere Seite mehr trainieren, zuerst Wechsel von schlechter auf gute Seite versuchen	Beidseitig werden

1
2
3
4
5
6

Diagonalschlittschuhschritt – SSS mit wechselseitigem Stockeinsatz

Der Diagonalschlittschuhschritt ist ein SSS mit wechselseitigem Stockeinsatz. Er beginnt eigentlich als ausgesprochene Paßgangbewegung (Stockeinsatz und Beinabstoß auf der gleichen Seite), geht aber dann über in eine klare Diagonalbewegung.

- Ursprünglich viel mehr, auch in der Ebene, verwendet, wird diese Bewegungsform heute zu Unrecht etwas abschätzig als »Damenschritt« bezeichnet, weil sie vor allem von Rennläuferinnen in steileren Anstiegen eingesetzt wird.
- Für viele Freizeitläufer ist es die einzige Möglichkeit, um überhaupt längere und steilere Anstiege hinaufzuskaten. Nur wird er zu wenig trainiert und schlecht ausgeführt.

Bewegungsausführung
Ohne eine Rhythmisierung der Bewegung und ohne einen betonten Einsatz der Hüften bei der Gewichtsverlagerung und dem Vorschieben des Gleitbeines ist der Diagonalschlittschuhschritt nicht wirkungsvoll einzusetzen.
Eine weitere Voraussetzung sind eine hohe Körperstellung und möglichst kleine Ausscherwinkel.

Bewegungsablauf (2,5 Bilder/Sekunde)
Diagonalschlittschuhschritt in leichtem Anstieg:
1) Der Beinabstoß auf dem stark aufgekanteten, zum Stillstand kommenden Abstoßski

und der Stockeinsatz auf der gleichen Seite erfolgen gleichzeitig. Der Gleitski wird bewußt sehr weit vorhochgeführt, ausgeschert und flach aufgelegt. Der andere Arm schwingt nach hinten aus.

2) Der Beinabstoß ist beendet, der Ski wird abgehoben und vorgeholt.

Der Stock stößt weiter nach hinten und unterstützt die volle Gewichtsverlagerung auf den vorgleitenden Ski und die Vorholbewegung. Typisch für den Diagonalschlittschuhschritt ist das betonte Seit-Vorschieben der Hüfte. Der andere Arm/Stock schwingt vor.

3) Stock- und Beinabstoß auf der anderen Seite. Der alte Abstoßski wird ausgeschert weit vorhochgestellt. Der erste Stockstoß ist beendet.

4) Typische Seit-Vorbewegung der Hüfte zur Verlagerung des Körpergewichts auf den Gleitski. Das Abstoßbein ist voll gestreckt, die Stockarbeit geht noch weiter.

5) Der Läufer gleitet auf dem Gleitski. Der Abstoßski wird dicht über dem Schnee vorgeholt, der ausgestoßene Arm/Stock beendet die Stockarbeit, der andere Arm/Stock schwingt vor.

6) Wie 1). Der Bewegungszyklus beginnt von neuem.

Checkliste der Hauptfehler und Korrektur

Fehler	Korrektur	Warum
»Sitzende« Stellung und zu großer Öffnungswinkel	Aufrichten, Hüfte nach vorne, Ski wenig ausscheren, höhere Frequenz, um Geschwindigkeit zu erhalten	Körperstellung muß hoch sein, damit Ski unter dem Körper beigezogen werden können, bei Verlangsamung wird Winkel immer größer
Stillstand in steilem Anstieg – Grätenschritt als Lösung	Frequenz erhöhen, Rhythmus suchen, Ski weit vorhochstellen, kleiner Ausscherwinkel	Geschwindigkeit darf nicht so gering werden, daß keine Gleitphase mehr möglich ist

10

Halbschlittschuhschritt

Die Grundbewegung beim Siitonen ist der seitliche Abstoß auf dem ausgescherten und ausgleitenden Abstoßski, kombiniert mit einem gewöhnlichen Doppelstockschub, während der Läufer auf dem Gleitbeinski in der Spur gleitet.

- Es ist eine einseitige Bewegung.
- Der Halbschlittschuhschritt belastet die Muskulatur des Gleitbeines, insbesondere die Oberschenkelmuskulatur, bis an die Grenze der Leistungsfähigkeit:
  - Schon gegen Ende der Beinabdruckphase verrichtet die Oberschenkel- und Gesäßmuskulatur des Gleitbeins in ungünstiger, tiefer Stellung (Hebelverhältnisse) schwere Halte- und Aufrichtearbeit.
  - Anschließend trägt sie das gesamte Körpergewicht und verrichtet gleichzeitig noch Arbeit zur Erhaltung des Gleichgewichts auf dem gleitenden Ski.

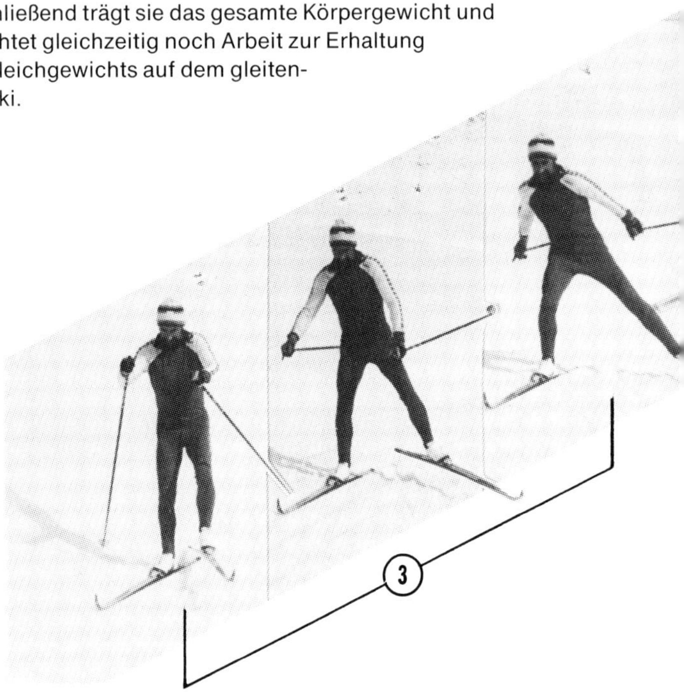

Eine Variante: Um eine totale Gewichtsverlagerung auf den Abdruckski zu erreichen und dem Gleitbein eine kurze Erholung zu ermöglichen, kann der Gleitski mit der Gewichtsverlagerung vom Gleit- auf den Abdruckski kurz aus der Spur abgehoben und mit Schwung nach vorne in die Spur zurück gesetzt werden.
Diese Variante kommt auch in sehr steilen Steigungen und an Schräghangaufstiegen ohne Spuren zur Anwendung (Mittelding zwischen Halbschlittschuhschritt und SSS »eins-zwei«).

- Diese konventionelle Darstellung und Analyse des Halbschlittschuhschritts zeigt die wichtigsten Strukturen der Bewegungsform auf. In der Darstellung entsprechen die Anzahl der Bilder pro Phase ungefähr dem Zeitanteil am ganzen Bewegungsablauf (ca. 1,7 sec.) bei mittlerer Geschwindigkeit (ca. 5 m/sec.).

Grundstellung/Vorbereitungsphase (2)

Der Läufer ist aufgerichtet, bei gestrecktem Gleitbein gleitet er auf dem Gleitski, die Arme halten die Stöcke in Vorhaltestellung, der Abstoßski ist dicht beigezogen und wird in die neue Ausgleitrichtung ausgeschert, dabei kreuzen sich die Skienden.

Arbeitsphase (2)

Sie beginnt mit dem Doppelstockeinsatz, gefolgt vom Beinabstoß auf dem ausgleitenden Ski. Je nach Können wird am Anfang des Beinabstoßes ein Teil des Körpergewichts zur Verstärkung des Beinabstoßes auf den Abstoßski verlagert, der Hauptteil wird aber vom Gleitbein getragen.
Der Oberkörper geht tief, das Gleitbein beugt sich, der Doppelstockschub ist vor dem Beinabstoß beendet, die Stöcke werden nach hinten ausgestoßen, und der Oberkörper richtet sich schon wieder auf, während der Beinabstoß erst bei vollständiger Beinstreckung beendet ist.

Gleitphase (3)

Der Abstoßski muß abgehoben werden, bevor die Hüfte nach hinten ausdreht, dabei sollte das weitere Ausdrehen des Skis gebremst werden. Der Läufer gleitet auf dem Gleitski in der Spur.
Die Arme schwingen die Stöcke möglichst nah am Körper nach vorne, gleichzeitig streckt sich das Gleitbein (Erholung), und der Abstoßski wird dicht über der Schneeoberfläche beigezogen, ohne daß der Oberkörper mit einer auslehnenden Bewegung den Beinbeizug sichtbar unterstützt.

10

Zwei Hauptfehler und ihre Korrektur

Fehler	Korrektur	Warum
Ich kann den Abdruckski nicht mehr beiziehen	Weniger weit ausfahren, Körpergewicht rechtzeitig auf Gleitski zurückverlagern, Ausstellwinkel kleiner wählen	Lasse ich das Körpergewicht zu lange auf dem Abdruckski, genügt die Abdruckkraft nicht mehr zur Gewichtszurückverlagerung
Hüfte dreht nach hinten ab, Rückenschmerzen, Mühe beim Beiziehen des Abdruckskis	Abdruckski weiter vorne mit kleinerem Winkel aufsetzen, Abdruck beenden, bevor Hüfte nach hinten ausdrehen muß	Bei abgedrehter Hüfte muß das Beiziehen mit einer Rotation der Hüfte eingeleitet werden (belastet Rücken- und Hüftmuskulatur), zusätzlich hat Skispitze nach Abheben Tendenz, noch weiter nach hinten auszudrehen

Mit Hilfe der führenden Spur ist der Halbschlittschuhschritt ein Kinderspiel.

11. Kapitel
Aktueller Stand der Langlauftechnik und ihre Weiterentwicklung

Anmerkungen zur internationalen Langlaufszene

Die internationale Langlaufszene ist, verglichen mit dem Langstreckenlauf oder dem Fußball, eine kleine, in sich geschlossene Gesellschaft. Mit 13 teilnehmenden Damenstaffeln resp. 17 Herrenstaffeln an der letzten WM 1995 in Thunder Bay zeigt sich, daß der international betriebene Langlaufwettkampfsport auf wenige bevorzugte Länder beschränkt ist, dazu kommen mehrere »Langlaufentwicklungsländer«, die aber an Weltmeisterschaften keine Staffeln stellen. Fehlender Schnee, ausbleibender Schnee und ein immer größer werdender Material-, Trainings- und Reiseaufwand beschränken eine weitere Verbreitung des Langlaufsportes.
Die Entwicklung im Skilanglauf verläuft wieder in kleinsten Schritten. Bekannte Namen verschwinden (Gunde Svan, Maria-Lisa Kirvesniemi, Maurillio de Zolt), neue Sterne tauchen auf (Thomas Alsgaard, Olga Danilowa, Silvio Fauner), Idole bleiben (Wladimir Smirnow, Björn Dählie, Manuela Di Centa, Elena Viälbe), und andere kämpfen weiter (Vegard Ulvang, Harri Kirvesniemi, Torgny Mogren, Jochen Behle).
Die Steigerung der Laufgeschwindigkeit geht in kleinen Schritten weiter. 50 km – Zeiten unter 2 Stunden werden zur Regel. Sicher trägt das Material dazu bei. Dagegen scheinen in der konditionellen Vorbereitung Grenzen erreicht, die medizinische Betreuung hat sie wahrscheinlich teilweise überschritten.
Einzig in der Formplanung und besonders in der Langlauftechnik – in der Bewegungsausführung und Optimierung des Krafteinsatzes – scheinen an der Weltspitze noch Leistungsreserven vorhanden zu sein.

Tendenzen in der klassischen Wettkampftechnik

- Die immer höheren Wettkampfgeschwindigkeiten zwingen zu vermehrtem Einsatz von Doppelstockschub/Einschritt, d. h. erhöhtem Kraftausdauereinsatz der Arme und des Oberkörpers, und zur »neuen Doppelstockform« und erhöhten Bewegungsfrequenzen.

- Die Tendenz geht heute wieder zu einer etwas stärkeren Abwinkelung des Oberkörpers als noch vor zehn Jahren, dabei wird eine dynamische Vorlage gesucht, Hüfte und Körperschwerpunkt gehen mit nach vorne; deutlich sichtbar in der Grundstellung (siehe Foto).
- Im Diagonalschritt wird wieder aus etwas tieferer Kniestellung in der Gleitphase ein noch explosiverer Beinabstoß gesucht. Die totale Hüftstreckung und das »Über-das-Standbein-Kommen« ist nicht mehr bei allen zu beobachten.
- In der Steigung müssen höhere Diagonalschrittfrequenzen gelaufen werden, die Stöcke werden weniger weit vorne eingesteckt, der Arm ist beim Stockeinstich etwas stärker gebeugt.
- Aus diesen Gründen werden wieder etwas kürzere Stöcke gelaufen (nicht länger als 86% der Körpergröße).
- In den Steigungen wird trotz hoher Bewegungsfrequenz durch Vorschieben des Unterschenkels eine Schrittverlängerung angestrebt, ohne Schrittsprünge zu machen.

Der »neue« Doppelstockschub

Bei den Olympischen Spielen von Albertville ist Olympiasieger Ulvang mit seinem unkonventionellen Doppelstockschub erstmals so richtig aufgefallen. Beim gezielten Beobachten und anschließendem Auswerten von Zeitlupenvideoaufnahmen hat sich gezeigt, daß praktisch die gesamte norwegische Mannschaft (Herren und Damen, s. Nybraten/Ulvang) und weitere Spitzenläufer und Spitzenläuferinnen den Doppelstockschub ähnlich wie Ulvang ausführen: Die Arme/Stöcke werden über Kopfhöhe hinaus vorhochgebracht.
Mit dem Stockeinstich beugt sich der Oberkörper ab, gleichzeitig werden durch die kräftige Zugbewegung der Schulter-/Rückenmuskulatur die Oberarme zum Körper angezogen und die Unterarme angewinkelt, so daß sich die Hände auf Gesichtshöhe befinden. Die Armzugphase wird bei bereits tief abgebeugtem Oberkörper (bereits kleiner und damit wirkungsvollerer Stockwinkel) mit der Streckung im Ellbogengelenk weitergeführt.
Die beschleunigende Armstreckung erfolgt äußerst schnell und kraftvoll, der Oberkörper wird bis in die Waagerechte abgebeugt.
Die Hände werden unterhalb der Knie durchgeführt. Damit beginnt die Armschubphase, d. h. die Hände werden durch die vollständige Streckung der Arme und die weitergeführte Ausdrehung der nun gestreckten Arme im Schultergelenk hinter die Oberschenkel geführt. Ausstoß, Aufrichte- und Vorschwungphase unterscheiden sich nur in der individuell größeren oder kleineren Rücklage von der bekannten Schulungsform.
Diese Armführung mit angewinkeltem Unterarm widerspricht der Schulvorstellung von der klassischen Langlauftechnik (Jan Otto-

Jan Ottosson SWE

Inger Helene Nybraten NOR

Vegard Ulvang NOR

son). Doch neu ist sie nicht: Schon vor mehr als zehn Jahren ist sie von Thomas Wassberg erfolgreich demonstriert worden, aber als individuelle, nicht nachahmenswerte Bewegungsform abgelehnt worden.

Heute ist es sicher, daß mindestens die Norweger und seit Albertville auch andere Nationen diese »neue« Doppelstockschubform bewußt trainieren.

Warum könnte diese Doppelstockschubform (auch beim Doppelstockschub mit Zwischenschritt) im Wettkampfeinsatz wirkungsvoller sein? Aussagen von biomechanischen Analysen mit Kraftmessungen gibt es noch nicht. Hier einige Argumente:

- Die Lauf-/Gleitgeschwindigkeit ist höher, so daß die kräftige, aber relativ langsame Rumpfmuskulatur besser zu Anfang der Beschleunigungsarbeit bei noch ungünstigem Stockwinkel eingesetzt wird.
- Wirkungsvoller Einsatz der Schulter-/Rückenmuskulatur (Ulvang als »Extremkajakfahrer«).
- Durch das tiefe Abbeugen des Oberkörpers wird der Stockwinkel kleiner (günstiger) und erlaubt eine gute Endbeschleunigung durch die Unterarmstreckmuskulatur.

Probleme

- Diese Doppelstockschubform verlangt mehr Kraft in der Arm-/Schultermuskulatur.
- Das tiefe Abbeugen ist auch kräftezehrend und bei stark ermüdetem Zustand nicht mehr möglich.
- Diese Bewegungsform ist vor allem bei höherer Geschwindigkeit (leicht abfallende Loipe) einzusetzen, weniger bei langsamen,

7 6 5

stumpfen Verhältnissen und ersetzt auch nicht die »Hochfrequenz-Endspurtform«.
- Im Rollskitraining nur bedingt möglich, da die Stockspitzen bei so kleinen Einstichwinkeln nicht mehr halten.

Der »Alsgaard-Schritt« – eine neue Skatingform?

Dählie, Ulvang, Smirnow, Fauner, Myllylä und andere laufen in leichten Steigungen im »eins-eins«. Bereits bei der WM 1993 wurde beim Bronzemedaillengewinner über 50 km, Hervé Balland, eine neue Bewegungsform beobachtet. In Lillehammer hat dann der Olympiasieger über 30 km, Thomas Alsgaard, sie über längere Strecken gezeigt. Auch bei andern ist sie beobachtet worden.
Auf den ersten Blick »paddelt« Alsgaard mit ausgeprägtem Führungsarm (nur rechts). Beim genaueren Hinsehen zeigt sich, daß er nicht den bekannten asymmetrischen SSS macht.
Eigentlich macht er einen »eins-zwei«, aber anstatt daß er einen sauberen Doppelstockeinsatz macht, schwingt er die Arme mit einer ausgeprägten Führungsarm-Bewegung (wie beim asymmetrischen SSS) nach vorne, in einer harmonischen Gesamtbewegung zusammen mit der Gewichtsverlagerung auf den Gleitski auf der Seite des Führungsarmes.
Beinabstoß und Führungsarmeinsatz erfolgen gleichzeitig auf der gleichen Seite.
Der »Alsgaardschritt« eignet sich mit seiner harmonischen, stark rhythmisierten Bewegung vor allem über längere Strecken. Er ist technisch weniger anspruchsvoll als der »eins-eins«, kräfteschonender und damit ökonomischer.
Ist der Alsgaardschritt eine neue Skatingform? Bei Skatinganfängern, die Mühe haben mit dem Unterscheiden von asymmetrischem

4 3 2 1

1) Armvorschwung mit betontem Führungsarm rechts beendet, Beinabstoß links beendet, Körpergewicht auf Gleitbein rechts.

2) Beginn Stockeinsatz (versetzt) und Beinabstoß rechts, linker Ski entlastet und abgehoben.

3) Arbeitsphase Arme und Bein, linker Ski wird beigeholt und nach vorne gebracht.

4) Stöcke werden ausgestoßen, Endphase Beinabstoß, Gewichtsverlagerung auf ausgleitenden linken Ski.

5) Gleiten auf linkem Ski, Vorschwingen der Stöcke, Beiziehen des rechten Beines.

6) Schnellkräftiger Beinabstoß vom linken Ski, rechter Ski wird abgehoben und nach vorne geführt, Arme schwingen versetzt weiter vor.

7) Armvorschwung mit betontem Führungsarm rechts beendet, Gewicht auf rechten Gleitski verlagert, linker Ski abgehoben – in dieser optisch beinahe gleichen Stellung ist der Unterschied zum asymmetrischen SSS deutlich zu sehen, vergleiche mit Foto unten.

SSS und eins-zwei und beim Seitenwechsel, ist diese Form schon immer beobachtet und sofort wegkorrigiert worden.
Hat die starre Verhaftung auf den Grundskatingformen der Lehrbuchtechnik eine Innovation verhindert? Wäre Alsgaard nicht überraschend Olympiasieger, wäre der Alsgaardschritt nicht berühmt geworden.

Tendenzen in der Skatingtechnik

- Noch höhere Geschwindigkeiten verlangen noch schnellkräftigere Bein- und Armarbeit.

Linker Stock eingesteckt, Beinabstoß erfolgt gleichzeitig vom linken Ski, Gewichtsverlagerung auf ausgleitenden rechten Ski beginnt.

- Die Geschwindigkeit ist bereits so hoch, daß eine hohe Körperstellung bereits einen merkbar großen Luftwiderstand mit sich bringt. Aus diesem Grund wird eine tiefere (aerodynamischere) Körperstellung angestrebt.
- Eine tiefere Körperstellung ergibt sich auch durch die verstärkte Beinarbeit aus stärker gebeugten Knie heraus (dadurch längerer Arbeitsweg des Abstoßbeines seitwärts). Die Hüften bleiben als »Widerlager« stabil (nicht steif); mit der Gewichtsverlagerung bewegen sie sich hin und her, aber wenig auf und ab. Der Unterschenkel bringt mit einer Art Kickbewegung den beigezogenen Ski nach vorne in die neue Ausgleitrichtung.

Tip: Trainieren durch vermehrtes Skaten ohne Stöcke auch in Steigungen.

- Aus diesen Gründen werden die Skatingstöcke kürzer gewählt (max. 90% der Körperlänge); damit werden die hohen Bewegungsfrequenzen im »eins-eins« und der Stockeinsatz in steilen Steigungen erleichtert.
- Hohe Bewegungsfrequenzen, enger Skiöffnungswinkel und direktes Vorbringen des Beines/Skis ohne engen Beinschluß sind typisch für steilere Steigungen im asymmetrischen SSS.

12. Kapitel
Spezifisches Konditionstraining für den Skilanglauf

Einführung

Es folgt keine allgemeine Darstellung des Konditionstrainings und der Trainingsplanung – hier sei der Leser auf Fachbücher zum Thema Trainingslehre, Konditionstraining und Trainingsplanung verwiesen.
Wir versuchen die besonderen Anforderungen an das Konditionstraining für den Skilanglauf aufzuzeigen und die spezifischen Trainingsmittel und Methoden darzustellen.

● Das Konditionstraining zielt auf die Verbesserung – oder zumindest Erhaltung – der sportlichen Leistungsfähigkeit. Physische Kondition ist aber nur ein Faktor der sportlichen Leistungsfähigkeit. Koordinative (Technik) und kognitive Fähigkeiten (z. B. Taktik) beeinflussen die Leistung ebenso wie emotionale Fähigkeiten (z. B. Motivation).

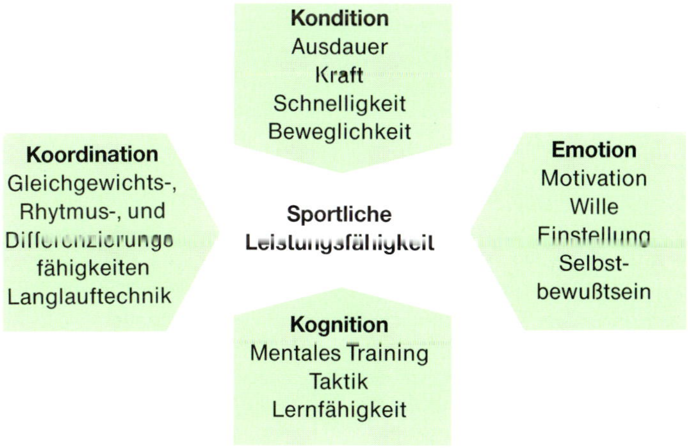

Skilanglauf als Ausdauersportart: Was ist anders beim Skilanglauf?

Skilanglauf ist eine Langzeitausdauersportart wie Langstreckenlauf oder Radfahren, unterscheidet sich aber von ihnen durch spezifische Eigenschaften:

1. Zusätzlicher Einsatz von Armen und Oberkörper für den Vortrieb.
2. Sportgerät (Ski und Stöcke) und Skilanglauftechnik.
   Im Wettkampfsport zusätzlich:
3. Belastungsart, aerob-anaerob grenzüberschreitend, je nach Wettkampfdistanz.
4. Der Skilangläufer läuft über ganz unterschiedliche Distanzen (Wettkampfdistanzen von 5–50 km und mehr).

Zu 1)
Je nach Streckenprofil und Technik tragen Arme und Oberkörper zwischen 40% und 60% zur Vortriebsleistung bei. Im Extremfall kann der Anteil auf flachen Strecken in der klassischen Technik bis 95% steigen (nur Doppelstockschub).
Aus der allgemeinen Trainingslehre ist bekannt, daß nur im belasteten Muskel eine leistungsverbessernde Anpassung stattfindet.
D. h. Arme und Oberkörper müssen ähnlich stark trainiert werden wie die Beine.

- Konditionstraining im Skilanglauf muß spezifisches Training sein – Beine und Arme/Oberkörper gleichzeitig belasten –: Rollski, Skigang mit Stöcken, Ski.

Laufen und Radfahren/Mountainbike gehören zum allgemeinen Ausdauertraining.
Kanu/Kajak/Rudern und Schwimmen gelten als Ergänzungstraining. Im Jugend- und Aufbautraining ist ein vielseitiges, abwechslungsreiches Konditionstraining anzustreben. Im anschließenden skilanglaufbezogenen Vorbereitungstraining und im leistungsorientierten Skilanglaufsport wird spezifisches Training immer wichtiger.

Zu 2)
Der Lauftechnik im Skilanglauf kommt eine viel größere Bedeutung zu als der Technik im Langstreckenlauf oder Radfahren.
Das Erlernen und Verbessern der Vielzahl der Bewegungsformen der Skilanglauftechnik (klassisch und Skating) und ihrer Anwendung und Anpassung im Gelände beansprucht 5% bis 20% der Trainingszeit als reines Techniktraining.
Die Einheit von Kondition und Technik muß im Skilanglauf besonders stark beachtet werden.

- Jedes Konditionstraining auf Ski ist auch ein Techniktraining (der Kopf läuft mit).

Im spezifischen Konditionstraining sind die vier Thesen für die Auswahl der Übungen im Training zu beachten (nach Hotz):

- Räumlich-zeitlich-dynamische Strukturverwandtschaft zur Sportart – Radfahren ist in diesem Sinn kaum verwandt mit der Skatingbewegung.
- Belastungs- und Intensitätsverwandtschaft (Energiebereitstellung) – ein 1500-m-Lauf ist in diesem Sinn kaum verwandt mit einem 10-km-Skilanglauf.
- Verwandtschaft zwischen Bewegungsfrequenz in Training und Wettkampf – im Training muß vermehrt die gleiche Bewegungsfrequenz erreicht werden wie im Wettkampf.
- Widerstandsverwandtschaft – Bewegungswiderstände beim Rollskitraining auf leichtgängigen Wettkampfrollski sind geringer als in den meisten Fällen auf Ski.
- Im Anfänger- und Jugendbereich nimmt das Techniktraining eine zentrale Rolle ein.

Zu 3)
Die Belastungsstruktur im Skilanglauf ist sehr unterschiedlich:

- Beim Grundlagenausdauertraining und beim Freizeitlanglaufen bleiben wir sicher im aeroben Bereich (Fettverbrennung).
- Bei Wettkämpfen über lange Distanzen (50 km und mehr, bei flachen Volksläufen) erfolgt die Energiebereitstellung ausschließlich aerob (Kohlenhydrat- und Fettverbrennung).

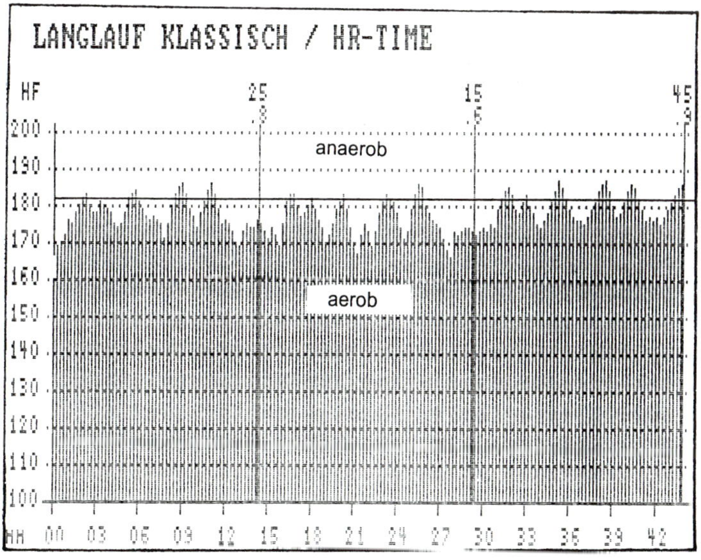

Der Herzfrequenzverlauf in einem 15-km-Wettkampf (3 × 5 km) spiegelt das Streckenprofil wider und zeigt das zeitweilige Überschreiten der anaeroben Schwelle.

12

● Auf Sprintstrecken dagegen (5–15 km) und bei anspruchsvollem Streckenprofil wird die anaerobe Schwelle immer wieder überschritten und zusätzliche Energie anaerob unter Laktatbildung bereitgestellt (Taktik bei Steigungen, Zwischen- und Endspurts).
Für das spezifische Konditionstraining stellt sich nun die Frage: Wer muß zusätzlich zur aeroben Ausdauer auch anaerobe Ausdauer trainieren, wie und wieviel?

Zu 4)
Von Skilangläufern wird im allgemeinen erwartet, daß sie über alle Wettkampfdistanzen von 5 km bis 50 km starten.
Vom Olympiasieger über 10 km erwartet man auch eine Medaille über die Marathondistanz – in der Leichtathletik kaum denkbar.
Die Bedeutung der Langlauftechnik ist so groß, daß das gegenwärtig noch möglich ist, obschon die Energiebereitstellung über die Sprintstrecke ganz anders ist als über die Marathonstrecke.
Die meisten Skilangläufer trainieren als »Allroundausdauerläufer«. Bis jetzt hat mit Ausnahme der »World-Loppet-Spitzenläufer« keine Spezialisierung auf eine bestimmte Distanz stattgefunden.

Ich wage zu behaupten, daß in Zukunft eine Spezialisierung auf die kurzen Strecken eine beträchtliche Geschwindigkeitserhöhung zur Folge hätte und vielversprechender wäre als die bereits von einzelnen angestrebte Spezialisierung auf eine Lauftechnik.

Leistungsbestimmende Konditionsfaktoren im Skilanglauf

Gewichtung der leistungsbestimmenden Faktoren im Skilanglauf

Innerer Kreis: sportliche Freizeitlangläufer
Teilnehmer an langen Volksläufen
Äußerer Kreis: Rennläufer

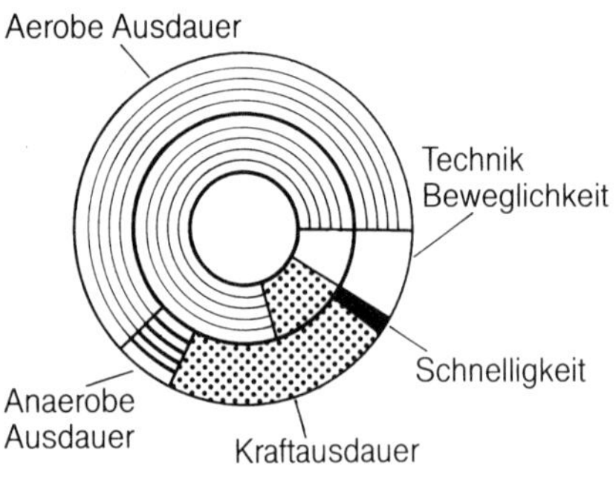

Die Leistung im Skilanglauf wird hauptsächlich bestimmt durch die **Langzeitausdauer/Aerobe Ausdauer**. Zur Erzielung einer hohen Laufgeschwindigkeit mit der Langlauftechnik (Doppelstockstoß, Diagonal- und Schlittschuhschritt) benötigen wir mehr **Kraftausdauer**. Ohne eine optimale **Technik** laufen wir unökonomisch. Zur Technik gehören **Beweglichkeit und koordinative Fähigkeiten** (Gleichgewicht, Anpassungsfähigkeit, Rhythmusgefühl). In kürzeren Rennen muß der Skilangläufer heute im Wettkampf über immer mehr **Stehvermögen/Anaerobe Ausdauer und Kurzzeiterholungsvermögen** verfügen.

Aerobe Ausdauer

Für den Skilangläufer macht das Ausdauertraining in seinen verschiedenen Formen zwischen 70 und 90% des Trainings aus.

Aerobe Ausdauer (Dauerleistungsvermögen)
Definition: Fähigkeit des Körpers, die zur Muskelarbeit notwendige Energie unter **Verwendung von Sauerstoff** bereitzustellen und im Gleichgewicht (Steady state) über **längere Zeit** aufrechtzuerhalten.

Eine aerobe Leistung kann nicht sehr intensiv (schnell) sein, dafür kann sie während langer Zeit erbracht werden (bis mehrere Stunden).

- Die Langzeit-Ausdauer interessiert uns als Skiläufer am stärksten. Die Leistung wird zum größten Teil unter »aeroben« Bedingungen erbracht. Alle Belastungen, die länger als 8 Minuten dauern, gehören in diese Kategorie. An den Organismus werden hier höchste Anforderungen gestellt. Der Langläufer muß sich möglichst lange im »steady state« bewegen – oder immer wieder dorthin zurückkehren. »Steady state« heißt, daß sich Sauerstoffaufnahme und Sauerstoffverbrauch die Waage halten.

Das Training der aeroben Ausdauer

Ein Training von 20 km auf Ski belastet unseren Körper ganz verschieden, je nach der Intensität. Ob wir die 20 km in 65 Minuten mit Puls bei 155 oder in 80 Minuten mit Puls bei 140 zurücklegen, die Belastung und die Anpassungsreaktion des Körpers sind verschieden. In einem geplanten Training soll uns besser bewußt werden, was und wie, mit welchem Umfang und mit welcher Intensität wir trainieren.

Trainingsvorschläge

Vor allem in der Vorbereitungsperiode I und 1. Hälfte Schneetrainingsperiode 1–2 Trainingseinheiten (TE) pro Woche

12

Rollskitraining in der leichten Steigung

- vielstündige Ski- und Fußwanderungen, Bergtouren, Radfahrten in B 1/B 2
- mehrstündige Ski-, Rollski-, Lauf- oder Radtrainings in B 2
  Vor allem in der Vorbereitungsperiode II und 2. Hälfte Schneetrainingsperiode 1–2 TE pro Woche; Lauf-, Rad- oder Rollskiwettkämpfe sind einzuplanen und als TE zu werden
- Fahrtspiele im Gelände (Fuß/Ski), 40–70 Minuten in B 2/B 3
- Bergläufe mit und ohne Stöcke, 30–70 Minuten in B 3/B 2
- Geländeläufe auf Zeit (Tempoläufe), 20–50 Minuten B 3
- Radzeitfahren, 1–2 Stunden B 2/B 3
- Radbergzeitfahren, 20–40 Minuten B 3
- Rollskilauf/-Berglauf, 30–60 Minuten B 3/B 2
- Tempolauf auf Ski 5–15 km, Wettkampfgeschwindigkeit auf verkürzter Strecke, B 3
- Testläufe/Testbergläufe/Testradfahren auf Standardstrecken sind einmal pro Monat als Leistungskontrolle sinnvoll

● Für Rennläufer, die auch Strecken von 5–15 km laufen
- Tempowechselläufe (Ski/Fuß), 30–60 Minuten, Beispiel: 1 km B 3, 1 km B 2, 1 km B 3 usw. oder 1 km B 2, 1 km B 3, 500 m B 1, 1 km B 2, usw.
- Wiederholungsläufe (Fuß/Ski/Rollski/evtl. Rad), flach/besser steigend, Länge 5–10 Minuten, B 3/ an anaerober Schwelle, 3–6 Wiederholungen, volle Erholung zwischen den Läufen (3–5 min).

Anaerobe Ausdauer

(Stehvermögen, Schnelligkeitsausdauer)
Skilanglauf ist eine typisch aerobe Ausdauersportart, aber es gibt Situationen (Start, kurze Strecken, Steigungen, Schlußspurt), in denen wir schneller sein müssen, eine andere Art Ausdauer gefordert ist.

Anaerobe Ausdauer (Stehvermögen)
Definition: Fähigkeit des Körpers, die zur intensiven Muskelarbeit notwendige Energie vorwiegend **ohne Verwendung von Sauerstoff** (unter Laktatbildung) bereitzustellen und die daraus resultierenden Konsequenzen wie Muskel- und Blutübersäuerung, Kraftlosigkeit, Muskelschmerz, Atemnot und Pulsanstieg möglichst lange ohne Leistungseinbuße zu ertragen (anaerobe Kapazität).

Eigentliches Stehvermögentraining absolvieren nur Renn- und Spitzenläufer, die über kürzere Distanzen (5–30 km) starten. Jeder Langläufer sollte aber wissen, was passiert, wenn er zu schnell startet, eine Steigung zu schnell angeht, einem schnelleren (zu schnellen) Läufer zu lange folgt: Er überschreitet die Schwelle (Grenze) zum anaeroben Bereich und »büßt« dafür mit den erwähnten Konsequenzen.

Das Training der anaeroben Ausdauer (Stehvermögen)
Für sportliche Freizeitläufer ohne Wettkampfaktivität und für Teilnehmer an langen Volksläufen (30 und mehr km) ohne Ambitionen auf das erste Startfeld ist ein Stehvermögentraining nicht notwendig. Als Abwechslung im Training, als Test für die »sportliche Leistungsfähigkeit« können einzelne Stehvermögen-TE eingeplant werden.
Vor allem in der Vorbereitungsperiode II und 2. Hälfte Schneetrainingsperiode 1–2 TE pro Woche (Achtung: Kraftausdauertraining geht auch in den Stehvermögenbereich).
- Intervalltraining Fuß/Rollski/Ski, für Langläufer besser in leichten bis mittleren Steigungen, 30–150 Sekunden, B 3/in den anaero-

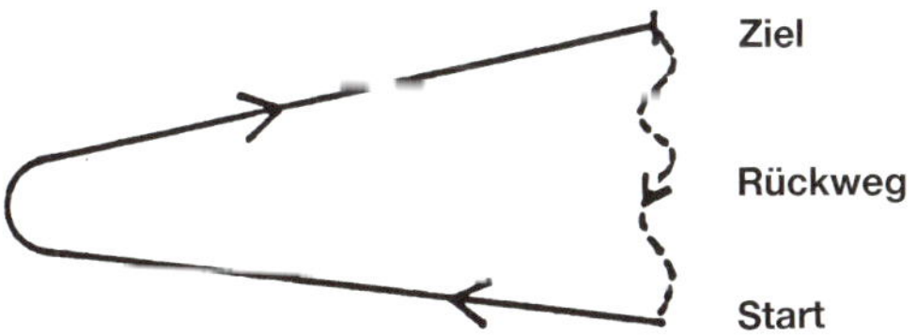

Günstige Anlage von Bergintervallstrecken, damit die Erholungspause beim Rückweg zum Start nicht zu lang wird.

12

ben Bereich hinein (Ansäuerung/Laktatbildung), 4–10 Wiederholungen, Erholungspause (mit evtl. Rückkehr zum Start), bis Puls auf ungefähr 120 absinkt. Puls- und Zeitkontrolle: Leistungspuls muß über die anaerobe Schwelle steigen; wenn die Laufzeit oder die Erholungszeit stark ansteigt, Training abbrechen, kürzere Strecke wählen.
- Skigang-/Schrittsprungintervalle mit Stöcken in relativ steiler Steigung, Angaben wie oben.
- Steigungsintervall auf Ski, Angaben wie oben, Rückkehr zum Start ist als Abfahrt günstig und schnell.
- Tempoläufe (Fuß/Ski) von 2–5 Minuten, evtl. vor aerobem Ausdauertraining, nach Techniktraining.
- Bergsprint mit und ohne Stöcke, 5–15 Minuten.

Kraftausdauer

● Langläufer trainieren kaum mit schweren Gewichten, der Aufbau massiger »Muskelpakete« ist unerwünscht.
● Krafttraining darf nur Mittel zum Zweck der Kräftigung sein, als Grundlage für das Kraftausdauertraining.
● Kraftausdauer gehört ins Trainingsprogramm jedes gezielt trainierenden Langläufers.
● Das Training der Arm- und Oberkörpermuskulatur wird für Fußlauf- und Radspezialisten besonders wichtig.

Das Training der Kraftausdauer

(Langzeit)-Kraftausdauer ist das Hauptziel des Langläufers. Das Kraftausdauertraining gestalten wir in Zirkel/Circuitform, als Heim-, Hallen- oder Kraftraumtraining. Wir sollten aber das Kraftausdauertraining im Gelände: Schrittsprünge mit Stockeinsatz in Steigungen, kürzere Bergläufe, kurzes Radbergzeitfahren, Paddeln/Rudern, die intensiven Doppelstockarbeiten auf Rollski/Ski und die kurzen Bergintervalläufe auf Rollski/Ski nicht vergessen. Im Trainingsplan treten oft solche Übungen an die Stelle von Kraftausdauertraining in Zirkelform.
● Für eine Verbesserung der Kraftausdauer sind zwei TE pro Woche notwendig, eine TE kann eine Kraftausdauer-TE im Gelände sein.
● In der Trainingsplanung sollten Kraftausdauer-TE und Stehvermögen-TE nicht direkt aufeinanderfolgen, da beide Trainingsformen die Muskulatur übersäuern und 48 Stunden für einen vollständigen Abbau des Laktates benötigt werden.

Das Kraftausdauertraining im Gelände

- Steigungsintervalle nur Doppelstockstoß auf Rollski/Ski 6- bis 12mal 20–60 Sekunden, Erholung so lange, bis wieder mit voller Kraft gestoßen werden kann.

- Bergintervalle Skigang/Schrittsprünge mit/ohne Stöcke 6- bis 12mal 30–90 Sekunden, gute Erholung.
- Intensiver Berglauf mit Stöcken (steiles Gelände) oder auf Ski in Skatingtechnik, 10–20 Minuten.
- Radbergzeitfahren (aus dem Sattel), 10–20 Minuten.
- Mountainbike im Gelände, 10–30 Minuten.

Diese Trainingsformen betonen je nach Ausführung mehr die Kraftausdauer oder das Stehvermögen und können vor einem leichteren (B 1/B 2) Ausdauertraining absolviert werden.

Das Kraftausdauertraining in Zirkelform/Circuit

Das Stationentraining ist ein Training in Intervallform. Einzelne Muskelgruppen werden gezielt auf Kraftausdauer, Schnellkraft und auch Schnelligkeitsausdauer trainiert. Es gibt Übungen mit und ohne Hilfsgeräte, mit und ohne Zusatzlasten.

Schnelligkeit

Unter Schnelligkeit verstehen wir hier die reine Schnelligkeit des 100-m-Sprinters. Sie ist für den Skilangläufer unwichtig. Sie darf als Abwechslung (und soll von Jugendlichen) doch trainiert und in den Trainingsplan eingebaut werden.

Auf den Ski ist Schnelligkeit vor allem Technik, d. h. bevor wir auf Ski Schnelligkeitssprints machen, sollten wir die Bewegungsformen/die Technik beherrschen.

Das Training der Schnelligkeit

Schnelligkeitstraining kann jederzeit eingeplant werden, auf Ski sicher in der Schneetrainings- und Wettkampfperiode. Als Regeln gelten: Nur gut aufgewärmt, nie in ermüdetem Zustand, auf Ski günstig nach Techniktraining.

- Sprints zu Fuß/auf Ski von 30–60 m (Maximalzeit 6–8 Sekunden) volle Erholung, 4–6 Wiederholungen.

Beweglichkeit

Als Beweglichkeit wird die Fähigkeit des Sportlers bezeichnet, Gelenksbewegungen mit einer großen Schwingungsweite auszuführen. Beweglichkeit ist die Voraussetzung für die optimale Ausführung jeder Technik. Durch große Beweglichkeit wird außerdem die Verletzungsgefahr verringert. Denn ein elastischer und dehnfähiger Muskel ist belastungsfähiger. Sportler mit einer geringen Beweglichkeit ermüden schneller, da sie mit einer höheren Kraftanspannung arbeiten.

Training der Beweglichkeit

Beweglichkeit hängt von der Dehnbarkeit der Muskulatur ab, also

In der Endposition 20 bis 30 Sekunden verharren.

dehnen wir sie durch Stretching. Die zweite Form des Beweglichkeitstrainings ist die Beweglichkeitsgymnastik.

Stretching für Langläufer

- Welcher Langläufer kennt nicht die Schmerzen in der Wadenmuskulatur nach der Wiederaufnahme des Fußlauftrainings im Frühling, oder im Frühwinter nach den ersten Schneekilometern die schmerzende Innenmuskulatur der Oberschenkel?
Mit regelmäßigem Stretching sind diese Schmerzen vermeidbar.
- Mit Stretching beugen wir Muskelschmerzen vor, besonders bei der Umstellung auf eine andere Sportart (Ski zu Fußlauf, Rad zu Fußlauf, Fußlauf zu Ski) oder bei der Beanspruchung ungewohnter Muskelgruppen (Läufer setzen auf Ski plötzlich Arme und Oberkörper ein, ungewohnte Bewegungen bei der Skatingtechnik) und nach lang dauernden Belastungen.
- Stretchen nach dem Training/Wettkampf leitet die Erholung ein.

Koordinative Fähigkeiten und Technik

Gut ausgebildete koordinative Fähigkeiten sind die Voraussetzung, um eine sportliche Technik leicht und mit Erfolg in kurzer Zeit zu erlernen.

- Von Sportlern, die in allen Sportarten, die sie betreiben, ohne ersichtlich große Trainingsanstrengung rasch Anfangserfolge ha-

ben, sagt man gerne, sie seien »Talente«. Sie sind bewegungsbegabt und lernen leicht neue sportliche Techniken. Ihre Begabung sind die gut ausgebildeten koordinativen Fähigkeiten.
Da das »Technik-Lernen« direkt mit den koordinativen Fähigkeiten zusammenhängt, werden diese im Kapitel »Technik-Lernen« besprochen.
Es sei hier nur daran erinnert, daß Kondition und Technik im Training immer als zusammenhängend betrachtet werden müssen.

Langlaufspezifische Trainingsmittel

Rollski

Es war schon immer das Bestreben der Skilangläufer, möglichst sportartspezifisch zu trainieren. Versuche mit Rollski gehen 40 Jahre zurück (Holzski auf Rollen). In den sechziger Jahren hat man auf einem DDR-Modell (5 Räder) erstmals systematisch trainiert. Aber erst mit der technischen Entwicklung von leichten Rollski und der Skatingtechnik wurde das Rollskitraining zum wichtigsten Trainingsmittel im Trockentraining des Skilangläufers.
Spitzenlangläufer absolvieren heute bis 50% ihres Trockentrainings auf Rollski.
Auf Rollski trainieren wir:
- aerobe und anaerobe Ausdauer
- Kraftausdauer
- Technik

Die Ausrüstung
Mit der technologischen Entwicklung im Rollskibau kommen immer mehr Modelle auf den Markt, die teilweise Allroundski, spezielle Skatingrollski oder Rennrollski sind.

● Die meisten Rollski sind Zweirollentypen. Sie besitzen nur noch zwei, dafür 3–8 cm breite und im Querprofil gerundete Vollgummirollen, die das seitliche Ausfahren und Abkippen erlauben.
Bei reinen Skatingmodellen ist keine Rücklaufsperre mehr eingebaut. Die Rollski sollten leicht rollen, besonders für das Training in Anstiegen.
Das Idealgewicht wäre sicher das Skigewicht von 600–700 g pro Roller, die Länge liegt zwischen 60 und 90 cm.
- Zweirollentypen mit Rücklaufsperre eignen sich für Diagonalschritt/Einschritt und Skatingtechnik.
- Rollschuhe bieten auch einen skatingspezifischen Trainingseffekt. Mit ihnen lassen sich steile Anstiege trainieren, wo andere Zweirollenmodelle beim starken seitlichen Abkippen am Boden anstellen.
- Mit den Trainingsrollschuhen der Eisschnelläufer (Schalenschu-

he mit integrierten 4–6 schmalen kleinen Rollen in einer Reihe und einer Länge von rund 40 cm, genannt In-Line-Skates) lassen sich die Skatingbewegungen auch trainieren.

- Die Stöcke sollten 2–5 cm länger sein als die Langlaufstöcke und eine Spezialstahlspitze haben, damit sie gut greifen.

Die technisch korrekte Bewegungsausführung und die Möglichkeit des Krafteinsatzes beim Stockschub hängen vom guten Halt der Stöcke im Straßenbelag ab.

- Das Tragen eines Kopfschutzes (Radhelm) und von Knie- und Ellbogenschützern wird empfohlen, beim Anfänger und Jugendlichen sollten sie obligatorisch sein.

Vorsicht – Rücksicht!

Gefahren und Sicherheit

Die wichtigste Einschränkung beim Rollskitraining besteht in der gesetzlichen Einschränkung. Nach dem Straßenverkehrsgesetz sind Rollski ein Sportgerät und deshalb auf Straßen, die dem öffentlichen Verkehr zugänglich sind, nur unter einschränkenden, regional stark verschiedenen Bedingungen zugelassen (vom absoluten Verbot bis unbeachtet erlaubt). Es liegt im eigenen Interesse des Rollskiläufers, daß er sein Training auf Straßen mit möglichst wenig Verkehr (keine Verbindungsstraßen mit Durchgangsverkehr) und in verkehrsarmen Zeiten durchführt. Besser sind für den motorisierten Verkehr gesperrte Straßen, Radwege, Waldstraßen, Wirtschaftsstraßen, Werkstraßen mit Erlaubnis, Leichtathletikbahnen und Spezial-Rollskistrecken.

- Rollskiläufer sind durch den motorisierten Verkehr stark gefährdet, weil sie sehr viel Raum beanspruchen (Skating), labiles Gleichgewicht haben und kaum bremsen können. *Im Verkehr gilt: defensiv verhalten, dem Verkehr den Vortritt gewähren, nicht in einer Gruppe trainieren.*
- **Nie unkontrolliert abfahren.** Rollski abschnallen!
- Vor jedem Rollskitraining eine technische Kontrolle des Gerätes vornehmen (Radachsmuttern, Bindung, Gummirolle).
- Beine und Arme mit Kleidung bedecken und schützen (Schürf-

wunden), evtl. Knie- und Ellbogenschutz bei Rollski-Anfängern und Jugendlichen.

- Gute, stabile Schuhe benutzen, nicht die ausgeleierten alten Langlaufschuhe austragen.
- Zuerst die Technik erlernen, bevor lange Trainingstouren unternommen werden.
- Lieber auf einem relativ kurzen, aber sicheren Straßenstück hin- und herlaufen, als sich in den Autoverkehr mischen.
- Bei nassen Straßen wird das Skaten gefährlich (Rollski rutschen seitlich weg).

Techniktraining auf Rollski

Nach der ersten Rollskieuphorie noch in der Diagonalschrittzeit zeigte sich bei Fortgeschrittenen und Spitzenläufern, daß zuviel und unbedachtes Diagonaltraining auf den Rollski den explosiven Beinabdruck verschlechtert. Auf den an allen Rädern gebremsten dreirädrigen Rollski war der Abstoß so sicher, daß der auf den Langlaufski explosive Abdruck nicht notwendig war und durch nachlässiges Training verlorenging. Das Diagonalschritttraining auf Rollski wurde eingeschränkt (Ausnahme: Anfänger) und fast nur noch der

Doppelstockstoß und Einschritt angewandt. Mit der Skatingtechnik und den neuen Zweirollenski (meistens ohne Rücklaufsperre) wurde nur noch geskatet. Heute werden von Spitzenläufern und Rennläufern auf Rollski wieder Diagonal, Einschritt, Doppelstockstoß und alle Skatingformen trainiert.

Diagonaltraining auf Rollski

- Jeden Beinabstoß kurz und explosiv ausführen, indem wir den Abdruckaugenblick bewußt erfassen (den Abdruck suchen wie auf dem gewachsten Ski); auf nasser Unterlage können wir sogar einen glatten Ski simulieren.
- Diagonalschritt nur in leichten bis mittleren Steigungen trainieren (Anfänger natürlich auch in der Ebene).
- Auf zwei Rollen ist das Gleichgewicht weniger stabil, deshalb versuchen, den Rollski aktiv zu führen und zu kontrollieren (sehr gutes Training für die Skiführung im Winter, klassisch und Skating).
- Anfänger, Jugendliche und Kinder ab 12 Jahren sollten zuerst auf leichten Dreirad-Rollski die Technik erlernen und trainieren.
- *Achtung:* Bein hinten nicht zu stark ausschwingen (Gewicht Rollski verleitet dazu) und beim Vorholen Unterschenkel nicht anziehen (besonders in Steigungen).

Skatingtechnik auf Rollski

Für das Training der Skatingtechnik auf Rollski eignen sich die neuen, leichten Zweirollen- oder Zweiradrollski sehr gut, dagegen sind Rollschuhe, Dreiradrollski oder die ganz kurzen In-Line-Skates weniger geeignet.
Auf den Rollski sollten wir bewußt alle Bewegungsformen der Skatingtechnik trainieren, fleißig Bewegungsformen und die Seite wechseln. Nur das Techniktraining auf Ski ist noch besser als auf Rollski.

Doppelstock-Einschritt auf Rollski

Technisch sind diese Bewegungsformen auf Rollski fast mit der Bewegung auf Ski identisch, einzig die viel schlechtere Stockeinstichhaftung beim Ausstoßen nach hinten zwingt oft zu einem ungewollt verkürzten Doppelstockstoß.
Spezielle Rollskistockspitzen, die Wahl eines etwas weichen Straßenbelages (bei großer Hitze im Sommer oder auf einer Tartanbahn geht es wunderbar) bringt hier etwas Abhilfe. Versuchen wir die Stockspitzen mit harter Bewegung in den Straßenbelag einzustekken, bringt das eine zusätzliche Belastung vor allem des Ellenbogengelenkes und oft Überlastungsschmerzen/-verletzungen.
Der Krafteinsatz bei der Stockarbeit ist wegen der schlechteren Stockeinstichhaftung begrenzt, die Arm-Stock-Bewegung auf den Ski erlaubt mehr Krafteinsatz und verändert deshalb die ganze Bewegung leicht.
Auf Rollski sollten wir vielmehr den Schlittschuhschritt mit Doppel-

stockstoß auf jeden Beinabdruck trainieren, wir verbessern dabei unser dynamisches Gleichgewicht (Gleiten auf einem Rollski/Ski) und die saubere Gewichtsverlagerung von einem Ski auf den andern (Pendelbewegung des Körpers).
Beim asymmetrischen SSS sollten wir regelmäßig die Seite (den Führungsarm) wechseln und wenigstens auf Rollski vollkommen beidseitig werden.

Konditionstraining auf Rollski
Bei wünschenswerten 30%–50% Rollskianteil am Trockentraining werden wir auf Rollski neben der Technik aerobe Ausdauer, Tempo im Schwellenbereich, anaerobe Ausdauer und Kraftausdauer in Intervallformen trainieren.
Die Möglichkeiten hängen stark von den verfügbaren Trainingsstrecken ab. In vielen Regionen wird das aerobe Ausdauertraining in der Form langer Distanztrainings »über Land« fast unmöglich sein, dafür gibt es lange Steigungen (Paßstraßen/Alpenstraßen) für Training im Schwellenbereich, überall lassen sich aber flache Straßen von 1–3 km Länge finden, auf denen wir in Intervallform in den verschiedenen Bewegungsformen trainieren können, ebenso Steigungen von 100 bis 500 m Länge (ungefährlich zum Runterfahren oder zu Fuß über Abkürzungen) für intensive Intervalltrainings, die auch Richtung Kraftausdauer gehen können.

Rollskirennen
Für den Skilangläufer sind einzelne Rollskirennen im Sommer als Abwechslung und Test gut geeignet. Eine Spezialisierung auf Rollskirennen mit Spezialrollski (zu wenig Rollwiderstand) bringt Veränderungen in der Lauftechnik mit sich (Herausbildung einer Rollskiwettkampftechnik, besonders in den Steigungen), die sich für die Skitechnik ungünstig auswirken.
Zu intensive Rollskiwettkampfaktivität kann auf Ski technische Probleme (nicht konditionelle) bringen.

Skigang – Schrittsprünge

Schon vor 40 Jahren waren die skandinavischen Langläufer im Training stundenlang mit ihren Stöcken unterwegs, haben sie in der Ebene und abwärts getragen und in Steigungen im Skigang unterstützend eingesetzt.
Sie haben schon damals intuitiv richtig trainiert: nur belastete Muskeln werden verbessert, zudem wird das Herz-Kreislauf-System beim Einsatz einer größeren Muskelmasse (Beine und Arme) stärker und langlaufspezifischer belastet.
- Die Bewegungsverwandtschaft wurde erreicht, indem in Steigungen die Langlaufbewegung durch Skigang und Schrittsprünge imitiert wurde.

Abdruckkraft verbessern durch »Skigang«

Heute sollte das Langlauftraining aufgewertet werden, indem wir jeden Berglauf und die kurzen, intensiven Lauftrainingsintervalle mit den Stöcken absolvieren.

Berglauf und Skigang

Glücklich können sich alle Skilangläufer schätzen, die eine Möglichkeit haben, dieses Trainingsmittel einzusetzen. Nicht nur die

Schnellkraft, Kraft und Schnelligkeit werden verbessert.

ohne Stöcke **mit Stöcken**

Bewegungsimitation mit Schrittsprüngen am Beispiel des Diagonal-schlittschuhschrittes.

Kraftausdauer der Beinmuskulatur, sondern die gesamte Ausdauerleistung des Athleten wird durch Bergläufe stark verbessert.

- Bergläufe werden – mit und ohne Stöcke – durchgeführt. Von großem Vorteil ist, den Oberkörper möglichst oft in das Training miteinzubeziehen und mit Stöcken zu laufen.
Beim Berglaufen hat der Athlet außerdem eine hervorragende Stützhilfe durch die Stöcke. Das bewährt sich besonders bei nassem und glitschigem Boden.
- Beim Berglauf sollte man zwischendurch den »Skigang« trainieren: Bei jedem Schritt wird auf einen bewußten und kräftigen Beinabdruck geachtet. Der Abdruck führt zur völligen Streckung des Beines. Die Arme schwingen betont im Diagonalrhythmus mit.

Schrittsprünge
Schrittsprünge werden im leicht bis mittel ansteigenden Gelände trainiert. Auch bei dieser Trainingsform hat der Sportler die Wahl, mit oder ohne Stöcke zu laufen. In beiden Fällen ist der Bewegungsablauf der Schrittsprünge – mit dem gesprungenen Diagonalschritt im Anstieg (auf Ski) – fast identisch.

- Der explosive Abdruck führt zur völligen Beinstreckung und einer ausgeprägten »Flugphase« des Läufers. Bevor das zweite Bein aufsetzt, wird es raumgreifend nach vorne geführt; auf eine hohe Oberschenkelführung ist zu achten.
- Die Vorteile des Schrittsprungtrainings haben dazu geführt, daß auch Leichtathleten (Mittelstreckler) dieses Trainingsmittel in ihr Programm aufgenommen haben. Denn durch die explosive Abdruckbewegung wird ein starker Reiz auf die Muskulatur ausgeübt. Dadurch verbessern sich Schnelligkeit und Kraft.

Weitere spezifische Trainingsmittel

Im Laufe der Zeit sind immer wieder spezielle Trainingsgeräte für das Konditionstraining des Skilangläufers entwickelt oder aus anderen Sportarten übernommen worden.

Das Armzuggerät/der Gummizug
In vielfacher Form ist dieses einfache Hilfsmittel nach wie vor ein wertvolles Trainingsmittel. Im Heimtraining oder auch unterwegs im Hotel dient der Gummizug dem bewegungsverwandten Training der Arme und des Oberkörpers.
Zusätzliche Übungen entwickeln die gesamte Oberkörpermuskulatur.
Im Kraftraum treten Seilzuggeräte mit veränderbarem Widerstand an die Stelle des Gummizuges.
Der Gummizug (oder ein zweiter Gummizug) kann auch zum Kraftausdauertraining der Beine eingesetzt werden.

Gleitbrett
Ein von den Eisschnelläufern entwickeltes einfaches Heimtrainingsgerät für das Training der Beinskatingbewegung: auf einer polier-

Armtraining am Gummizug.

ten Gleitfläche (Gleitbrett oder Parkettboden mit seitlichen Anschlägen im Abstand von 120–150 cm) wird die seitliche Abstoßbewegung und die totale Gewichtsverlagerung trainiert.

Rollbrett für das Armtraining

Ein einfaches, selbst zu bastelndes Heimtrainingsgerät für das Armtraining (Diagonal- und Doppelstockschubbewegung mit wählbarer Belastung).

Mit dem Rollbrett wird die Armkraft deutlich verbessert.

Spezifisches Kraftausdauertraining auf einem Skatingtrainingsgerät

Skatinggerät
Verschiedene speziell entwickelte Skatinggeräte erlauben das Training der Skatingbewegung. Je nach Gerät nur Kraftausdauer oder/und den technischen Bewegungsablauf (Gleichgewicht, Bewegungskoordination).

Konditionstraining im Skilanglauf

Ein berühmter Skilangläufer hat einmal gesagt: »Skilangläufer werden im Sommer gemacht.« Er hat damit gemeint, daß das Vorbereitungstraining, d. h. das Konditionstraining, im Sommer über die Ergebnisse in den Langlaufwettkämpfen mit entscheidet. Das gilt mehr denn je für die Sportlerinnen und Sportler an der Spitze, die Skilanglauf berufsmäßig betreiben. Die Zeiten der langen Sommerpause sind endgültig vorbei.

- **Spitzensportler.** Es geht weniger darum, noch mehr zu trainieren, als vielmehr darum, besser zu trainieren. Mit 700–900 Trainingsstunden pro Saison scheint die obere Grenze des Trainingsumfangs erreicht. Bei mehr Training kann die Erholung ohne zusätzliche erholungsfördernde Maßnahmen (zum Teil im Grenzbereich des verbotenen Dopings) nicht mehr sichergestellt werden.
Weitere Leistungsfortschritte werden erzielt durch noch spezifischeres und wissenschaftlich gesteuertes Training: noch mehr Rollski und Ski, langfristiges Höhentraining, genau geplante Formhöhepunkte, Leistungsüberwachung und mentale Vorbereitung.

- **Freizeitlangläufer.** Wie steht es nun für die Breitensportlangläuferinnen und -langläufer? Müssen sich die Freizeit- und Volkslangläufer spezifisch auf den Winter vorbereiten?
Freizeit- und »Winterferienlangläufer« schnallen die schmalen »Latten« an, um sich in der winterlichen Natur zu bewegen, aus einem Drang nach körperlicher Aktivität, um das Gefühl des leichten Da-

hingleitens zu erleben. Die sportliche Leistung steht nicht im Vordergrund; es ist die Freude am Langlauf. Es ist nun klar, daß diese Freude größer (und hoffentlich ungetrübter) sein wird, wenn der Freizeitlangläufer Ausdauer, Beweglichkeit und etwas Kraftausdauer in Armen und Oberkörper mitbringt, d. h. wenn er nicht ganz unvorbereitet die Langlaufski unterschnallt. Es wird ihm auch leichter fallen, die Langlauftechnik zu erlernen und zu verbessern.
Wenn Sie im Sommer laufen, joggen, radfahren, schwimmen, Tennis spielen und... und..., dann bringen Sie die Ausdauer mit.
Warum also zur Abwechslung und als Vorbereitung auf den Skilanglauf nicht hie und da Rollski laufen, auf eine Bergwanderung die Stöcke mitnehmen oder zu Hause einen Gummizug aufhängen (und benutzen)?

- **Volkslangläufer.** Der Volkslangläufer und Rennläufer, der im Winter von sich Leistungen und Resultate erwartet, sollte spätestens ab September seine anderen Sportarten etwas in den Hintergrund stellen und sich gezielt auf den Winter vorbereiten.

Denn wer bis zum ersten Schnee nur läuft und radelt, der wird mit seinen Armen Mühe bekommen.
Wer Skating-Rennen bestreiten will, der muß unbedingt bereits auf Rollski trainieren.

Das »Risiko« beim Konditionstraining

Wir setzen uns für den nächsten Winter Ziele, planen unser Training und beginnen bereits im Juni mit dem Konditionstraining. Ab September gestalten wir das Training immer spezifischer, laufen Rollski, gehen vielleicht sogar an einem Wochenende zum Skitraining auf den Gletscher.
Ab November warten wir auf Schnee und »rollen« weiter, sofern es die Witterung erlaubt.
Wir warten und warten, der erste Wettkampf rückt näher. Wir geraten unter Zeitdruck, der Trainingsplan sieht längst Schneetraining vor. Möglicherweise gibt es irgendwo eine Loipe, und wir fahren weite Strecken auf der Suche nach Schnee.
Wir bereiten uns seit Juni auf den Winter vor, haben die Weihnachtsferien als »Langlauftrainingslager« geplant. Und jetzt kommt er nicht, der Schnee. Was tun?
Wir Langläufer müssen uns wahrscheinlich mit dem Gedanken vertraut machen, daß der Schnee nicht mehr so früh fällt wie früher und der Winter in tieferen Lagen ein »unsicherer Geselle« ist.
Wir sollten unsere Planung um etwa einen Monat verschieben und auch den März noch als Langlaufzeit einplanen. Wenn das die Organisatoren von Langlaufwettkämpfen nur auch begreifen würden.

Die »Trainingssucht«

Achtung: »Ausdauertraining kann zu Suchterscheinungen führen.«
Wir wissen, daß nach mehrjährigem regelmäßigem Ausdauertraining dieses zu einem suchtartigen Bedürfnis werden kann.

Nach mehreren Tagen ohne körperliches Training verspüren wir »Entzugserscheinungen«. Wir fühlen uns nicht wohl, werden nervös und gereizt. Wir müssen raus zum Laufen...
Eine gesunde »Sucht«, die niemandem Schaden zufügt, solange wir nicht in einen wirklichen Zwang geraten, trainieren zu müssen, weil es das Trainingsprogramm so vorsieht. Wir dürfen jedoch nicht zum Sklaven unseres Konditionstrainings werden.

Mentales Training

Unter mentalem Training wird sehr viel verstanden:
- Entspannungstraining (autogenes Training)
- Psychische Wettkampfvorbereitung (»positiv denken«)
- Geistige Wettkampfvorbereitung (z. B. in Gedanken eine Langlaufstrecke wettkampfmäßig ablaufen)
- Mentales Bewegungs- und Technik-Lernen

Im Konditionstraining und Techniktraining heißt das für uns ganz einfach, mit dem Kopf dabeisein, nicht einfach Kilometer abspulen, unsere Lauftechnik auf Rollski und Ski ständig unter Selbstkontrolle zu halten.
Mit dem Walkman am Gürtel und den Kopfhörern in den Ohren können wir uns beim Skitraining nicht auf die »Arbeit« und die Technik konzentrieren; die Musik lenkt ab und zwingt uns einen anderen Rhythmus auf, als wir geländeangepaßt laufen sollten.
Dagegen kann entsprechende Musik beim Auslaufen und im Erholungstraining positiv auf die Erholung einwirken, ähnlich wie beim Entspannungstraining.
Mentales Training ist auch bereits die gedankliche Vorbereitung eines Trainings: Was mache ich, wie mache ich es, wo laufe ich durch, wo wechsle ich das Tempo?
Im ganzen Trainingsprozeß sollte unsere Devise sein:
Mehr denken und weniger gedankenlos laufen.

Für jede Sportart muß derjenige, der sie ausüben will, ganz spezielle Voraussetzungen mitbringen. Beim sportlichen Skilanglauf sind die Anforderungen an Ausdauer und Technik besonders groß. Durch regelmäßiges Training nach einem gezielten Trainingsplan läßt sich die Leistungsfähigkeit als Langläuferin und Langläufer verbessern.
Ein Weltmeister hat einmal gesagt: »Langläufer werden im Sommer gemacht.« Es gilt also, während der »schneelosen Periode« die physische und technische Leistungsfähigkeit zu steigern. Vorrang sollte aber doch das Training auf Ski, die Ausübung des Langlaufes im Winter haben.
Der vorliegende Trainingsbegleiter soll Sie von der Analyse Ihres Ist-Zustandes über die Grundlagen der Trainingslehre und Trainingsplanung zu Ihrem ganz persönlichen Trainingsplan hinführen. Er bietet zwar Beispiele von Trainingsplänen an, Ihren individuellen Plan müssen Sie jedoch selber aufstellen, angepaßt an Ihre Voraussetzungen, Möglichkeiten und sportlichen Ziele.
Die Hauptsache bleibt die Freude am Skilanglauf.

Wo stehe ich als Langläufer?

In dieser Ist-Analyse geben Sie sich bei jeder Frage die entsprechende Punktzahl.

1. Wie lange trainieren Sie regelmäßig oder wie lange betreiben Sie regelmäßig Langlauf?

unter 2 Jahren	1 Punkt
2 bis 4 Jahre	2 Punkte
5 bis 6 Jahre	3 Punkte
mehr als 6 Jahre	4 Punkte

erreichte Punktzahl ______

2. Laufen und trainieren Sie

nur klassische Technik	2 Punkte
nur Skatingtechnik	2 Punkte
beide Techniken	4 Punkte

erreichte Punktzahl ______

3. In wie vielen Monaten pro Jahr laufen Sie mindestens zweimal auf Schnee?

pro Monat gibt es 1 Punkt erreichte Punktzahl ______

4. Wie lang (km) war Ihr längstes Trainingspensum/Wettkampf auf Langlaufski letzte Saison?

weniger als 10 km	1 Punkt
10 bis 20 km	2 Punkte
20 bis 35 km	3 Punkte
mehr als 35 km	4 Punkte

erreichte Punktzahl ______

5. Wie viele Kilometer auf Langlaufski und Rollski laufen Sie pro Jahr/Saison?

unter 400 km	1 Punkt
400 bis 600 km	2 Punkte
600 bis 1000 km	3 Punkte
mehr als 1000 km	4 Punkte

erreichte Punktzahl ______

6. Nehmen Sie an Langlaufwettkämpfen teil?

pro Saison an 1 bis 3	1 Punkt
pro Saison an 4 bis 6	2 Punkte
pro Saison an mehr als 6	4 Punkte

erreichte Punktzahl ______

7. Wie oft pro Woche trainieren Sie durchschnittlich?

1× Training pro Woche	1 Punkt
2× Training pro Woche	2 Punkte
3× Training pro Woche	3 Punkte
4× Training pro Woche	4 Punkte
5× und mehr	6 Punkte

erreichte Punktzahl ______

8. In wie vielen Monaten pro Jahr/Saison trainieren Sie auf Rollski (Monate, die bereits beim Training auf Schnee gezählt worden sind, zählen nicht mit)?

pro Monat 1 Punkt erreichte Punktzahl ______

9. Für Ihr Alter schreiben Sie sich einen Bonus gut

mehr als 60 Jahre	7 Punkte
50 bis 60 Jahre	5 Punkte
40 bis 50 Jahre	3 Punkte
30 bis 40 Jahre	1 Punkt

erreichte Punktzahl ______

Gesamtpunktzahl ______

Ergebnis

bis 17 Punkte

Bevor Sie beginnen, nach einem gezielten Trainingsplan zu trainieren, sollten Sie versuchen, mehr Zeit und Gelegenheit für diesen Sport aufzubringen. Für Sie ist die Freude am »Erlebnis Langlauf« wichtiger als die in Kilometer und Minuten gemessene Leistung.

18 bis 25 Punkte

Sie sind ein ausgesprochener Freizeitlangläufer, der gelegentlich doch seine sportliche Leistung beurteilen möchte und vielleicht deshalb an einem Wettkampf teilnimmt. Oder Sie betreiben Langlauf im Winter als Ausgleichssport für eine intensiv betriebene Sommersportart. Wenn Sie mindestens zweimal pro Woche trainieren können, wird ein Trainingsplan auch für Sie sinnvoll.

26 bis 34 Punkte

Sie sind eine sportliche Langläuferin/ein sportlicher Langläufer. Wenn Sie eine Leistungsverbesserung anstreben und die Teilnahme an Wettkämpfen Ihr Ziel ist, dann ist der Augenblick für ein Training nach Plan gekommen.

über 34 Punkte

Sie investieren bereits viel Zeit und Energie in den Langlauf. Eine weitere Leistungssteigerung, die zu Spitzenresultaten in Volksläufen führen kann, ist nur über ein systematisches Training nach einem Trainingsplan möglich. Sind gute Wettkampfresultate zuerst Ihr oberstes Ziel, dann kann ein geplantes Training mehr Abwechslung sichern und verhindern, daß Sie in einen einseitigen Trainingstrott geraten.

Die leistungsbestimmenden Faktoren im Skilanglauf

Die Leistung im Skilanglauf wird hauptsächlich bestimmt durch die **Langzeitausdauer/Aerobe Ausdauer.** Zur Erzielung einer hohen Laufgeschwindigkeit mit der Langlauftechnik (Doppelstockstoß, Diagonal- und Schlittschuhschritt) benötigen wir mehr **Kraftausdauer.** Ohne eine optimale **Technik** laufen wir unökonomisch. Zur Technik gehören **Beweglichkeit und koordinative Fähigkeiten** (Gleichgewicht, Anpassungsfähigkeit, Rhythmusgefühl). In kürze-

ren Rennen muß der Skilangläufer heute im Wettkampf über immer mehr **Stehvermögen/Anaerobe Ausdauer und Kurzzeiterholungsvermögen** verfügen.
Taktik erlernen wir durch Erfahrung im Training und Wettkampf.
Psychische Vorbereitung (Mentales Training) wird im Spitzensport immer wichtiger (wird hier nicht angesprochen). Vergessen wir **Material und Wachs** nicht.

Das grundlegende Trainingsprinzip

- Wir wollen eine Leistungsverbesserung im Skilanglauf erreichen.
- Wir wissen, welche leistungsbestimmenden Faktoren im Skilanglauf wichtig sind und trainiert werden müssen.
- Wie müssen wir trainieren?

Das Prinzip von Belastung – Ermüdung – Erholung – Superkompensation

Durch eine genügend große physische Belastung (Reiz) zwingen wir den Körper zu einer Anpassungsreaktion an die erhöhte Belastung (Erhöhung der Leistungsfähigkeit gleich Superkompensation). Erholung ist ein Teil des Trainings.

Ausdauer

Für den Skilangläufer macht das Ausdauertraining in seinen verschiedenen Formen zwischen 70 und 90% des Trainings aus. Es ist für die Trainingsplanung und -gestaltung wichtig, die verschiedenen Arten von Ausdauer zu kennen.

Aerobe Ausdauer (Dauerleistungsvermögen)

Eine aerobe Leistung kann nicht sehr intensiv (schnell) sein, dafür kann sie während langer Zeit erbracht werden (bis mehrere Stunden).
Skilanglauf ist eine typisch aerobe Ausdauersportart, aber es gibt Situationen (Start, kurze Strecken, Steigungen, Schlußspurt), in denen wir schneller sein müssen, eine andere Art Ausdauer gefordert ist.

Anaerobe Ausdauer (Stehvermögen)

Eigentliches Stehvermögentraining absolvieren nur Renn- und Spitzenläufer, die über kürzere Distanzen (5–30 km) starten.

Intensitätsbereiche im Ausdauertraining

Herzfrequenztabelle für die Steuerung des Ausdauertrainings

Den Intensitätsbereichen entsprechen Pulsfrequenzbereiche, die vom Alter, Trainingsalter, Trainingszustand und vom momentanen Maximalpuls abhängen.
Der individuelle anaerobe Schwellenbereich müßte im Labor oder durch einen Conconi-Test bestimmt werden.

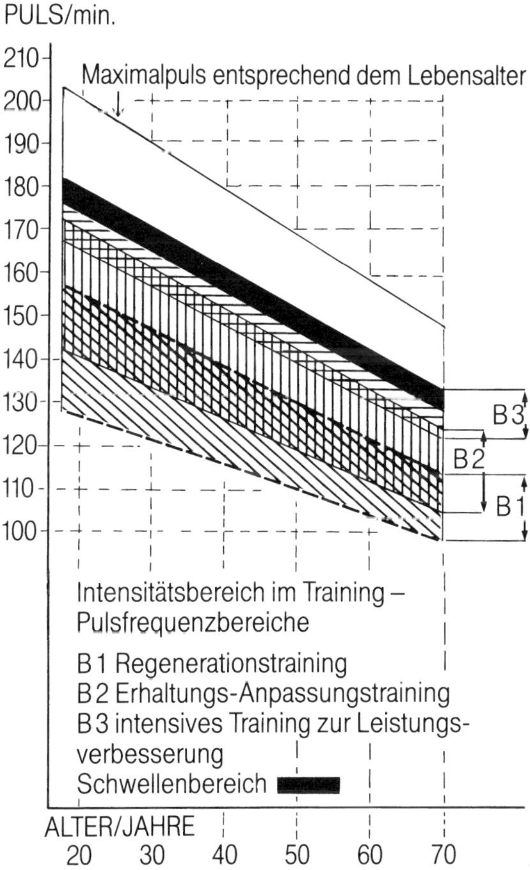

B1 Regenerations-/Erholungstraining:
Leichtes Training (Unterhaltung mit Trainingspartner möglich und erwünscht), mit niedriger Intensität (niedriger Puls), nach harten Wettkämpfen und Trainingsperioden, nach Krankheit.

B2 Erhaltungs- und Anpassungstraining:

Mittlere Intensität, das Training verlangt bereits eine Anstrengung (eine Unterhaltung mit einem Partner ist nicht mehr gut möglich), mittlerer Puls, niedriger als Wettkampftempo, die Leistungsfähigkeit wird gefestigt, oder wir passen uns an ein erreichtes höheres Leistungsniveau an.

B3 Intensives Training zur Leistungsverbesserung/Entwicklungstraining:
Intensiv, hohe Pulsfrequenz, Wettkampftempo oder leicht darüber (dafür kürzere Strecke), zum Teil an der Grenze der aeroben Leistungsfähigkeit, d. h. zum Teil an der anaeroben Schwelle.
Anaerobes Training: Der Puls überschreitet den Schwellenbereich.
B1 / B2 / B3: Die Intensitätsbereiche werden in der Zeichnung auf Seite 5 dargestellt.

Das Training der aeroben Ausdauer

Vor allem in der Vorbereitungsperiode I und 1. Hälfte Schneetrainingsperiode 1–2 Trainingseinheiten (TE) pro Woche
- vielstündige Ski- und Fußwanderungen, Bergtouren, Radfahrten in B1/B2
- mehrstündige Ski-, Rollski-, Lauf- oder Radtrainings in B2

Vor allem in der Vorbereitungsperiode II und 2. Hälfte Schneetrainingsperiode 1–2 TE pro Woche; Lauf-, Rad- oder Rollskiwettkämpfe sind einzuplanen und als TE zu werten
- Fahrtspiele im Gelände (Fuß/Ski), 40–70 Minuten in B2/B3
- Bergläufe mit und ohne Stöcke, 30–70 Minuten in B3/B2
- Geländeläufe auf Zeit (Tempoläufe), 20–50 Minuten B3
- Radzeitfahren, 1–2 Stunden B2/B3
- Radbergzeitfahren, 20–40 Minuten B3
- Rollskilauf/-Berglauf, 30–60 Minuten B3/B2
- Tempolauf auf Ski 5–15 km, Wettkampfgeschwindigkeit auf verkürzter Strecke, B3
- Testläufe/Testbergläufe/Testradfahren auf Standardstrecken sind einmal pro Monat als Leistungskontrolle sinnvoll

● Für Rennläufer, die auch Strecken von 5–15 km laufen

- Tempowechselläufe (Ski/Fuß), 30–60 Minuten, Beispiel: 1 km B3, 1 km B2, 1 km B3 usw. oder 1 km B2, 1 km B3, 500 m B1, 1 km B2 usw.

- Wiederholungsläufe (Fuß/Ski/Rollski/evtl. Rad), flach/besser steigend, Länge 5–10 Minuten, B3/an anaerober Schwelle, 3–6 Wiederholungen, volle Erholung zwischen den Läufen (3–5 min).

Das Training der anaeroben Ausdauer (Stehvermögen)

Für sportliche Freizeitläufer ohne Wettkampfaktivität und für Teilnehmer an langen Volksläufen (30 und mehr km) ohne Ambitionen auf das erste Startfeld ist ein Stehvermögentraining nicht notwendig. Als Abwechslung im Training, als Test für die »sportliche Leidensfähigkeit« und als Training für den alltäglichen Streß können einzelne Stehvermögen-TE eingeplant werden.
Vor allem in der Vorbereitungsperiode II und 2. Hälfte Schneetrainingsperiode 1–2 TE pro Woche (Achtung: Kraftausdauertraining geht auch in den Stehvermögenbereich).

- Intervalltraining Fuß/Rollski/Ski, für Langläufer besser in leichten bis mittleren Steigungen, 30–150 Sekunden, B3/in den anaeroben Bereich hinein (Ansäuerung/Laktatbildung), 4–10 Wiederholungen, Erholungspause (mit evtl. Rückkehr zum Start), bis Puls auf ungefähr 120 absinkt.
  Puls- und Zeitkontrolle: Leistungspuls muß über die anaerobe Schwelle steigen; wenn die Laufzeit oder die Erholungszeit stark ansteigt, Training abbrechen, kürzere Strecke wählen.
  Günstige Anlage von Bergintervallstrecken, damit die Erholungspause beim Rückweg zum Start nicht zu lang wird.

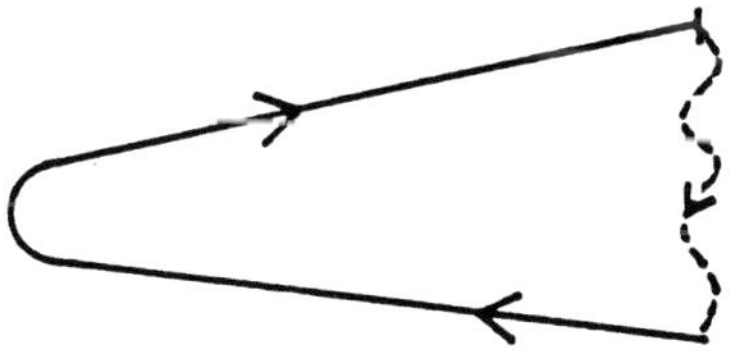

- Skigang-/Schrittsprungintervalle mit Stöcken in relativ steiler Steigung, Angaben wie oben.
- Steigungsintervall auf Ski, Angaben wie oben, Rückkehr zum Start ist als Abfahrt günstig und schnell.
- Tempoläufe (Fuß/Ski) von 2–5 Minuten, evtl. vor aerobem Ausdauertraining, nach Techniktraining.
- »Bergsprint« mit und ohne Stöcke, 5–15 Minuten.

Kraft/Kraftausdauer

- Langläufer trainieren kaum mit schweren Gewichten, der Aufbau massiger »Muskelpakete« ist unerwünscht.
- Krafttraining darf nur Mittel zum Zweck der Kräftigung sein, als Grundlage für das Kraftausdauertraining.
- Kraftausdauer gehört ins Trainingsprogramm jedes gezielt trainierenden Langläufers.
- Das Training der Arm- und Oberkörpermuskulatur wird für Fußlauf- und Radspezialisten besonders wichtig.

Das Training der Kraftausdauer

Höhere Geschwindigkeit im Skilanglauf verlangt bessere Kraftausdauer. Je kürzer die Laufdistanzen, desto mehr Kraftausdauer wird benötigt.
Wir kennen zwei Formen des Kraftausdauertrainings:
- In Zirkel-/Circuitform als Heim-, Hallen- oder Kraftraumtraining, ohne/mit Hilfsgeräten/Kraftmaschinen.
- Im Gelände, oft kombiniert mit Stehvermögentraining.

- Für eine Verbesserung der Kraftausdauer sind zwei TE pro Woche notwendig, eine TE kann eine Kraftausdauer-TE im Gelände sein.
- In der Trainingsplanung sollten Kraftausdauer-TE und Stehvermögen-TE nicht direkt aufeinander folgen, da beide Trainingsformen die Muskulatur stark übersäuern und 48 Stunden für einen vollständigen Abbau des Laktates benötigt werden.

Das Kraftausdauertraining im Gelände

- Steigungsintervalle nur Doppelstockstoß auf Rollski/Ski 6- bis 12mal 20–60 Sekunden, Erholung so lange, bis wieder mit voller Kraft gestoßen werden kann.
- Bergintervalle Skigang/Schrittsprünge mit/ohne Stöcke 6- bis 12mal 30–90 Sekunden, gute Erholung.
- Intensiver Berglauf mit Stöcken (steiles Gelände) oder auf Ski in Skatingtechnik, 10–20 Minuten.
- Radbergzeitfahren (aus dem Sattel), 10–20 Minuten.
- Mountainbike im Gelände, 10–30 Minuten.

Diese Trainingsformen betonen je nach Ausführung mehr die Kraftausdauer oder das Stehvermögen und können vor einem leichteren (B 1/B 2) Ausdauertraining absolviert werden.

Das Kraftausdauertraining in Zirkelform/Circuit

- Wir wählen 6–12 Übungen in der ABR-Reihenfolge.
- Wir bestimmen die Arbeitszeit/Erholungszeit (Pause), z. B. 45 Sekunden Arbeit, 45 Sekunden Pause.
- Wir führen die Übungen zügig (nicht schnell) aus, so viel Wiederholungen wie in der Arbeitszeit möglich.
- Wir machen mehrere Durchgänge, Zeit einer TE 40–75 Minuten.

Beispiel-Trainingsplan für 4-Wochen-Phase

2 Trainings pro Woche in Zirkelform

- Wähle 6, 9 oder 12 Stationen abwechslungsweise aus ABR 1+2, ABR 4–6 und BS 1–4 und führe alle Übungen der Reihe nach aus.
- Mach so viele Durchgänge wie die Trainingszeit erlaubt.

1. Wo.	Juli/August 30/45 40 min	September/Oktober 45/45 50 min	Oktober/November 45/30 (Arb./Pause) 55 min (Train.-Zeit)
2. Wo.	45/45 45 min	45/45 60 min	45/30 65 min
3. Wo.	45/30 45 min	60/45 65 min	60/30 60 min
4. Wo.	45/30 55 min	60/30 65 min	60/30 75 min

Durch Kürzung der Trainingszeit können wir den Plan an unsere persönlichen konditionellen Voraussetzungen anpassen.

Übungen: A (Arm) – B (Bein) – R (Rumpf)

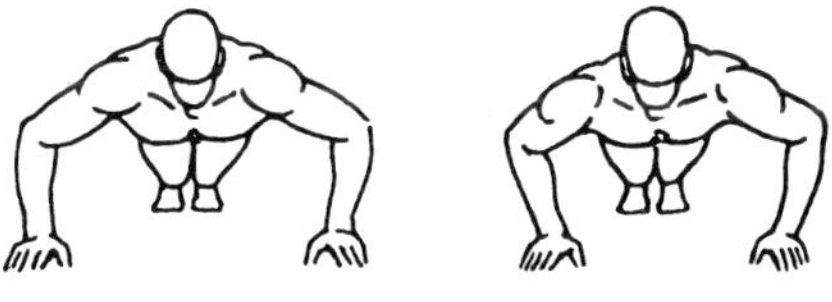

A1 Liegestütze vorwärts, breite und enge Handstellung wechseln, Zusatzlast (Gewichtsweste/Rucksack), Beine hochstellen erhöht Belastung.

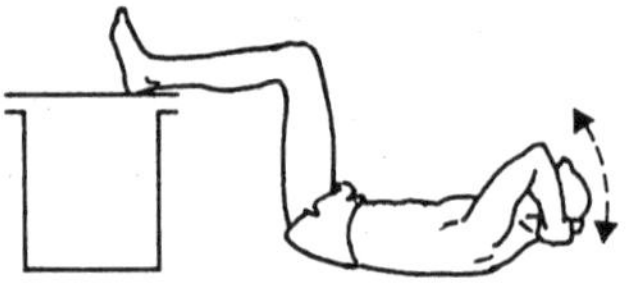

R1 Sit-ups, aus Rücklage bei angewinkelten, nicht fixierten (evtl. auf Stuhl hochgelagerten) Beinen aufsitzen, ohne Schwung, kein Hohlkreuz, Arme zuerst parallel zum Körper, dann hinter dem Kopf verschränken, dann Zusatzlast auf Brust oder im Nacken.

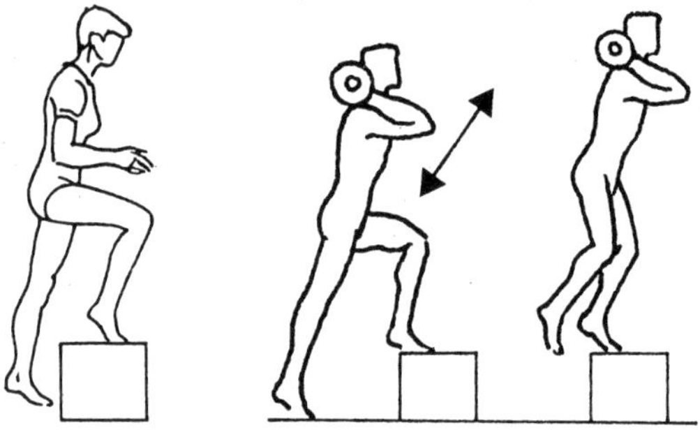

B1 Steppschritt/Steigübung gerade oder seitwärts (abwechseln) auf Kasten/Stuhl, halbe bis ganze Kniehöhe, zuerst das eine, dann das andere Bein, Zusatzlast (Gewichtsweste oder Rucksack), hochgestelltes Bein bis in den Zehenstand strecken.

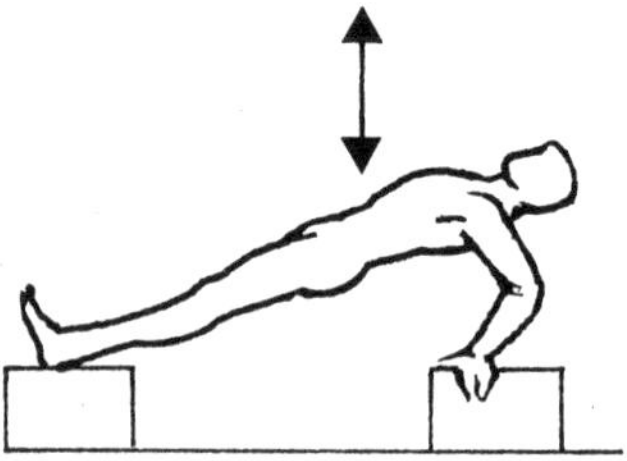

A2 Liegestütz rückwärts zwischen zwei Stühlen, so daß weite Absenkung nach unten möglich ist, Beine hochlagern erhöht Belastung, ebenso Zusatzlast – schwierigere Form wäre Barrenstütz zwischen zwei Holmen.

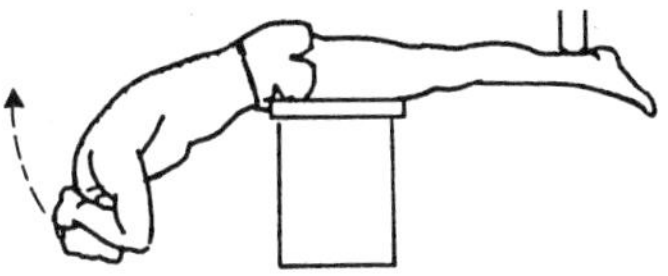

R2 Bauchlage auf Tisch/Schwedenkasten, Beine fixiert, Oberkörper ab Becken frei, langsame Auf- und Abbewegung, nicht über die Waagrechte hinaus, Zusatzlast, Bewegungen auch seitlich (Kopf beschreibt hochstehendes Oval).

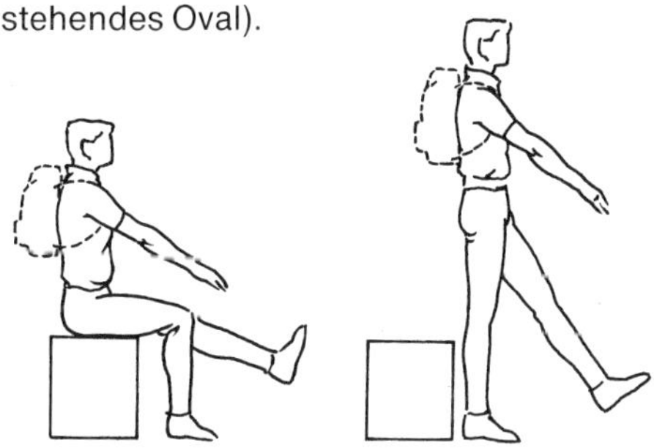

B2 Aufstehen auf einem Bein, von höherem, später niedrigerem Stuhl, zuerst ein Bein, dann das andere, Zusatzlast – gleiche Übung wäre Kniebeugen mit Zusatzlast/Scheibenhantel.

A3 Armzug an hartem Gummizug (harter Formula F Schlauch, andere, evtl. Zuggerät), Doppelstock oder Diagonal, ohne Schwung, Arme weit nach hinten ziehen.

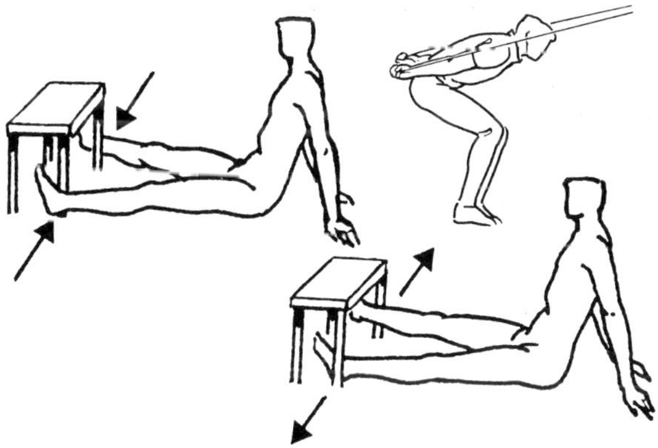

B3 Stuhldrücken (isometrische Übung) für Abduktoren und Adduktoren (Skating): mit gestreckten Beinen Stuhlbeine maximal zusammendrücken bzw. auseinanderdrücken: abwechslungsweise je 3- bis 6mal 8–12 Sekunden drücken mit 20–30 Sekunden Pause dazwischen.

R3 Rumpfdrehen: Rücklage, mit ausgestreckten Armen zwischen Tischbeinen fixieren, Beine geschlossen hochheben und langsam nach einer Seite absenken, hoch, auf andere Seite absenken; Zusatzlast an Beine (Gewichtsmanschetten, schwere Schuhe, zwischen Füßen eingeklemmter Medizinball etc.).

Kraftausdauerübungen: A (Arm) – B (Bein) – R (Rumpf)

A4 Diagonalarmarbeit am Gummizug (Formula F mittelhart oder andere), wenn Widerstand eher gering, Arbeitszeit verdoppeln bis vervierfachen.

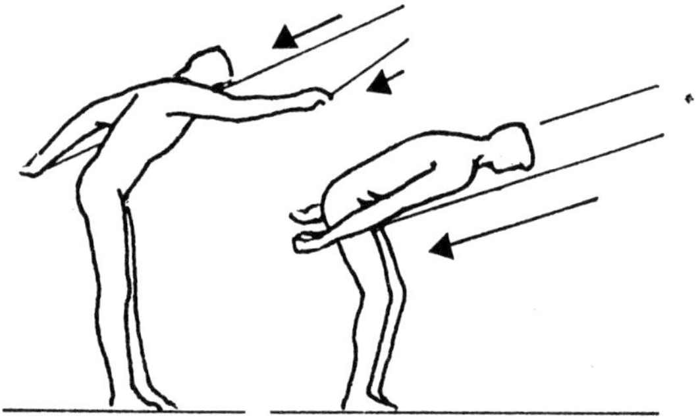

R4 Rückenmuskulatur: Bauchlage auf Tisch/Schwedenkasten, Hände halten, Becken auf Kante, jetzt gestreckte Beine langsam auf- und abbewegen, nur bis in Waagrechte oder mit Beinen waagrechte Ovale/Achterkreise »schreiben«.

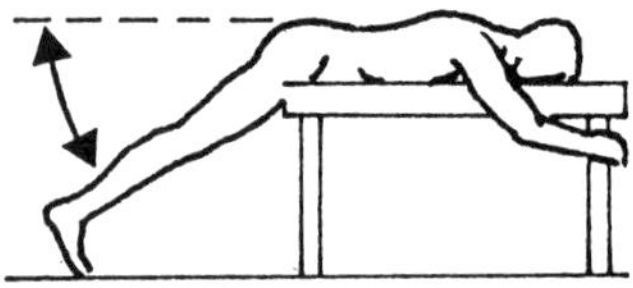

B4 Zehenstand an der Wand für Fußgelenkstrekkung beim Beinabdruck. Nach Halbzeit Bein wechseln, Zusatzlast möglich.

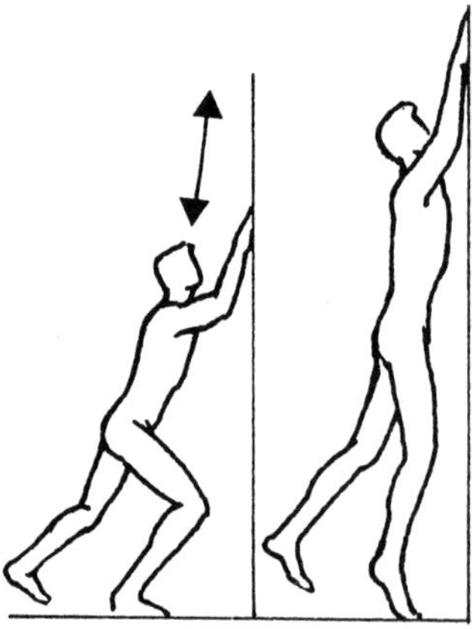

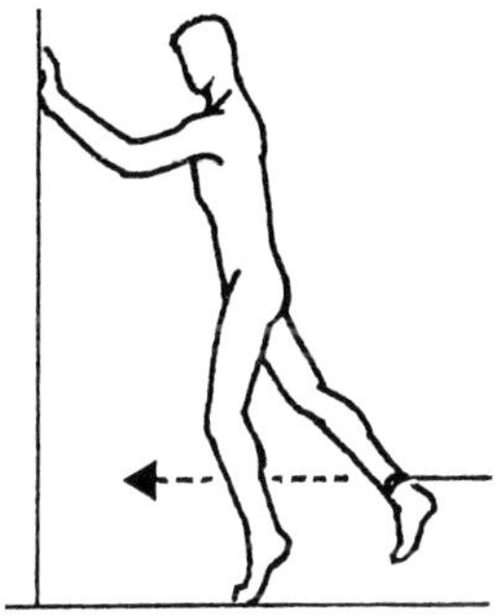

B5 Beinarbeit gegen Widerstand des Gummischlauches, Beinvorschwung und -rückschwung, abwechslungsweise, Beinwechsel.

A5 Doppelstockstoßarbeit an Gummizug, auch mit Einschritt- oder Schlittschuhschritt-Beinbewegung. Arbeitszeit kann verlängert werden (Abb. links).

R5 Seitlage, unteres Bein leicht angezogen, oberes gestreckt und am Fuß fixiert (unter Heizkörper oder Möbel), Arme auf Brust verschränkt, Oberkörper langsam seitlich hochziehen und wieder absenken.

A6 Gegen Widerstand des Gummizuges: gestreckte Arme vor schwingen (Stockvorschwung) oder waagrecht ausgestreckte Arme seitlich vorschwingen oder nach hinten ziehen, oder mit erhobenem Arm über Schulter nach vorne ziehen (»Speerwurf«).

B6 Beidbeinig oder von einem aufs andere Bein umsteigend über Hindernis (Bank, Baumstamm) hin- und herspringen.

Spezielle Übungen für Schlittschuhschritt

BS1 Stehend gegen Widerstand des Gummizuges Bein seitwärts ausschwingen bzw. beiziehen, Oberkörper mit den Händen an Stuhl etc. stabilisieren.

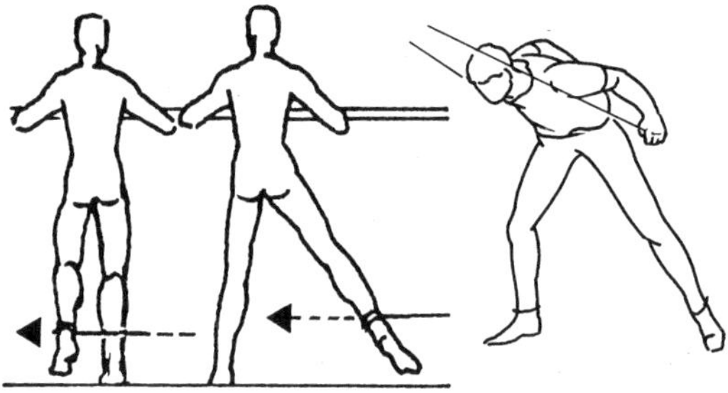

BS2 Arbeit mit zwei Gummizügen: Doppelstockstoß und seitlicher Beinzug (Schlittschuhschritt).

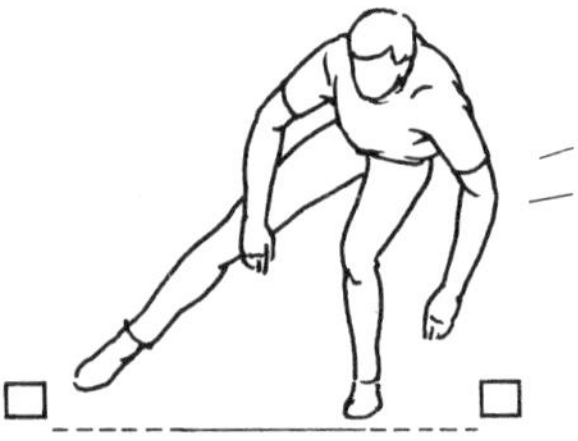

BS3 Gleitbrett (eine Erfindung der Eisschnelläufer): glattpoliertes Brett von ca. 1,5 m mit Endanschlägen (geht auch auf Parkett- oder Linoleumboden zwischen Möbelstücken) in Socken oder auf gut gleitenden Teppichresten hin- und hergleiten mit Gewichtsverlagerung durch Umsteigen, Abstoß des äußeren Beins am Endanschlag.

Stretching – Gymnastik – Beweglichkeit

Jedes Training beginnt mit Aufwärmen/Einlaufen und wird mit dem Abwärmen/Auslaufen beendet.
Das Aufwärmen bereitet den Körper auf die geforderte Leistung vor.
Das Abwärmen/Auslaufen leitet den Erholungsvorgang ein.
Die Zeit für das Aufwärmen (10–15, vor intensiver Leistung 20–30 Minuten) und **die Zeit für das Abwärmen** (5–15, nach intensiven Leistungen/Rennen bis 30 Minuten) **ist im Trainingsplan** (Zeit für die einzelne TE) **miteinzuplanen.** Wie wichtig eine lockere, dehnbare Muskulatur und eine gute Beweglichkeit ist, kann für den Skilanglauf nicht oft genug betont werden. Häufig vernachlässigen selbst routinierte Sportler aus Zeitdruck diesen Teil des Trainings; Muskelschmerzen, Verletzungen und dadurch bedingte Trainingsunterbrechungen sind die unerwünschten Folgen.

Aufwärmen

Das Aufwärmen beginnt mit 5 Minuten leichtem Stretching und aufwärmenden gymnastischen Übungen, dann folgen 5–10 Minuten leichter Laufschritt oder Beweglichkeitsübungen und wieder Stretching.
Bei nassem und kaltem Wetter (Winter) ist es vorteilhaft, das Stretchingprogramm in einem Raum (beheizt) zu absolvieren.

Abwärmen/Auslaufen

Wir leiten damit die Erholungsphase ein. Während des lockeren Auslaufens oder während der Lockerungsübungen beruhigt sich der Körper (Puls sinkt, Atmung geht auf normal zurück). In beruhigtem Zustand 5–10 Minuten sorgfältig Stretchingübungen absolvieren.
Bei Nässe und Kälte ist es vorteilhaft, in einem beheizten Raum zu stretchen, wenn möglich nach dem Duschen.

Stretching und Gymnastik als selbständige TE

Sind wir einmal zu müde oder erlauben äußere Umstände, wie Zeitmangel, das geplante Training nicht, so können wir ein erholendes Ersatz-Heimtraining von 20 Minuten Stretching und Gymnastik einschalten.
Ein solches Training ist z. B. nach anstrengenden Reisen fast ein »Muß«.
Wer wenig Zeit hat, pro Woche vielleicht nur zweimal trainieren kann, sollte zusätzlich mindestens ein solches Stretching-Gymna-

stik-Training von 30 Minuten mittags oder abends fest einplanen. Das ist überall, auch im Hotelzimmer, durchführbar.

Besseres Wohlbefinden dank Stretching = größere Fitneß und bessere Leistung.

Stretchingregeln

- Für Langläuferinnen und Langläufer ist Stretching ein Mittel zum Zweck. Wir halten es deshalb einfach.
- Regelmäßiges Stretching ist wichtig.
- Stretching ist Teil des Aufwärmens und der letzte Teil des Abwärmens.
  Wir stretchen zu Hause vor dem Lauftraining oder im warmen Wachsraum, bevor wir in die Kälte und auf die Ski gehen. Natürlich kann man auch Stretchingübungen während des Warmlaufens einbauen, auf Ski mit Hilfe der Stöcke. Nach dem Training stretchen wir wieder in der Wärme, oft sogar erst nach der erholenden Dusche.
- Wir wählen ein minimales Grundprogramm, das wir durch weitere Übungen ergänzen und variieren.
- Wir dehnen nach der Methode des passiven Stretching. Dabei wird der Muskel in einer relativ langsamen Bewegung bis zur maximalen Endposition gedehnt, ohne daß Schmerzen auftreten. In dieser Stellung verharren wir 20–30 Sekunden. Nach den ersten 3–6 Sekunden sollte das starke Spannungsgefühl etwas nachlassen, ansonsten müssen wir leicht nachgeben.
  Wir können den Dehnungseffekt steigern, wenn wir nach etwa 20 Sekunden die Spannung erhöhen (der Muskel gibt bereits etwas nach) und weitere 20 Sekunden halten.
- Grundprogramm 1- bis 3mal wiederholen.
- Beim Stretchen normal ruhig atmen und sich auf die Übung/Reaktion Muskulatur konzentrieren.

Grundprogramm für Langläufer (gilt auch für Fußlauf-, Rad- und Rollskitraining)

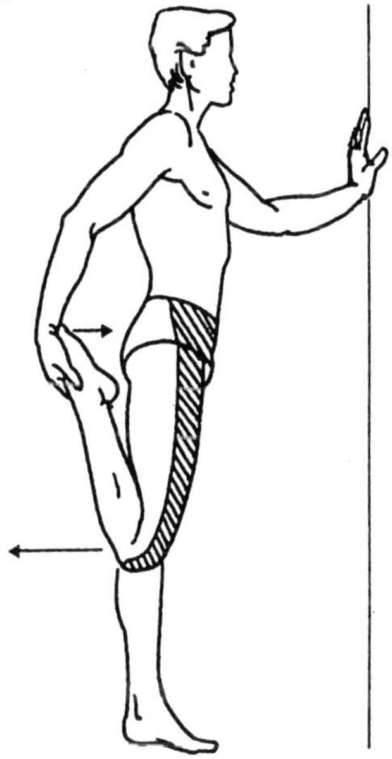

Dehnung der Oberschenkelstrecker und Hüftbeuger; entspannt mit gutem Halt aufrecht stehen, Ferse gegen Gesäß drücken und Knie nach hinten bewegen (ohne Hohlkreuz);

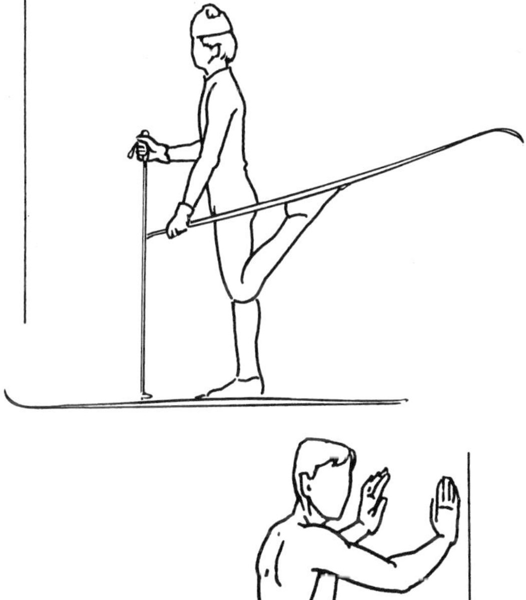

Dehnung der Wadenmuskulatur, vor allem oberer Bereich; Fuß steht gerade, ganzflächig und weit genug nach hinten gesetzt bei gestrecktem Knie; Spannung wird durch Beckenbewegung reguliert;

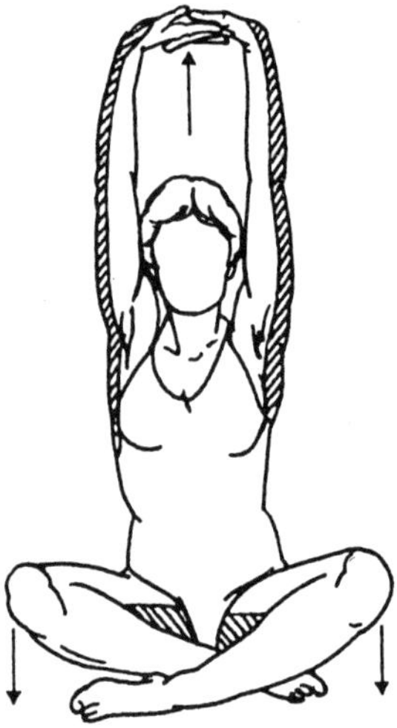

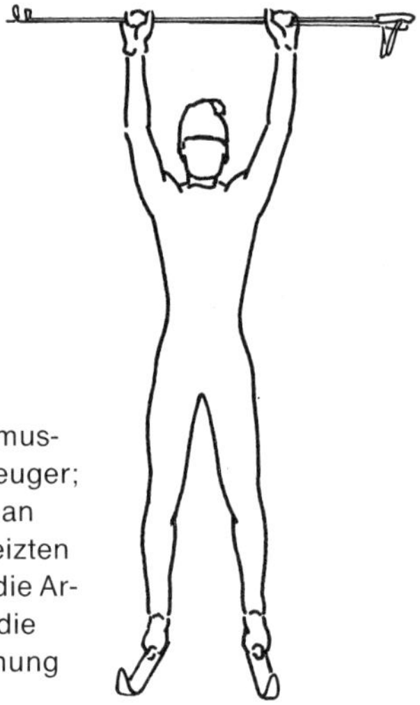

Dehnung der Adduktoren, des breiten Rückenmuskels, der Oberarmmuskeln und der Unterarmbeuger; bequemen Schneidersitz einnehmen mit dicht an den Körper gezogenen Füßen und stark gespreizten Oberschenkeln, dann bei aufrechtem Rücken die Arme mit gefalteten Händen durchstrecken, daß die Handflächen nach oben zeigen; auf ruhige Atmung achten;

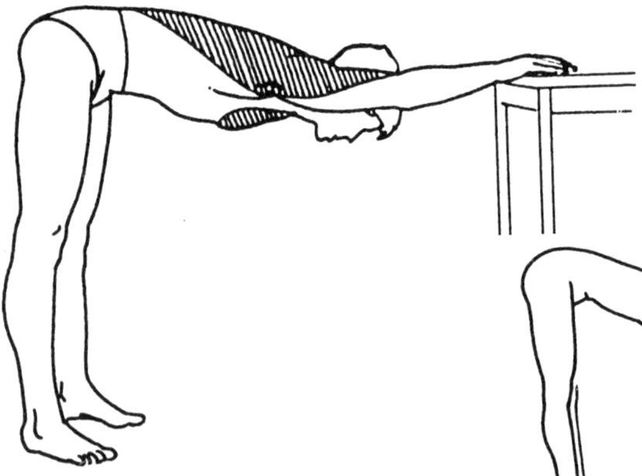

Dehnung des breiten Rückenmuskels, einiger kleiner Schultermuskeln und des großen Brustmuskels;
bei gespreizten gestreckten Beinen und rechtwinklig in der Hüfte gebeugtem Oberkörper die schulterbreit gestreckten Arme auf den Tisch legen; dann den Oberkörper bis zur erwünschten Dehnung nach unten drücken, ruhig weiteratmen;

Dehnung des breiten Rückenmuskels und der Oberarmstrecker sowie verschiedener kleiner Schultermuskeln;
der im Ellbogen gebeugte Arm wird hinter dem Kopf durch die andere Hand seitlich gestretcht, dabei ruhig weiteratmen;

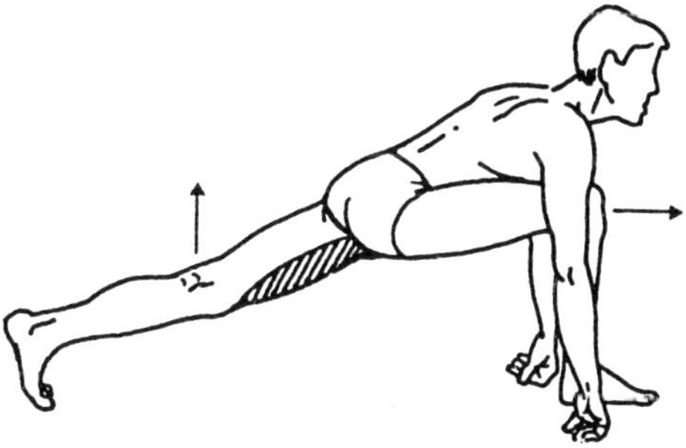

Dehnung der Oberschenkelstrecker; große Schrittstellung bei starker Hüftbeugung und hinteres Knie gestreckt; Gesicht nach vorne;

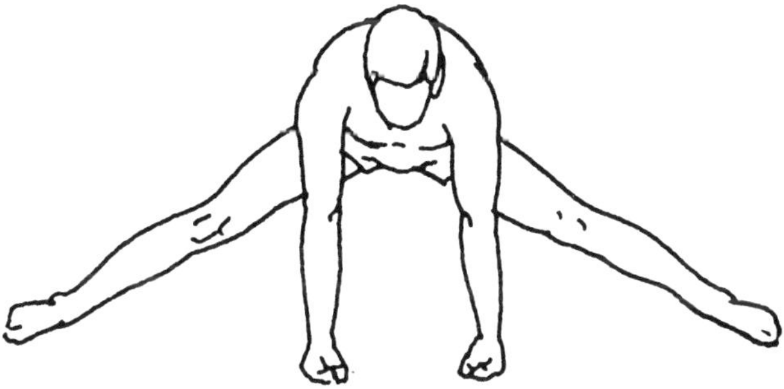

Zu Spagat (Skatingübung); Adduktorendehnung; Beine weit sprelzen, Füße parallel auf Innenrist, Oberkörper nach vorne abbeugen und auf Händen aufstützen, sorgfältig Spagat vergrößern (mit Füßen seitlich wegrutschen), gedehnte Muskulatur etwas verändern, indem wir mit den Händen weiter nach vorne oder hinten abstützen, auch auf Ski, 30–40 Sekunden.

Zusatzübungen für Langläufer

Dehnung des Schienbeinmuskels (Skatingschmerzen); Körper leicht nach vorne neigen, mit den Händen gegen eine Wand oder auf einen Tisch abstützen, ein Bein mit gespreiztem Fuß nach hinten auf Zehenspitzen abstellen und Schienbeinmuskel dehnen, durch leichte Drehung auf Zehenspitze die gedehnte Muskulatur etwas verändern, 10–20 Sekunden.

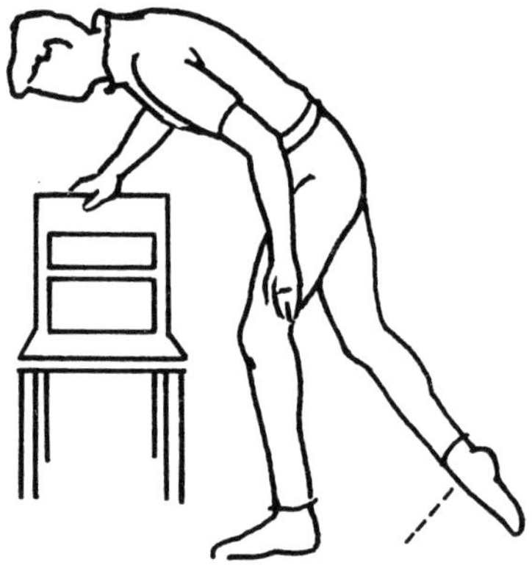

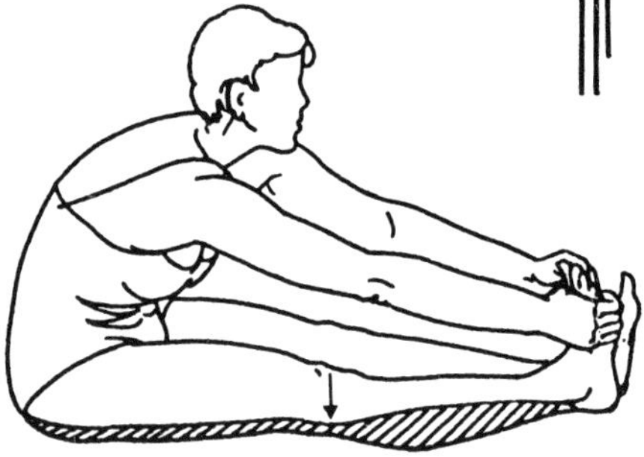

Dehnung der Waden- und Oberschenkelbeugemuskulatur;
bei gestrecktem Knie Fuß beidhändig anziehen und gleichzeitig in der Hüfte beugen;
Oberschenkelvorderseite nicht anspannen;

Dehnung der Gesäßmuskeln, der Oberschenkelbeuger und des Oberschenkelfascienspanners;
zuerst mit gestrecktem Bein bequem sitzen, dann ein Bein außerhalb des anderen Beines auf den Boden stellen, nun mit dem Oberarm gegen das gebeugte Knie drücken, während sich die Hand am unteren Bein abstützt; ruhige Atmung und aufgerichtete Wirbelsäule beachten;

(Kobrahaltung) Dehnung des geraden Bauchmuskels, der Hüftbeuger und der Oberschenkelstrecker;
Zuerst bequeme Bauchlage, dann die Hände neben den Schultern aufsetzen, die Arme voll durchstrecken bis Dehnung eintritt; auf ruhige Atmung achten;

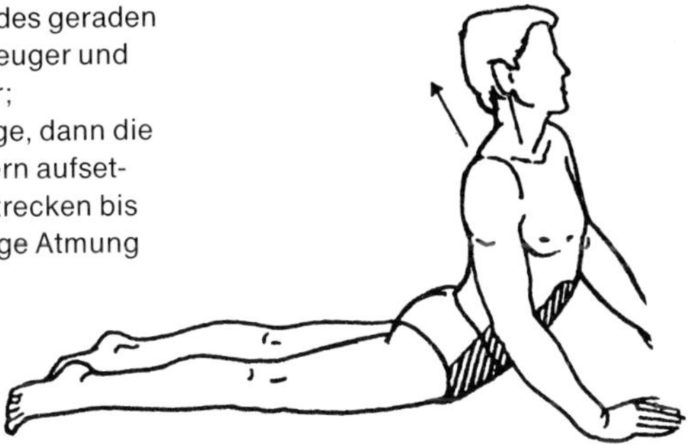

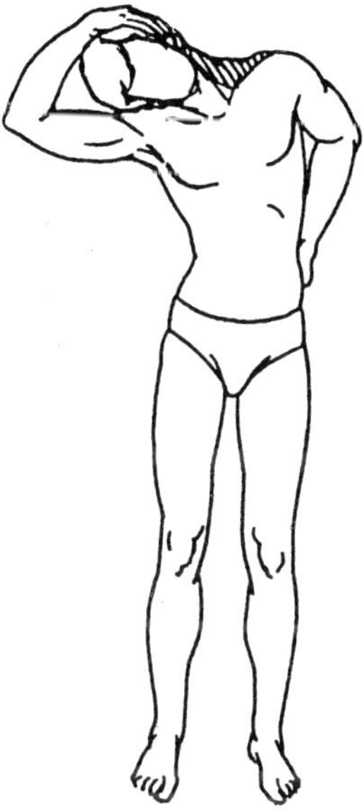

Dehnung der Oberschenkelbeuger, Adduktoren und der seitlichen Rumpfmuskulatur;
das zu dehnende Bein mit gestrecktem Kniegelenk und senkrechter Fußstellung auf Tisch legen, Standbein gestreckt, dann Oberkörper mit gestreckten Armen und verbundenen Händen seitwärts neigen;

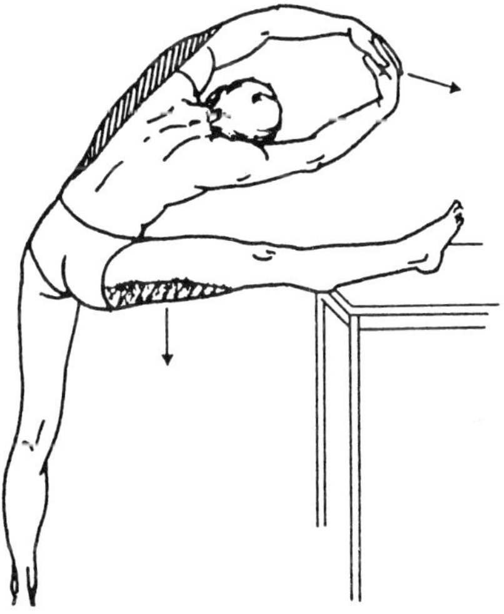

Dehnung der seitlichen Nackenmuskeln;
bequem mit leicht gespreizten Beinen aufrecht stehen, ein Arm in die Hüfte gestützt, mit der anderen Hand den Kopf seitlich fassen und entsprechend dehnen.

Rollskitraining

Es war schon immer das Bestreben der Skilangläufer, möglichst sportartspezifisch zu trainieren. Aber erst mit der technischen Entwicklung von leichten Rollski und der Skatingtechnik wurde das Rollskitraining zum wichtigsten Trainingsmittel im Trockentraining des Skilangläufers.
Spitzenlangläufer absolvieren heute bis 50% ihres Trockentrainings auf Rollski.
Auf Rollski trainieren wir:
- aerobe und anaerobe Ausdauer
- Kraftausdauer
- Technik

Konditionstraining auf Rollski
(siehe Konditionsfaktoren und ihr Training)

Bei wünschenswerten 50% Rollskianteil am Trockentraining werden wir auf Rollski neben der Technik aerobe Ausdauer, Tempo im Schwellenbereich, anaerobe Ausdauer und Kraftausdauer in Intervallform trainieren.
Die Möglichkeiten hängen stark von den verfügbaren Trainingsstrecken ab.
In vielen Regionen wird das aerobe Ausdauertraining in der Form langer Distanztrainings »über Land« fast unmöglich sein, dafür gibt es lange Steigungen (Paßstraßen/Alpenstraßen) für Training im Schwellenbereich, überall lassen sich aber flache Straßen von 1–3 km Länge finden, auf denen wir in Intervallform in den verschiedenen Bewegungsformen trainieren können, ebenso Steigungen von 100 bis 500 m Länge (ungefährlich zum Runterfahren oder zu Fuß über Abkürzungen) für intensive Intervalltrainings, die auch Richtung Kraftausdauer gehen können.

Techniktraining

Die Technik hat im Skilanglauf einen weit größeren Einfluß auf die Leistung als beim Radfahren oder Fußlauf. Es ist deshalb nur vernünftig, wenn mehr Zeit für das Techniktraining investiert und eingeplant wird.

Training der Langlauftechnik

- Voraussetzungen für die Verbesserung der Technik sind Beweglichkeit und koordinative Fähigkeiten (Geschicklichkeit, Gleichgewicht, Rhythmusgefühl, Anpassungsfähigkeit). Wir können also nichts anderes tun, als unsere Beweglichkeit und koordinativen Fähigkeiten bei jeder Gelegenheit zu trainieren, am abwechslungsreichsten beim Ausüben anderer Sportarten; Ballspiele, Tennis (links und rechts spielen), alpin Skifahren, Turnen, Eislauf, Eishockey, Tanz, Kajak usw.

- Rollskitraining klassisch und Skating ist das beste Techniktraining ohne Schnee. Auch auf den Rollski sollen wir technisch sauber laufen, besonders in der Skatingtechnik alle Bewegungsformen anwenden und die Beidseitigkeit trainieren.

Jedes Rollskitraining ist auch ein Techniktraining!

Wünschenswert wären 1–3 Wochenenden im Herbst auf dem Gletscher. Sie sind als Techniktraining zu planen: langsam und bewußt technisch korrekt laufen, alle Bewegungsformen(Schrittarten) an wenden und optimale Ausführung suchen.

- zu Beginn des Winters sind in jeder TE auf Ski 10–20 Minuten Techniktraining einzuplanen:
- in geeignetem Gelände zum Aufwärmen spielerische Gleichgewichts- und Vorübungen,
- immer wieder ohne Stöcke laufen, Diagonalschritt und Skating,
- alle Bewegungsformen üben, in der Skatingtechnik die Beidseitigkeit bewußt anstreben,
- wenn möglich Kontrolle durch Video oder Kollegen.

- Die Hauptarbeit des Techniktrainings geschieht während des Ausdauertrainings auf den Ski. Der Kopf arbeitet mit.

Jedes Training auf Langlaufski ist auch ein Techniktraining!

Der Trainingsplan

Zielsetzung

- Ich setze mir konkrete Ziele für die nächste Saison, evtl. ausgerichtet auf ein längerfristiges Ziel (Motivation, z. B. Teilnahme an bestimmten Wettkämpfen als Saisonhöhepunkt, neue persönliche Bestzeit in einem bestimmten Rennen, die Bewältigung einer bestimmten Distanz oder Strecke); Daten festhalten.

Rahmentrainingsplan:

April	Mai	Juni	Juli	August

Übergangsperiode	Vorbereitungsperiode I

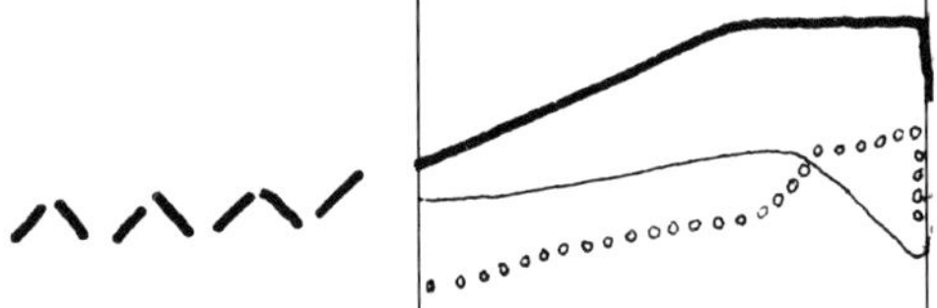

Hauptinhalte des Trainings	
Erholung aktive Erholung Umstellung auf Fußlauf/Rad/Rollski Frühlingslanglauf = Wanderungen Abwechslung bei anderen Aktivitäten	Grundlagenausdauer B1 und B2 (Fuß, Rad) Verbesserung Kraft ↓ Ausdauer B2 und B3 (Fuß, Berglauf mit Stöcken, Rad, Rollski) Kraftausdauer Tests auf den verschiedenen Standardstrecken ↓ 1 Erholungswoche

Periodisierung – Belastung

Sept.	Oktober	Nov.	Dez.	Januar	Februar	März

Vorbereitungsperiode II Herbsthöhepunkt	**Schneetrainings-periode**	**Wettkampfperiode** angestrebter Höhepunkt

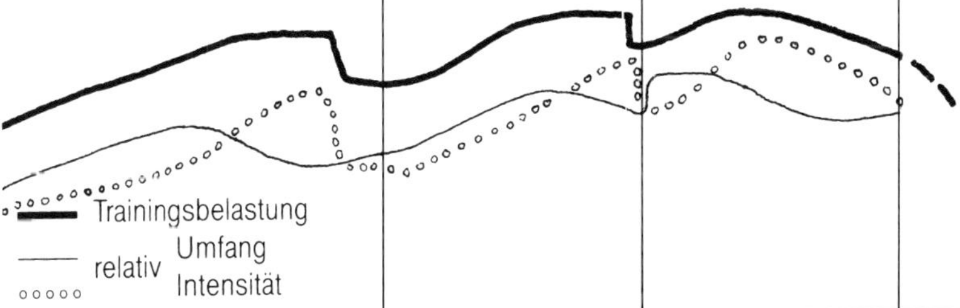

Verbesserung Grundlagen-ausdauer B2 Kraft ↓ Ausdauer B3 und B2 Kraftausdauer Rollski Technik und Kraftausdauer ↓ Einsetzen Stehvermögentraining Tempoläufe Vergleichtests auf Standard-strecken ↓ Erholungswoche Ausdauer B2/B3 Gletschertraining	Eingewöhnung Ski B1 Technik Distanzen auf Ski B2 evtl. Kraft ↓ Ausdauer B3 auf Ski (notfalls Fuß/ Rollski) Kraftausdauer ↓ Stehvermögen auf Ski (notfalls zu Fuß) ↓ Tempoläufe/erste Wettkämpfe	Beginn mit einigen Erholungstagen/ Ausdauer B1 und Technik ↓ Kurze intensive TE: Tempo und Steh-vermögen ↓ nach Wettkämpfen gut auslaufen, evtl. am folgenden Tag; Erholungstage mit Stretching/Gym-nastik

Vorlage für Formular Trainingsplanung

Datum	Wochentag	Ruhepuls	Trainingszeit total	Ausdauer B1/B2	Ausdauer B3 Tempo	Steh-vermögen	Kraft/Kraft-ausdauer	Technik	Stretching/ Gymnastik	Test/ Wettkampf
	Mo.									
	Di.									
	Mi.									
	Do.									
	Fr.									
	Sa.									
	So.									
	Mo.									
	Di.									
	Mi.									
	Do.									
	Fr.									
	Sa.									
	So.									
	Mo.									
	Di.									
	Mi.									
	Do.									
	Fr.									
	Sa.									
	So.									
	Mo.									
	Di.									
	Mi.									
	Do.									
	Fr.									
	Sa.									
	So.									

Erläuterungen zu dieser Tabelle auf S. 28

(gleichzeitig als Trainingstagebuch dienlich)

Kilometer	Ski klassisch	Ski Skating	Rollski	Fuß	Rad	Ausgleichs-sport	Bemerkungen (Ort, Wetter, Wachs, Gesundheit, Schlaf)

Die Erstellung der Wochen-Trainingspläne

Aufgrund meines Rahmen-Jahresplanes und meiner persönlichen Periodisierung und der festgelegten Hauptinhalte der einzelnen Trainingsperioden plane ich nun meine Wochen-Trainingspläne.

- Mindestens 4 zusammenhängende Wochen im voraus,
  - damit ich den Verlauf der Trainingsbelastung (Umfang und Intensität) einplanen und kontrollieren kann,
  - damit ich den Überblick habe und so ein vielseitiges, abwechslungsreiches Training planen kann.
- Höchstens 6 Wochen im voraus,
  - denn in diesen 6 Wochen kann viel passieren (ungünstige Trainingsverhältnisse, Trainingsausfall durch Arbeitsbelastung, Verletzung und Krankheit. Ich muß den Trainingsplan anpassen,
  - meine Leistungsentwicklung ist besser/schlechter als geplant, ich muß den Trainingsplan/Wochenpläne anpassen.

Die Planung der Wochentrainingspläne ist eine rollende Planung im Rahmen des Jahres-/Saisontrainingsplanes.

- Verbissenes Festhalten an einem Trainingsplan, wenn der Körper und die Umwelt nicht mitmachen, ist nicht ratsam.

Das Trainingstagebuch

Sinnvolle Trainingsplanung, seien es Jahrespläne oder die fortlaufende Planung des Wochentrainings, ist nur möglich auf der Grundlage eines Trainingstagebuches, das alle relevanten Daten festhält.